幼儿园教育活动
设计与指导丛书

幼儿
社会教育活动
设计与指导

YOUER SHEHUI JIAOYU HUODONG
SHEJI YU ZHIDAO

徐 慧◎主 编

U0652397

北京师范大学出版集团
BEIJING NORMAL UNIVERSITY PUBLISHING GROUP
北京师范大学出版社

图书在版编目（CIP）数据

幼儿社会教育活动设计与指导 / 徐慧主编. —北京：北京师范大学出版社，2016.1（2019.7重印）

（幼儿园教育活动设计与指导丛书）

ISBN 978-7-303-19772-9

Ⅰ. ①幼⋯ Ⅱ. ①徐⋯ Ⅲ. ①社会教育－活动课程－学前教育－教学参考资料 Ⅳ. ①G613.3

中国版本图书馆 CIP 数据核字（2015）第 280568 号

营销中心电话	010-58802181　58802123	
北师大出版社高等教育分社网	http://gaojiao.bnup.com	
电子信箱	gaojiao@bnupg.com	

出版发行：北京师范大学出版社　www.bnup.com

北京市海淀区新街口外大街 19 号

邮政编码：100875

印　　刷：三河兴达印务有限公司

经　　销：全国新华书店

开　　本：730 mm×980 mm　1/16

印　　张：15.5

字　　数：240 千字

版　　次：2016 年 1 月第 1 版

印　　次：2019 年 7 月第 2 次印刷

定　　价：32.00 元

策划编辑：罗佩珍　　　　　责任编辑：齐　琳　赵嫒嫒
美术编辑：焦　丽　　　　　装帧设计：国美嘉誉
责任校对：陈　民　　　　　责任印制：陈　涛
封面插图：北京市望京实验学校·火柴人俱乐部

前言
Preface

目前，我国幼儿教育改革不断向纵深方向发展，而深化改革的必然结果就是幼儿教育思想的创新、方法的创新和成果的创新。根据教育部颁布的《3—6岁儿童学习与发展指南》，针对幼儿社会教育活动的实际情况，我们对幼儿社会教育活动设计课程改革进行了探索，坚持走改革创新之路，鼎力做创新之研究。本教材力求突出实践性教材特色，在教材体例和内容上不断创新和完善，以满足师范院校学前教育专业活动设计课程的教学需要。

本教材具有以下几个特点：

1. 教材体例和内容创新

国内现有的同类教材普遍把教材体例分为理论和实践两部分，作为实践性教材的指导性、可操作性不强。为了激发学前教育专业学生的学习兴趣，提升他们的教育素养和做人品格，我们尝试对教材体例和内容进行创新设计和安排。

第一，从幼儿社会教育活动实际出发，针对幼儿园社会教育活动中普遍存在的问题，建构在环境和文化熏陶下的幼儿社会学习理念，逐渐形成"学做社会人、做好社会人"的幼儿社会教育活动的基本理念，以及幼儿社会教育活动设计的指导思想。

第二，从幼儿教师角色意识的培养方面，通过案例分析，加强对学前教育专业学生社会教育实践能力的培养，并进行有针对性的指导。

在明确重要知识点的基础上，我们对幼儿社会教育目标和内容进行了细致划分。第一章主要强调幼儿社会教育的基本理念，同时强调在环境和文化熏陶下的幼儿社会学习，把"环境学习"作为幼儿社会学习的主要方式。学生应重点掌握幼儿环境学习的特点，以及开展幼儿社会教育活动的设计要求、原则、组织实施、指导与评价方法。第二章至第八章以促进幼儿的社会性发展和健全人格为主线，从幼儿社会教育与幼儿社会学习的角度，梳理幼儿社会教育活动设计理念，并分别从幼儿自我意识、幼儿社会性情感、幼儿社会认知和交往态度、幼儿社会交往兴趣、幼儿同伴交往、幼儿社会适应能力、幼儿社会行为规则这七个方面，系统地开展社会教育活动设计与指导。

本教材文字风格力求通俗易懂，内容力求全面而新颖；作为实践性教材，力求紧密联系幼儿园教育实际，具有较强的实操性。

2. 强调教育活动的生态取向和教师的指导能力

幼儿社会教育是以社会性发展为核心的启蒙教育。幼儿健全人格教育作为幼儿社会教育的重要组成部分，强调以培养幼儿"健全的人格"为发展目标，突出教育活动的社会领域特点，有意识地整合其他领域的资源。本教材注重人与生态环境的互动，强调教育的对象不是孤立的、抽象意义的幼儿。透过诸多典型案例，详细分析了幼儿在特定社会文化背景下发生的社会行为，以及教师运用恰当的教育方法，指导幼儿在真实的生态环境中不断学习社会行为技能。

在教材的编写过程中，我们提出明确的教育活动设计要求，指导学生不断提高开展幼儿社会教育活动的专业能力和专业水平。

本教材的适用对象是三年制、五年制师范院校、高职或本科院校学前教育专业的师生。根据各地区幼儿社会教育的实际情况，在高等师范专科院校开设《幼儿社会教育活动设计与指导》课程；也可作为幼儿教师职前培训或职后继续进修学习的教材；同时，还可作为幼儿教师开展幼儿园社会教育活动的参考教材，具有较高的实践和应用价值。

本教材由徐慧担任主编，白丽辉、王惠担任副主编。参与编写人员及分工如下：第一、二、四、五、六、八章由徐慧（长春师范高等专科学校）编写；第一、四章由白丽辉（沈阳市艺术幼儿师范学校）编写；第一、三、七章由王惠（长春师范大学教育科学学院）编写；第五章由胡英娜（长春市委机关幼儿园）编写。全书由徐慧统稿。

本教材在编写过程中借鉴并参考了诸多同行的研究成果，在此一并表示感谢。由于作者学识所限，书中不免存在疏漏之处，恳请专家与读者批评指正。

编者

2015 年 6 月

目录
Contents

第一章
幼儿社会教育概述

第一节　幼儿社会教育的基本理念

幼儿社会教育是以发展幼儿的社会性为目标，以增进幼儿的社会认知、激发幼儿的社会情感、培养幼儿良好的社会行为为主要内容的教育。其核心是"学做人"的教育，根本目的是使幼儿适应社会生活，并为幼儿社会性发展打下良好的基础。

幼儿社会性发展是在日常生活和游戏中通过观察和模仿潜移默化地发展起来的。在环境和教育的熏陶下，幼儿逐渐成长为人格完善、品德良好的社会人。可见，幼儿社会性发展与"环境学习"、幼儿健全人格教育有着千丝万缕的联系。幼儿教师应运用教育策略促进幼儿的社会化发展，使幼儿顺利地融入社会，快乐地生活，帮助幼儿学做社会人、做好社会人。

一、幼儿社会性发展

（一）幼儿社会性发展的含义

幼儿期是人的一生中社会性发展的关键期，幼儿社会性发展顺利与否直接影响其日后的发展。《中国学前教育百科全书》指出：幼儿社会性发展，又称儿童的社会化，是指在幼儿参与社会生活的过程中，他们的社会性会逐步获得发展。幼儿社会性发展不仅表现为幼儿能学会与别人进行最初的社会交往，开始建立人际关系，如亲子关系、同伴关系、师幼关系等，而且还会慢慢形成符合社会要求的愿望、情感和态度，能按照社会行为规范行动。应该强调的是，幼儿并非生来就知道如何适应社会生活，因此，家长和教师要研究"学做人"的教育，旨在帮助幼儿学会与他人交往，逐渐掌握社会的道德行为规范，由不具备社会属性的"自然人"成长为人格健全、品德高尚的"社会人"。

儿歌《三条鱼》里这样唱到："一条鱼，水里游，孤孤单单在发愁。两条鱼，水里游，摆摆尾巴点点头。三条鱼，水里游，快快活活笑开口。许多鱼，水里游，大家都是好朋友。"这首朗朗上口的儿歌告诉小朋友要像鱼儿那样，生活在集体这个大家庭里，要和其他小朋友友好相处，共同体验与同伴交往的快乐情绪。

(二)幼儿社会性发展的内容

关于幼儿社会性发展的内容，心理学家、教育学家、社会学家分别从各自的角度做出了不同的分析。有的学者将幼儿社会性发展划分为人际关系、社会规范和自我发展三个方面；有的学者通过因素分析，将幼儿社会性发展划分为社会技能、自我概念、意志品质、道德品质、社会认知、社会适应能力和社会情绪七个主要维度；有的学者将幼儿社会性发展的全部文献划分为社会认知、社会情感、社会行为、自我和社会性的发生机制五个领域；有的学者从逻辑角度，将幼儿社会性发展划分为社会认知、社会情感、社会行为三个部分。

本教材从幼儿社会教育的角度，根据幼儿社会化的规律，探索健全人格教育对幼儿社会性发展积极而有效的影响，将幼儿社会性发展划分为自我意识、社会性情感、社会认知和交往态度、社会交往兴趣、同伴交往、社会适应、社会行为规则七个方面。在适宜的幼儿社会教育活动中，特别是在幼儿健全人格教育活动中，教师应促进幼儿这七个方面的人格建构和社会性发展。

1. 幼儿的自我意识

从形式上看，幼儿的自我意识包括：①自我认识，属于自我意识的认知成分，指幼儿对生理自我、社会自我、心理自我的认识。②自我体验，属于自我意识的情感成分，指幼儿对自己所持的态度。③自我调节，属于自我意识的意志成分，指幼儿对自己的心理和行为的调控。从内容上看，幼儿的自我意识包括：①生理自我，指幼儿对自己生理状况的认识，如身高、体重、相貌等。②社会自我，指幼儿对自己在各种社会关系中的角色、地位、人际距离等方面的意识。③心理自我，指幼儿对自己的性格特点、心理状态、心理过程等方面的意识。

2. 幼儿的社会性情感

幼儿的社会性情感是指幼儿在社会化过程中形成和发展起来的符合社会要求的高级情感。研究表明，随着年龄的不断增长，幼儿的情绪情感不断社会化。在逐渐增多的社会性交往中，由于受到周围环境的影响，幼儿的外部表情和情绪表达方式日趋社会化。同时，幼儿的社会性情感开始发展，出现了道德感、理智感、美感等高级情感。在个体社会化过程中，幼儿的社会性情感发展呈现出两种趋向：一种是积极的情绪情感体验，如愉快、自尊、乐观、自信、同情、求知欲、好奇心、依恋感、责任感、审美体验等；一种是消极的情绪情感体验，如生气、愤怒、嫉妒、悲观、自卑、冷漠、敌意、羞愧等。

3. 幼儿的社会认知和交往态度

社会认知包含社会知觉、社会印象和社会判断三个不同加工水平的认知阶段。社会知觉是对社会对象的直接反映，是社会印象和社会判断的基础。社会印象则是在社会知觉的基础上，经过信息加工，在记忆中保持下来的主观印象，如第一印象、刻板印象等。社会判断是社会认知的高级阶段，是对某种社会对象定性或定论的过程。

幼儿的社会认知是指在社会生活中幼儿对自我和他人、社会关系、同伴群体、性别角色、社会规范和生活事件的认知。幼儿的社会认知能力包括非语言和语言两种类型，这些能力决定了幼儿在社会环境中的成功与失败。

交往态度是幼儿社会性发展的重要指标之一。幼儿的交往态度是指幼儿在社会交往过程中，通过内心体验表现出来的较持久的态度倾向。幼儿期已明显表现出不同的交往态度，有的幼儿乐于交往，有的幼儿则缺乏积极的交往态度。这不仅影响幼儿社会交往能力的发展，而且会给幼儿的社会性情感和个性品质带来消极的影响。因此，必须十分重视幼儿积极的交往态度，促进幼儿社会性的发展。

4. 幼儿的社会交往兴趣

社会交往兴趣是幼儿社会性发展的源泉和动力。幼儿的社会交往兴趣是指在社会生活中深藏于幼儿内心深处的沟通愿望或感觉，表现为在社会交往过程中幼儿能够确立自己的地位、有归属感、乐于交往，对社会交往持友好态度和兴趣倾向。拥有积极社会交往兴趣的幼儿从社会的接纳和认可中获得满足，获得对自我的肯定。而消极的社会交往兴趣会让幼儿表现出对外界的拒绝与排斥、害怕与退缩，出现社会适应不良等诸多问题。

幼儿的社会交往兴趣是衡量其心理是否健康的重要标准。人的社会交往兴趣最初是由婴儿同父母之间的相互作用而产生的，正是父母唤起了婴儿的社会交往兴趣。著名心理学家阿德勒认为，安全型的依恋关系是幼儿社会交往兴趣形成与发展的前提，而不安全型的依恋关系则会阻碍幼儿社会交往兴趣的发展。

5. 幼儿的同伴交往

在与同伴的交往过程中，幼儿发展了一种重要的人际关系——同伴关系。同伴关系在幼儿社会性发展中具有成人无法取代的作用。积极的同伴关系有助于发展幼儿的社会交往能力，使幼儿情感社会化，积极探索和适应周围环境，有助于幼儿自我意识和健全人格的发展。而消极的同伴关系则会导致幼儿内向孤僻、焦虑不安、适应不良和心理缺陷等心理健康问题。因此，创设良好的环境，让幼儿在同伴交往中发展社会交往兴趣、获得归属感是非常重要的。

图 1-1　蒙蒙正在给秀秀讲故事　沈阳市南宁幼儿园

6. 幼儿的社会适应

幼儿的社会适应是指幼儿要较好地适应社会生活，必须学习和掌握一些最基本的生活自理、动作与动作协调、社会交往及自我管理等方面的能力。幼儿社会适应行为的发展水平随年龄的增长而显著提高，但整体发展水平不高。

幼儿的社会适应能力具体表现为对新环境的适应能力，对陌生人的适应能力，对同伴交往的适应能力，独立克服困难、解决生活问题的能力等。发展幼儿的社会适应能力是幼儿社会适应行为教育的一项重要内容。提高幼儿自主地适应社会变化的能力能够促进幼儿身心的和谐发展，加快幼儿的社会适应进程。

7. 幼儿的社会行为规则

在幼儿社会化的过程中，需要学习很多内容。其中一项重要的学习内容就是社会行为规则。社会行为规则与幼儿的生活密切相关，幼儿只有掌握了这些规则和方式，按照规则和方式行事，才能为社会所接纳，才能与其他社会成员相互交往。总之，幼儿社会行为规则的形成，是幼儿期的一项重要任务。幼儿园的规则教育要以促进幼儿的自主发展为基本原则。

图1-2　小朋友正在有秩序地排队洗手　沈阳市南宁幼儿园

二、 幼儿健全人格教育

（一）人格教育的含义

人格，又称品格、人品、品行，是指个体在遗传素质的基础上，由于受到家庭、教育环境、社会文化以及特定民族文化等的影响，逐渐形成稳定的气质、能力、性格、兴趣爱好、人生态度、行为习惯等人格特征和心理行为方式。

所谓人格教育，是指有目的、有计划地发展和完善一个人的做人尊严、做人价值和做人品格的教育活动。它具有以下特征：①强调知、情、行的统一。要求受教育者学会用正确的社会行为规范和做人标准来控制自身行为，做到知行合一、表里如一、言行一致；避免表里不一、口是心非，知、情、行相互冲突的多重人格。②着眼于健全独立人格的培养。人格教育重视情感、动机、独立性等非智力因素在人格形成中的作用，把情感、动机、独立性、自尊、自爱、自信、自控等非智力因素的培养作为人格教育的重要组成部分，同时，把知识获得、智力发展、技能形成作为人格培养的组成部分，最终使受教育者逐渐形成健全的、独立的人格特征。③把社会主义核心价值观中关于公民个人层面的价值准则纳入人格教育当中，培养"爱国、敬业、诚信、友善"的做人品格；弘扬中华民族传统美德，学做"德才兼备的现代中国人"。

陶行知在《中华教育改进社创设实验乡村幼稚园》中指出："人格教育，端赖六岁以前之培养。凡人生之态度，习惯，倾向，皆可在幼稚时代立一适当基础。"这说明，人格教育的确应该从幼儿做起。因此，加强3~6岁幼儿健全人格发展的教育是非常重要的。

国内许多幼儿园日益重视幼儿健全人格的培养，并积累了丰富的人格教育实践经验。例如，无锡市实验幼儿园筛选出七种重要的人格品质作为人格培养的项目，从认识、态度、技能、习惯四个领域制订具体的培养目标，通过专门的品行辅导活动，渗透人格培养目标的各种教学活动、游戏活动、日常生活活动，结合家园合作教育，对幼儿人格培养进行了积极的尝试，取得了较好的效果。

（二）幼儿健全人格教育对幼儿社会性发展的价值

第一，幼儿健全人格教育是幼儿社会教育的有机组成部分，它对幼儿社会性发展具有重要价值。从20世纪80年代开始，世界各国的教育界意识到人格教育能够有效地促进幼儿社会性发展，于是逐渐由单纯重视智力开发转向同时重视人格培养。例如，新加坡从偏重智育中摆脱出来，开始重视情操教育；英国在 2000 年颁布了面向 3～5 岁幼儿的《基础阶段课程指南》，在学习目标上强调幼儿个性、社会性和情感的发展。

在我国，随着教育改革的不断深化，幼儿健全人格教育也日益受到重视。例如，杨丽珠等人基于幼儿人格的整体研究，构建了幼儿人格培养的目标和内容，并设计了幼儿健全人格教育游戏活动库，探索出幼儿健全人格教育的创新方案。

因此，如何开展幼儿健全人格教育，促进幼儿社会性发展，已经成为国内外心理学界、教育学界乃至全社会所关注的极具现实意义的热点问题。

第二，好教育培养好人品，好人品带来好人生。我们应努力开创一流的人格教育，真正使之成为引导幼儿学做社会人、做好社会人的好教育。车尔尼雪夫斯基说："教师把学生造成一种什么人，自己就应当是这种人。"谈到教师的人格修养，好学问、好人品缺一不可。教师应充分尊重幼儿的人格，树立人格教育观念，视幼儿为具有社会需要和独立人格的个体，与幼儿建立平等的关系，以健全人格养成为重点，促进幼儿社会性发展。

研究表明，个体早期生活经验对一个人人格的养成、价值观的形成具有深刻而持久的影响。特别是在生命的早期若遭受严重的心理创伤，幼儿则会出现不同程度的人格障碍。如果不能施加有效的人格教育，帮助幼儿克服心理障碍，那么，这些心理创伤将会造成终生的消极影响。

第二节 幼儿社会教育的目标与内容

一、 幼儿社会教育的目标

2012 年 10 月，教育部正式颁布的《3—6 岁儿童学习与发展指南》（以下简称《指南》）指出："幼儿社会领域的学习与发展过程是其社会性不断完善并奠定健全人格基础的过程。"在幼儿社会教育活动中，教师要帮助幼儿掌握基本的社会生活技能，以及运用语言和动作进行社会交往的能力，使其在社会生活中了解并掌握一定的社会行为规则，养成良好的社会行为习惯，以达到在教师的指导下学做社会人、做好社会人的目的。

《指南》指出：幼儿社会学习的主要内容和实现的基本途径是"人际交往"和"社会适应"，并将社会教育活动的目标分解为七条标准，还明确了每一个目标在不同年龄阶段的具体要求。

如表1-1所示，社会领域的目标是从幼儿的角度出发，划分出"人际交往"和"社会适应"两个子领域，每个子领域都有明确的目标或标准，并根据各年龄阶段的典型表现，提出了具体的教育建议。我们强调要从幼儿健全人格的角度，确定幼儿健全人格的培养目标，如自尊、自信、自我控制、独立自主、诚实友善、文明礼貌、交往兴趣、情绪适应、认真负责等重要的人格培养目标。

表1-1　幼儿社会教育活动目标的七条标准

目标领域	子领域	七条标准
社会领域	人际交往	目标1：愿意与人交往
		目标2：能与同伴友好相处
		目标3：有自尊、自信、自主的表现
		目标4：关心尊重他人
	社会适应	目标1：喜欢并适应群体生活
		目标2：遵守基本的行为规范
		目标3：具有初步的归属感

★ 资料链接 ★

材料一　《幼儿园教育指导纲要(试行)》中幼儿社会教育的总目标

幼儿社会教育的总目标旨在增强幼儿的自尊、自信，培养幼儿关心、友好的态度和行为，促进幼儿个性健康发展，具体阐述如下：

1. 主动地参与各项活动，有自信心

①会用一定的方式表达自己的需求、爱好、情绪、情感。

②学习正确地评价自己与他人，能正确地对待他人的评价。

③积极主动地参加各种活动，有好奇心，有探究解决问题的能力，能积极发表自己的见解。

④爱动脑，愿意按自己的意愿选择活动、参与活动，尝试成功。

2. 乐意与人交往，学习互助、合作和分享，有同情心

①愿意与他人共同游戏、活动并友好相处。

②善于与人交往，懂得问候、交谈、与人合作及参与活动的技巧，掌握几种交往策略。

③能主动帮助弱小同伴，乐于帮助有困难的小朋友、老人和残疾人，经常自愿与他人分享玩具、食物等。

3. 理解并遵守日常生活中基本的社会行为规则

①了解一些日常生活的常规要求，培养一定的规则意识，养成按规则进行活动的习惯。

②感受生活中规则的重要，能围绕自己的生活、学习、游戏制订简单的规则。

4. 认真倾听并理解任务性的语言，能做好力所能及的事，不怕困难，有初步的责任感

①有困难或需要帮助时会用适当的方式向成人表达自己的需要、想法。

②遇到困难和挫折时，尽可能自己解决。

③做事有信心，能有始有终地做完一件事。

④了解自己与周围环境的关系，能较快地适应变化的环境，学会自己照顾自己。

5. 爱父母长辈、教师和同伴，爱集体、爱家乡、爱祖国

①知道自己的成长与家人的关系，感激父母长辈的辛勤养育之恩。

②了解周围不同职业人们的劳动及与自己生活的关系，尊重他们的劳动。

③了解祖国传统的民俗节日，对祖国的传统文化感兴趣。

④萌发爱周围环境、爱家乡、爱祖国的情感。

⑤愿意接触或了解不同国家、不同种族的外国人，感受他们的风俗习惯。

材料二　美国亚利桑那州《3－5 岁儿童早期学习标准》中人格发展目标的概括

美国亚利桑那州《3－5 岁儿童早期学习标准》社会情感领域			目标项目
标准	概念	对发展指标的概括	
自我感知	自我意识	1. 知道自己的意愿并能按自己的意愿做事 2. 了解自己的特征，知道自己与他人不同	自尊自信
	情绪识别和表达	1. 知道自己的情绪和情感并能表达自己的情绪和情感 2. 了解他人的情感变化并能用语言和行为表达对他人的同情	情绪适应 同情助人
与他人的社会互动	合作	1. 能主动发起并维持与他人的积极关系，也能对他人发起的活动做出积极回应 2. 在游戏活动中能用积极的方式处理冲突，如交换或分享	合作交往
	分离	1. 受伤害时，能从成人那里寻求安慰 2. 有安全感，情绪稳定，不过分担忧和焦虑	情绪适应
对自己和他人的责任感	自我控制	1. 理解并遵守规则 2. 自觉调整自己的行为以适应环境的需要	自我控制
	尊重	1. 使用他人物品前通过请求以征得对方的同意 2. 能用彬彬有礼的语言和行为对待他人，如言谢、轮流等 3. 爱惜物品	诚实礼貌 认真尽责
学习态度	求知欲	1. 对新异事物有兴趣并愿意尝试 2. 喜欢提问以满足自己的需要	探索
	创造力	能进行有意想象	创造
	主动性	1. 独立地选择和决定 2. 不需提醒能自觉地完成常规活动	自主进取
	问题解决	1. 能独立想办法解决问题 2. 遇到困难时懂得求助	尝试解决
	坚持性	能持续进行某项活动，不轻易放弃	自我控制
	自信	1. 相信自己的能力并表现自己的能力 2. 敢于尝试有挑战性的活动	自尊自信

（选自：金芳. 3－6 岁幼儿健全人格发展的教育促进研究. 大连：辽宁师范大学，2014.）

　　幼儿健全人格教育是幼儿社会教育的重要组成部分。教师在适宜的社会教育活动中，应促进幼儿在自我意识、社会性情感、社会认知和交往态度、社会交往兴趣、同伴交往、社会适应、社会行为规则七个方面的社会性发展和人格建构，逐步引导幼儿学会共同生活，建立和谐的社会（包括人际）关系，形成良好的社会性和个性品质。下面将分别从这七个方面说明各年龄阶段的教育目标。

（一）小班社会教育目标

1. 自我意识

①知道自己的姓名、年龄、性别，初步了解自己和他人是不一样的。

②知道要学会独立地穿衣、洗漱、吃饭、喝水、如厕、午睡等。

③学会做自己能做的事，感受自己独立做事的快乐和满足，体验自尊和自信。

2. 社会性情感

①认识自己的家庭，知道父母和亲人的姓名以及他们喜欢做的事，知道不打扰父母的工作和休息，萌发爱父母的情感。

②认识班级的教师和同伴，愿意上幼儿园，体验集体生活的快乐。

③感受"六一"儿童节、新年等主要节日的快乐，能够大胆地表现自己。

3. 社会认知和交往态度

①逐渐熟悉所在幼儿园的名称和班级，熟悉教师和同伴，尽快适应幼儿园的生活。

②认识经常接触的成人，学会称呼他们并使用简单的礼貌用语与他们打招呼。

③感知成人对自己的关爱，初步懂得尊重为自己服务的人。

④知道自己是中国人，北京是中国的首都，认识国旗、熟悉国歌的旋律。

4. 社会交往兴趣

①喜欢班集体，对班集体活动感兴趣。

②喜欢与教师、同伴进行交往活动，对游戏活动感兴趣。

5. 同伴交往

①能与同伴友好相处，初步学会与同伴分享玩具和图书，感受与同伴在一起的快乐。

②初步学会控制自己的情绪，懂得和同伴一起开开心心地玩耍，避免和同伴争抢玩具。

6. 社会适应

①逐渐适应幼儿园的集体生活，情绪稳定、愉快。

②会自己选择活动内容，遇到挫折、困难不害怕，会寻求帮助，并能在教师的鼓励下坚持做完一件事，体验获得成功的快乐。

7. 社会行为规则

①遵守游戏和日常生活中的规则，初步学会等待、轮流等，初步体会规则的作用，逐步养成遵守规则的意识，能判断一些简单行为的对与错。

②认识玩具、图书及学习用具，会正确使用并爱护它们，愿意参与整理。

（二）中班社会教育目标

1. 自我意识

①形成积极的自我认识，能记住父母和幼儿园的名字、家庭住址、电话号码等个人信息。

②知道自己是班集体的一员，初步了解自己和他人的情绪、需要，能用恰当的方式表达自己的感情和需要。

2. 社会性情感

①体验父母及亲人对自己的爱，知道父母和亲人的兴趣爱好，愿意表达对父母和亲人的爱。

②初步了解祖国各地的名胜古迹和家乡的民俗文化，萌发爱祖国、爱家乡的情感。

③积极参加力所能及的劳动活动，养成爱劳动的好习惯。

3. 社会认知和交往态度

①逐渐熟悉幼儿园一日生活常规，养成良好的生活习惯。

②知道礼仪规范，逐渐养成文明礼貌的举止，如见到客人要问好，借他人的东西要说"谢谢"等。

③进一步了解成人对自己的关爱，知道他们的兴趣爱好，知道尊重长辈，珍惜他们的辛勤劳动。

④知道自己是中国人，认识并尊重国旗、国徽；认识我国是一个多民族国家，初步感知多元文化艺术和传统文化。

4. 社会交往兴趣

喜欢与教师、同伴进行交往活动，对各种游戏活动有浓厚的兴趣。

5. 同伴交往

积极主动与同伴交往，学会使用准确的礼貌用语，初步学会分享、谦让与合作。

6. 社会适应

①积极尝试解决游戏、生活、学习中以及与他人交往中遇到的问题与困难。

②学习做选择、计划和决定，并能执行和表达；有初步的独立意识和责任感。

7. 社会行为规则

①有规则意识，逐渐形成自控能力。

②能简单地理解和评判某些行为的对与错。

(三)大班幼儿社会教育目标

1. 自我意识

①认识自己的情绪情感，并能调控自己的情绪和行为；能比较全面地了解和评价自己；自尊、自信。

②知道自己是班集体的一员，认识自己和集体的关系，初步学会控制自己的行为。

2. 社会性情感

①乐于助人，有初步的责任感、集体意识和集体荣誉感。

②认识并尊重世界各国的风俗和文化。

③初步具有上小学的愿望。

3. 社会认知和交往态度

①认识和初步理解他人的情绪情感，并做出积极反应。

②了解礼仪常识，养成文明礼貌的行为习惯。

③初步了解周围的服务设施及功用。

④知道自己是中国人，认识并尊重国旗、国徽；认识我国是一个多民族国家，初步感知多元文化艺术和传统文化。

4. 社会交往兴趣

尊重、赏识他人，有宽容心；主动参加各种社会交往活动，并产生浓厚的社会交往兴趣。

5. 同伴交往

能主动、友好地交往，会轮流、分享、谦让、合作。

6. 社会适应

①有独立解决问题的意识和基本能力。

②做事认真、专心；不怕困难，积极完成任务。

7. 社会行为规则

有规则意识，并能遵守规则。

二、 幼儿社会教育的内容

幼儿社会教育的内容是指幼儿社会领域所包含的特定现象、事实、规则及问题等基本的组成部分。它们遵循一定的原则，是一个有机的整体，也是实现社会教育目标的重要保证。

（一）幼儿社会教育内容总述

幼儿社会教育的内容由四个相互联系的方面构成，即社会认知教育、社会情感教育、健全人格教育和社会交往教育。

1. 社会认知教育

社会认知教育是个体对他人、自我、社会关系、社会规则等社会客体和社会现象及其关系的感知、理解、领会和掌握。社会认知是一个动态开放的过程，它以人、群体、社会为认知对象，通过社会知觉、社会印象进而形成社会判断。幼儿的自我认知水平和社会生活经历直接制约和影响幼儿社会认知的发展。

2. 社会情感教育

社会情感教育是社会教育的核心。它的培养目标主要是培养幼儿对他人与社会的正确合理的情感、认知与态度，形成积极的情感体验及多样化的情感表达方式，爱父母长辈、教师同伴，爱集体、爱家乡、爱祖国，能够了解与接纳多元文化。为支持这一教育目标的实现，情感教育可从情感类型入手，让幼儿主要从感激与爱、关心与帮助、尊重与接纳、欣赏与宽容等方面经历多种情感体验，学习情感的多种表达方式，培养其同情心与爱心。

具体来说，在促进幼儿对人与人之间关系的认识和理解时，要注重培养幼儿对有教养之恩的父母师长的感激和爱，对同伴的多种情绪情感的体验和行为，对关怀、教导、帮助自己成长的人的尊敬和热爱，对需要帮助的人的同情、关心和帮助，进而发展到对同伴成功和优点的真心欣赏，对非故意和非敌对的、使自己不愉快的行为的宽容等。而在养成幼儿对社会的情感态度时，要注重培养幼儿对身处其中的班集体、幼儿园的认同感与归属感，对家乡的归属感与荣誉感，对祖国的爱与自豪感，同时培养幼儿对多元文化的尊重与接纳。

3. 健全人格教育

人格教育旨在塑造幼儿健全的人格。在幼儿阶段，健全人格教育侧重于培养幼儿良好的人格特征。例如，培养幼儿形成主动开朗、乐观合作、诚实负责、不怕困难、坚强勇敢等人格特征。

开展幼儿健全人格教育应坚持循序渐进的原则。从能够辨识事实、真实表达、承认错误、勇于承担后果等方面培养幼儿诚实的品格；从说话算话、有任务意识、责任意识和坚持性等方面培养幼儿负责任的态度；通过让幼儿有机会经历挫折与忍耐，教会幼儿在受挫后积极调整心态，尝试更适宜的方法，以培养他们不怕困难的品质；通过幼儿体能、智能训练，以及其他各种有益的教育活动，培养幼儿主动开朗、乐观合作、坚强勇敢等品格。通过以上这些方法，帮助幼儿学做社会人，学做当代中国人；做好社会人，做好当代中国人。

4. 社会交往教育

社会交往能力是社会能力的核心。社会交往教育的主要内容包括交往态度、交往规则、交往技能，以及交往中形成的自我意识、他人意识和相互关系。这些教育内容主要存在于各种各样的交往活动中。例如，幼儿在园一日生活中同伴间的交往，与教师的师幼交往，以及教师与教师、教师与家长的交往所提供的榜样方式对幼儿产生的影响。幼儿园与家庭相比，有着进行人际交往教育的诸多有利条件。教师应充分利用这些条件，帮助幼儿从小学习如何积极地对待他人、认识自己，如何与人友好相处，懂得分享和合作，尊重他人，知道如何正确处理分歧和纠纷。

（二）各年龄阶段幼儿社会教育的重点内容

1. 小班
①关注幼儿对幼儿园环境的认识，使幼儿有安全感，并喜欢幼儿园。
②关注幼儿的同伴交往，使幼儿掌握初步的交往技能。

③使幼儿形成良好的生活习惯。

④使幼儿产生对社会生活现象的好奇。

2. 中班

①拓展幼儿的生活范围，感受多样化的生活现实。

②强化幼儿的交往技能，减少交往冲突。

③注重幼儿基本社会品质的养成。

3. 大班

①进一步拓宽幼儿社会认知的范围，加深幼儿对社会生活的体验。

②围绕幼儿入小学，进行必要的情感、能力和认识的准备。

③进一步激发幼儿积极向上的社会情感，使其养成良好的社会行为习惯。

④进一步发展幼儿基本的社会技能。

第三节　幼儿社会教育与幼儿社会学习的关系

幼儿社会教育的目的是培养身心和谐发展、人格完整的幼儿，因此，教师应对幼儿的社会学习过程有正确的认识，树立科学的幼儿学习观，正确处理幼儿社会教育与幼儿社会学习的关系。教师应重视幼儿社会教育对幼儿社会学习的重要影响。为了更好地促进幼儿的社会学习，家长和教师应给幼儿提供一个有利于其社会学习的教育环境，帮助幼儿通过各种环境学习学会生活、学会学习、学会做人，有效地引导幼儿幸福、快乐地成长。

一、幼儿社会学习

（一）幼儿社会学习的含义

幼儿社会学习是指幼儿为满足社会性需要而逐步了解与掌握社会知识、经验或规范，以及社会行为技能的过程。社会学习的过程是幼儿掌握一定的生存技能，能够很好地适应社会，具有健全的人格和积极的社会情感，掌握一定的行为规则，并形成良好的社会行为的过程。

因此，我们关注在环境和文化熏陶下的幼儿社会学习目标与内容，强调环境学习是幼儿社会学习的主要方式。

（二）幼儿社会学习的目标

幼儿社会学习的目标旨在帮助幼儿与社会文化环境建立一种有意义的联系，培养幼儿在与社会文化环境互动中的学习能力，注重幼儿在特定的社会文化背景下发生的社会行为。幼儿社会学习以促进社会性发展、培养健全人格为核心目标，具体可以分为四大主要任务。

任务一：关注幼儿"大能力"的培养，促进幼儿的社会适应

目前，关注幼儿的社会性教育和"大能力"培养，促进幼儿的社会适应已成为世界学前教育的共同趋势。这11种"大能力"主要包括：①信心——觉得有能力去做。②动机——想要完成它。③努力——愿意认真工作。④责任——做正确的事。⑤主动——积极采取行动。⑥毅力——有始有终。⑦关怀——关爱别人。⑧团队合作——和别人共事。⑨常识——发挥良好的判断力。⑩解决问题——将所知和所能转化为行动。⑪专注——专心于心中的目标。

任务二：关注幼儿的社会性发展，促进幼儿的人际交往

幼儿在特定的社会文化环境中不断学习社会行为技能，通过多种多样的社会学习方式，建立与周围环境相互支持的交往模式，学习人际交往中最简单、最基本的交往规则和技能。①学会交流与表达（幼儿与自身的关系），具体表现为自尊心、自信心、独立性、自主性、积极的社会情感等。②社会参与与合作（幼儿与他人的关系），具体表现为尊重、分享、互助、合作、诚实、友好、安全感、信任感、认同感和归属感等。③形成他律与自律（幼儿与群体及社会的关系），具体表现为责任感、遵守规则、自我控制、自我评价等。

任务三：关注幼儿健全人格教育，促进幼儿的健全人格

幼儿社会学习的核心是引导幼儿学做社会人，学做现代中国人，促进幼儿的健全人格和道德品质的发展。教育专家孙云晓说："成功的教育从习惯养成开始。教育的核心不只是传授知识，还要学会做人。一个人养成好习惯，一辈子都用不完它的利息；如果养成一种坏习惯，一辈子都偿还不清它的债务。"可见，健全人格教育是非常重要的。

任务四：关注幼儿在特定的社会文化环境中的创造表现，促进幼儿的社会创造

提升幼儿的创造力是幼儿社会学习的重要任务之一，因此不能忽视对幼儿社会创造的研究。研究幼儿在特定的社会文化环境中的创造表现，研究如

何培养幼儿的创新思维和批判反思能力，这是十分重要的。

(三)幼儿社会学习的内容

幼儿社会学习是幼儿与社会相互作用的双向过程。幼儿社会学习包含两层含义。

一层含义是指社会如何"化"个体。幼儿通过环境熏染和教育接受社会文化，进行文化传递；掌握社会知识、社会经验或行为规范。这里强调社会文化环境和教育对幼儿社会学习产生的重要影响。例如，幼儿园的常规教育，通过环境塑造幼儿有价值的行为习惯；通过强化帮助幼儿建立秩序感和规则意识，使幼儿从以自我为中心向以社会群体、生态环境为中心不断发展。

此外，社会文化的影响(政治、经济、风俗习惯、传统文化等)、家庭的影响(父母的文化涵养、家庭的教养方式)、社会地位的影响、幼儿园环境的影响、居住条件的影响(城市、农村、街道等)、大众传媒的影响等，这些环境因素构成了幼儿生活和学习的生态环境系统，并对幼儿的社会化进程产生了决定性的影响。

另一层含义是指个体如何"化"社会。幼儿通过环境学习、角色扮演等学习方式主动地内化社会，把这种知识经验内化为自身的价值标准、社会行为模式、人格品质。这是幼儿社会学习的重点内容。建立常规不等于让幼儿听话，服从成人的命令和要求。只有外在的行为规则内化到幼儿自身的行为标准，使其自觉支配自己的行动时，才是真正的建立常规。值得注意的是，采用命令方式建立常规不但不能使行为规则内化，还会对幼儿的心理健康发展产生消极的影响。

(四)幼儿社会学习的主要方式

幼儿的社会学习是在人际交往和与社会环境的相互作用中进行的。家庭和幼儿园的生活、同伴间的游戏、社区环境与文化、大众传媒是影响幼儿社会学习的重要因素。幼儿社会学习是在环境和文化熏陶下的社会学习，幼儿社会学习的主要方式可以概括为环境学习。环境学习强调环境因素对幼儿社会学习方式、过程和结果至关重要的影响，强调幼儿社会学习能力不是先天的本能，而是后天习得的结果，是可以训练和改变的；同时，强调幼儿在进行环境学习时的个体差异，每个幼儿的学习能力和发展水平是不同的。由于教育者的教育理念不同，他们所采取的社会教育方法也有所不同，这必然会对幼儿社会学习产生不同的影响。环境学习可以归纳为以下几种具体的学习方式。

1. 榜样示范——模仿学习

著名心理学家班杜拉认为，人类的大量行为都是通过对榜样行为的观察和模仿习得的，这种学习就是观察学习或模仿学习。能够成为幼儿观察学习的对象的，即榜样或示范者，既可以是具体的、活生生的人，也可以是通过语言或影视图像而呈现的榜样，还可以是以语言描绘或形象化方式表现某个带有典型特点的榜样。

模仿学习是通过观察榜样的示范行为进行的，因而榜样的条件会影响学习的效果。班杜拉认为，理想的榜样应具备五个条件：①榜样的示范要特点突出、生动鲜明，才能引起学习者的注意；②榜样的示范要符合学习者的年龄特征；③榜样的行为对于学习者来讲要具有可行性，即学习者能够做得到，这是最基本的条件；④榜样的行为要具有可信任性，即相信榜样做出某种行为是出自自身的要求，而不是具有另外的目的；⑤榜样的行为要感人，使学习者产生心理上的共鸣，这时学习者才会表现出相类似的行为。对幼儿影响较大的榜样有：伟人和英雄人物的事迹；教师的一言一行对幼儿潜移默化的影响；教师利用替代性强化的手段，如当众表扬或适当奖励幼儿同伴群体中良好的行为表现来树立榜样。

根据社会交往理论和班杜拉的"观察学习"理论，幼儿对榜样示范进行无意的或有意的模仿学习是其社会化过程中重要的学习方式之一。

图1-3　小朋友正在模仿教师做动作　沈阳市南宁幼儿园

2．角色扮演——体验学习

教师要创设现实生活中的某些情境，或者模拟现实生活中的某些情境，让幼儿扮演一定的社会角色，使幼儿表现出与角色相一致的社会行为规范，并在角色扮演的过程中体验到他人的处境和内心感受，体验到不同情境下他人的社会情感，从而掌握自身的社会角色应遵守的社会行为规范和道德准则。

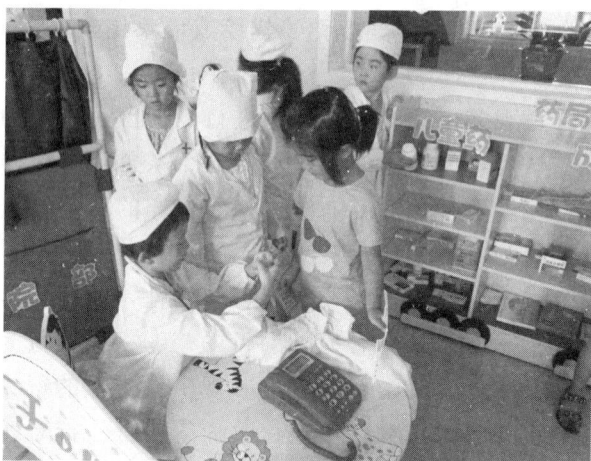

图1-4　小朋友正在扮演医生和病人　中国人民解放军某部队幼儿园

体验学习是幼儿重要的学习方式之一，是认识和行动的基础。体验学习是学习者在参与社会生活实践的过程中，对其中所隐含的道理和意义形成的独特感受和领悟。这种感受和领悟是直接的、极具个人特征的，他人无法替代，而且往往是深刻的。幼儿的体验学习来源于现实生活，是对现实生活的反思，具有直观性、整体性、独特性、情感性和内隐性。

3．外部强化——自我强化

合理的强化是幼儿社会教育的基本手段。当幼儿表现出亲社会行为、做好人好事时，教师可以通过表扬、奖励等外部强化的方式肯定幼儿良好的行为表现；当幼儿表现出攻击性行为等行为问题时，教师可以通过自然惩罚法、温和惩罚法、适当批评法等外部强化的方式，让幼儿逐渐消退不良的行为习惯。

值得注意的是，所有的外部强化最终都要转化为幼儿的自我强化。通过幼儿主动的、积极的自我强化，逐渐培养起幼儿自我控制的能力，使外在的社会行为规范逐渐内化为他们内在的行为标准，这样才能真正地实现幼儿的社会化。

4. 环境熏陶——同化

美国著名心理学家布朗芬布伦纳的生态系统理论认为，真实自然的生态环境是人类发展的主要源泉。生态系统理论扩大了心理学研究中"环境"的概念，环境不仅包括儿童周围的环境，还包括影响儿童发展的大的社会文化环境，同时，确定了相关的四个系统(微系统、中系统、外系统和宏系统)之间存在交互融合的联系及影响。布朗芬布伦纳强调人的发展的动态性和环境的重要作用，反对脱离发展谈环境和脱离环境谈发展。环境与人的发展紧密结合、相互促进，两者的关系是双向的。如图 1-5 所示，他提出了一个儿童发展理论模型，指出这四个系统是影响儿童不同发展水平和类型的环境效应。

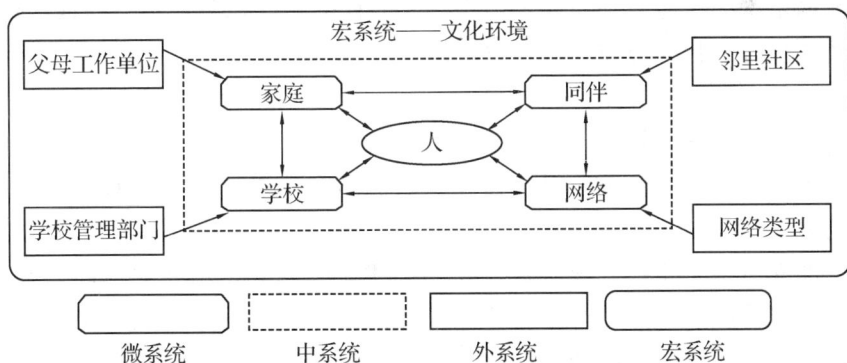

图 1-5　布朗芬布伦纳的儿童发展理论模型

根据生态系统理论的观点，应把环境熏陶法作为幼儿社会教育的重要方法，充分利用影响幼儿发展的环境效应，促进幼儿社会性发展。环境熏陶法是通过优美的自然环境、良好的社会文化环境和教育者创设的教育情境，培养幼儿社会化的一种行之有效的教育方法。

环境效应对幼儿的发展产生积极的影响是通过"同化"实现的。"同化"是幼儿社会学习的一种方式。它是指个体的态度和行为逐渐接近参照群体或参照人员的态度和行为的过程，是个体在潜移默化中对外部环境的一种不自觉的适应。同化中含有模仿的因素，但更强调的是团体行为和情感态度的感染和熏陶。通俗地讲，同化就是人们常说的"近朱者赤，近墨者黑"。假如周围的人都彬彬有礼，幼儿自然就学会了礼貌待人。

5. 行为练习——行动学习

我国近代教育家陈鹤琴先生提出的"做中学、做中教、做中求进步"的教育思想给予我们的启示是，幼儿不同于成人之处在于活泼好动是幼儿的基本状态，在行动中的主动探索、合作学习是幼儿期主要的学习方式。这决定了教师如何"教"和幼儿如何"学"的方法，即在做中学、在做中教、在做中求进步。实践证明，教师不应简单地告诉幼儿是什么，而是要告诉幼儿先干什么，首先让幼儿在行动中获得社会经验，然后再教给幼儿必要的知识技能。只有这样，幼儿才能学会学习，才能把教师"传道、授业、解惑"的教育行为和自身的经验结合起来，避免机械地模仿教师的教育行为，充分发挥其自身的想象力和创造力。我们将这种方法概括为"行为练习—行动学习"法。

行为练习，顾名思义，是指教育者通过真实的生活事件和生活环境，培养幼儿的基本生活能力和技能，增进幼儿的社会知识，激发幼儿的社会情感，培养幼儿良好的行为习惯的教育方法。

英国管理大师瑞文斯首次提出"行动学习法"的概念。行动学习法强调在行动中获得新知识和技能。"在同事的支持下"，即在多人的合作中共同完成学习任务。这种方法更关注对以往经验的总结和反思，并获得对以往行动更深刻的思考。

行动学习是幼儿社会学习最主要的方式。一方面，幼儿在与同伴交往的行动中学习，通过协商、合作、分享、互助来完成社会学习的任务，提高社会交往能力和适应社会生活的能力；另一方面，通过总结和反思，幼儿获得对以往行动更深刻的思考，不断积累丰富的社会经验，这样不仅使幼儿的行动学习具有"做中学"的特点，更具有"反思中学"的特点。

二、 幼儿社会教育与幼儿社会学习的关系

幼儿社会教育与幼儿社会学习相互依赖，密不可分。幼儿社会教育是幼儿社会学习的重要影响因素，幼儿社会学习受到幼儿社会教育条件的制约，因此，我们着重研究在不同教育环境和社会文化熏陶下幼儿社会学习的方式和内容。

(一)家庭环境熏染下的幼儿社会学习

家庭环境的熏染无形中使幼儿学到了很多，简单概括为以下两个方面。

1. 在家庭环境中学会文明礼仪常识

吃饭看似简单，但实际上也是一种社会文化现象。如何摆放饭菜，如何

请客人上座，如何用筷子夹菜等，这些文明礼仪都需要家长引导孩子来学习。从自己吃饭到招待客人吃饭，从吃饭知识到吃饭礼仪，这些都是孩子通过环境学习获得的。甚至，如何走路，如何坐立，如何穿衣，都要由家长有意识地教给孩子。随着年龄的增长，家长还应让孩子学习做饭、洗衣、收拾房间等，帮助孩子提高生活自理能力，学会简单的生活技能、学会文明礼仪常识。

2. 在家庭环境中接受社会规范和社会角色

在家庭环境中，伦理道德规范是社会规范训练的主要内容。幼儿往往从实际的家庭生活中学习父母子女之间的礼节，学习兄妹之间的伦理规范，甚至无意识地从父母的榜样行为中学习一些行为准则。此外，幼儿在家庭环境中还能学到一些待人接物的交往规范。幼儿社会学习的效果与家庭文化有着密切的关系。幼儿在一个比较严谨的家庭中受到的伦理道德规范训练较多，而在一个松散的家庭中受到的伦理道德规范训练相对较少。

在家庭环境中，幼儿体验不同的社会角色。所谓社会角色，是指个人在社会关系和社会生活中所处的地位和所承担的责任。角色分大社会角色和小社会角色，前者是家庭外角色，后者是家庭内角色。幼儿刚一出生就取得了女儿、儿子这个角色，随着社会生活范围的不断扩大，幼儿接触到越来越复杂的社会群体，于是，就获得了更多的角色，如姐姐、哥哥等。因为个体最先进入的是家庭关系网，所以，最先获得的是家庭角色，并对自身角色加以认同，再从家庭环境中不断领会其他的家庭角色。

总之，幼儿通过家庭成员之间的相互影响，耳濡目染地学习了一定的社会行为技能，以适应未来的社会生活。学会做人的道理，学会做当代的中国人。被誉为"中国当代早教之父"的冯德全认为，具备基本素质的优秀儿童通常会表现为会生活，有爱心，会学习，爱思考。家长是孩子的人生导师，对孩子的教育提倡"教育爱"，升华"血缘爱"，杜绝"溺爱"。他提倡不露痕迹的潜教育，要求父母和教师都要做到"教在有心、学在无意""环境濡染、榜样诱导""积极暗示、赏识鼓励"等。在孩子人生刚起步的时候，一定要让他学会生活和关爱他人，学会学习和思考。他主张，要让孩子"玩中有学、学中有玩"，强调玩和学的统一，有趣的学就是玩，有益的玩就是学。他提出，务必在0～6岁人脑生长发育的关键期开发孩子的潜能（体能、智能、性格能），把孩子培养成为身体健美、智能高超、性格卓越的创造型儿童。这些教育观点是非常有益的。冯氏早教革命把陶行知"生活即教育"的理念发挥到了极致。

（二）幼儿园环境熏陶下的幼儿社会学习

在幼儿园教育活动中，环境作为一种"隐性课程"，在开发幼儿智力、促进幼儿良好个性发展方面，越来越引起广大教育工作者的重视。教育部 2001年颁布的《幼儿园教育指导纲要（试行）》（以下简称《纲要》）中明确指出："环境是重要的教育资源，应通过环境的创设和利用，有效地促进幼儿的发展。"幼儿园环境是幼儿赖以生存的基本条件。在早期教育日益发展的今天，幼儿的生存质量得到普遍关注。幼儿园环境创设是指改善幼儿生存环境，提高幼儿生存质量，创造适宜的教育环境，这已成为幼儿园教育的重要内容。

1. 主动学习渗透于一日生活

在生活中，教师应创设一个能让幼儿亲自体验、主动学习的环境，把教育要求转化为幼儿的社会需要；把抽象的说教转化为生动形象的教育情境，让幼儿学会生活和关爱他人。只有这样，幼儿才能真正体验到建立生活常规和养成良好生活习惯的重要性，并逐渐把外在的教育要求内化为自觉的行动准则。

在一日生活实践中，教师应引导幼儿不断克服困难，获得成功的体验，使他们感受到自己是有能力的。教师应给予幼儿积极的暗示，强化幼儿成功的体验，使他们获得自信与满足感。一日生活活动可以提高幼儿自我管理、支配行动与时间的能力，帮助幼儿适应集体生活，遵守集体生活的规则，建立起团结友爱、互相帮助的同伴关系。在观察模仿、主动探索的过程中达到身心健康、人格完善、品行良好的状态。

2. 同伴交往让幼儿摆脱"自我中心"

良好的同伴关系可以促进幼儿的社会化，发展幼儿良好的社会行为、良好的情绪情感及社会交往能力，可以使幼儿形成良好的品德。首先，同伴交往可以使幼儿摆脱"自我中心"。如果幼儿主动寻求与同伴交往，与同伴在一起的游戏、活动日益频繁，他便会逐渐了解到同伴所拥有的权利，并借助同伴的行为来评价自己的行为。随着交往经验的积累，幼儿还能逐渐了解群体交往中的规则，表现出与同伴时交往所需的合作、共享、谦让、同情、助人、宽容等良好的社会行为。

日本幼儿教育专家山下俊郎在《独生子女》一书中指出："幼儿是在同别的幼儿的交往中开始从'自我中心'的'壳'中解脱出来，了解自我与他人的区别，了解集体中每个成员的权利和义务，培养出各种各样的道德品性的。尊重他人，理解行为规范、协作精神、服务精神这一类品性，不是靠成人的说教，而是幼儿在游戏活动与社交实践过程中形成的。"可见，同伴交往有助于形成幼儿的健全人格。

3. 教师的言传身教对幼儿产生潜移默化的影响

教师要树立和幼儿一起生活的观念。幼儿从熟悉的家庭环境来到陌生的幼儿园，情感会发生很大的波动。他们很自然地将与父母交往中产生的各种思想、感情、期望与爱的要求转移到教师身上。教师的爱是一种巨大的教育力量，它能激励幼儿的好奇心与学习兴趣。中国有句古话："亲师信道。"幼儿对教师的信赖和热爱，可以使他们乐意接受教育、提高参与的积极性。反之，教师对幼儿冷淡、粗暴、训斥，会使幼儿消极被动、畏惧退缩，甚至产生自卑感、抑郁感，影响幼儿良好情感和个性的发展。每个教师都会把自己的价值体系带到班级来，教师的价值观有助于幼儿学习社会规范。教师的价值观决定了什么是最重要的事情，如何同幼儿发生作用，如何布置教育环境，怎样处理问题等，这些都会影响幼儿的价值观。通过与教师的交往，幼儿有意或无意地感受与认识到一定的社会规范，并逐渐把它们内化为自己的行为准则。如果在具备良好和谐的师生关系的现实生活中，幼儿享受到师爱的温暖与欢乐，久而久之，人与人之间真诚美好的情感就会不断渗入幼儿的心灵，使他们萌发友爱、诚实等优良品质，并逐渐树立起自己的社会观念。

教师对幼儿的期望，可以促进幼儿的发展。如果教师认为幼儿是好孩子，有发展前途，就会用赞赏的目光注视幼儿的一举一动，自觉或不自觉地给以肯定、鼓励和更多的帮助，从而使他们比其他幼儿更为自尊、自信、自制、自爱。相反，教师若是觉得幼儿"不听话""不可教"，就会不自觉地流露出对幼儿的冷漠和歧视，使幼儿自惭、自卑，甚至自暴自弃，从而压抑了其主观能动性的正常发挥。有经验的教师很善于发现每一个幼儿的闪光点，及时鼓励、引导、点拨，从而使每个幼儿都得到应有的发展。

教师的言谈举止可以使幼儿受到影响，是幼儿行为的"楷模"。幼儿可塑性强、模仿性强，他们在很大程度上是靠体验、模仿教师的内在和外在形象逐步发展起来的。在幼儿的心目中，教师是"一切美好的化身"。教师的精神面貌、一言一行，幼儿都将它转化为自己的道德行为，这种转化也就是一个社会化过程。通过教师的言谈举止，把抽象的道德标准和行为规范人格化、具体化，使幼儿在富有形象性、感染性和现实性的具体情境中受到潜移默化的教育。

(三)社区环境影响下的幼儿社会学习

社区是幼儿活动的主要场所，对幼儿在社会认知、社会情感、社会行为等方面的发展，具有不可忽视的意义。幼儿进行环境学习的主要社区因素有：社区内的家庭、邻里、同辈群体，学校、幼儿园等正式或非正式组织，还有来自社区外的大众传播媒介，如广播、电视、报刊、网络等。

除了家庭、幼儿园对幼儿社会学习产生重要影响之外，社区内传媒对幼儿的影响也无处不在，无所不有。现代大众传媒拓宽了幼儿认识世界的途径，给幼儿提供了更加丰富、更加快捷、更加全面的认识世界的手段。现代大众传媒缩小了幼儿之间的差异。无论是城市儿童还是农村儿童，无论是发达国家的儿童还是发展中国家的儿童，通过卫星电视和互联网，都可以获得同样的信息，从而缩小了彼此之间由于民族、地域、经济、文化不同所造成的差异。现代大众传媒为广大儿童提供了理想化的儿童形象，不论是动画式的还是童星式的，使得众多儿童不再以父母的要求为自己的目标，而是以某个理想形象为榜样，运用榜样学习法进行模仿学习。

幼儿看电视有利也有弊。一方面，电视能促进幼儿的心理发展，电视节目满足了幼儿想象和模仿的欲望，还能使幼儿开阔眼界，有助于幼儿了解社会、增长知识和吸取间接经验，认识社会角色，学习并掌握相应的社会行为规范，也有利于婴幼儿的语言学习，这些都有助于幼儿的社会化发展。另一方面，电视也可能带来一些负面影响。例如，反映暴力阴暗面的电视节目可能会使幼儿产生暴力倾向和攻击性行为。电视的普及使得家庭成员之间的交流、接触时间相对减少了，削弱了家庭中的互动关系。研究表明，过于迷恋或依赖电视节目，容易导致幼儿患"电视病"，将不利于幼儿的身心健康发展，造成性格缺陷和人格障碍。

社区居委会对幼儿社会化的作用主要通过开展社区服务来实现。社区服务是社区建设的"龙头"和"突破口"，只有卓有成效地开展服务，才能赢得居民的理解、支持、参与，使居民获得归属感。

开展各种社区服务，可以为社区内居民提供方便，提高其生活质量，为家长减轻生活负担，为幼儿的成长创造良好物质条件。例如，某社区居委会可以为居民提供中低档家宴、一般家庭装修、电器维修安装、房屋中介、劳务中介、家政服务、服装加工等服务，初步实现了家务劳动社会化，不仅方便了居民的生活，而且为失业或待业人员提供了再就业的机会。家长从繁重的家务劳动中解放出来，有更多的时间和精力关注孩子的成长。此外，社区服务的开展，始终是以解决社区本身的社会矛盾和社会问题为基本出发点和基本任务的，因此，卓有成效地开展和发展社区服务，可以在很大程度上缓解和解决社区的社会矛盾和社会问题，促进社会稳定，使幼儿在稳定有序的社区环境中健康成长。

第四节　幼儿社会教育活动设计与评价

幼儿社会教育活动设计是幼儿社会教育活动组织的前提，它关系到教育目标能否顺利实现，是决定活动成效的重要因素之一。教师在设计幼儿社会教育活动时，关键点是解决好教师如何"教"与幼儿如何"学"之间的关系问题。教师要适时利用支架，为幼儿的社会学习搭建平台，并根据社会教育活动的七种不同类型，采取不同的指导策略。

一、幼儿社会教育活动设计

（一）幼儿社会教育活动的含义

幼儿社会教育活动就是有目的、有计划、有组织地指导幼儿逐步适应社会、参与社会和投入社会生活的过程，是促进幼儿快速实现社会化、获得社会性发展的过程。在进行幼儿社会教育活动设计时，可将幼儿社会教育活动具体划分为幼儿自我意识教育活动、幼儿社会性情感教育活动、幼儿社会认知和交往态度教育活动、幼儿社会交往兴趣教育活动、幼儿同伴交往教育活动、幼儿社会适应能力教育活动和幼儿社会行为规则教育活动七种不同的类型。

（二）幼儿社会教育活动的设计要求

1. 借鉴西方成熟的教学法精髓，落实《纲要》和《指南》的精神和要求

幼儿社会教育活动的设计是活动能否取得成功的关键环节。教师在设计幼儿社会教育活动时，应借鉴西方成熟的教学法精髓，全面落实《纲要》和《指

南》的精神和要求；同时要考虑《纲要》中对社会领域教育提出的要求和建议，并参照当地幼儿教育《纲要》中社会领域方面的细则要求，根据幼儿自身的年龄特点和各阶段的发展水平，确定社会教育的内容。

因此，教师要遵循一定的活动设计要求和理念，以保证幼儿在活动中始终处于积极主动的主体地位，促使他们的社会性获得真正的发展。

2. 根据幼儿园的实际情况，灵活设计调整社会教育活动的途径

设计幼儿社会教育活动，还要根据幼儿的发展水平及其存在的问题来进行，即必须考虑幼儿的身心发展水平，主要包括幼儿的年龄特点，本园、本班幼儿的发展水平，以及幼儿的个体发展水平。另外，教师还应观察幼儿的日常生活，发现幼儿在社会性发展中存在的问题，查漏补缺，灵活增加新内容。设计这种有针对性的教育活动，能够提高幼儿社会性教育的实际功效。

3. 根据当前发生的事件、时事新闻，设计新鲜的社会性教育活动载体

设计幼儿社会教育活动，可以充分利用幼儿当时所处环境中发生的社会事件、时事新闻作为教育载体。例如，幼儿社会教育的内容是根据社会教育的目标来确定的，在不同的社会现实及特定的文化背景下，幼儿社会性发展的目标有所不同，其所决定的社会教育内容也会有所改变。课程专家拉塞克(S. Lasonke)指出：教育内容应符合社会价值观的要求，符合学习者的需要、兴趣和能力的要求。因此，幼儿社会教育设计应当依据社会现实的要求和幼儿本身的特点来确定。

(三)幼儿社会教育活动的设计原则

幼儿社会教育活动的设计，应在其他领域活动设计原则的基础上体现出自己的设计特点。社会领域更加注重对幼儿良好行为习惯、人际交往技能、良好亲社会行为以及社会性情感建立方面的培养，因此，在设计幼儿社会教育活动时应遵循以下几条原则。

1. 目标性原则

幼儿社会教育活动的目标性原则有两方面的含义：一是社会教育活动的设计要符合《纲要》等文件对幼儿园社会领域教育提出的要求；二是幼儿园每次举行的社会领域教育活动必须有明确而具体的活动目标。简言之，社会教育活动目标应目的明确，避免盲目性。活动所选取的内容、方法、活动的组

织形式以及活动评价标准等都应以目标为依据。因此，活动设计者要做到"心中有目标"，要熟练掌握《纲要》中提出的社会领域的教育目标；此外，还要做到"处处体现目标"，要树立强烈的教育目标意识，在组织活动时紧紧围绕目标来选择教育内容，确定教育方法，实施教育过程，并对教育活动进行评价。就具体的教育活动目标而言，目标的表述要具体、明确，目标的设计要具有较强的可操作性和可检测性。

2. 针对性原则

针对性原则主要是就学前儿童社会领域教育活动设计的内容而言的，也有两个方面的含义：一是教育活动的设计应针对社会领域教育的内容；二是应针对幼儿的实际情况。幼儿园社会领域教育的内容丰富，涉及面广，包括幼儿自我教育、人际交往、社会行为规范和社会性情感等方面。因此，教师在设计社会领域教育活动时，要针对具体的内容来设计。否则，社会领域的教育目标就难以实现，同时也可能会喧宾夺主，干扰其他领域教育目标的实现。

幼儿社会领域教育活动的设计还要考虑幼儿社会性发展的实际水平、年龄特点以及所处的社会地域环境等。设计者在设计活动前要充分考虑本班幼儿的生活环境、地域特色、社会性发展现状及个体差异等，有针对性地确立活动目标及活动内容，不能照本宣科。例如，同样是环境保护方面的教育内容，在小班，可以结合日常生活，引导幼儿把垃圾扔入垃圾箱，养成好的习惯；而在大班，需要组织学前儿童讨论"为什么要保护环境？""为什么要保持水与空气的清洁？""大海对鱼来说重要吗？如果大海很脏，那么鱼会怎样？对我们人类的生活又会有怎样的影响？"等问题，引导幼儿逐渐了解各种事物之间的联系，知道为什么要保护环境。通过设计相应的教育活动，塑造或矫正幼儿的不良行为特征，培养良好的做人品质，以"问题"为中心进行有针对性的设计。

3. 活动性原则

所谓活动性原则，是指教师在设计社会领域教育活动时要注重实践，应尽量鼓励幼儿自己动手操作，引导幼儿积极与人交往、动手体验、观察思考、大胆表现，主动地发展社会性。活动是幼儿心理发展的基础和源泉，这就要求教师在开展社会领域教育活动时，要将幼儿放在主体地位，将他们对现实的感知放在首位；要有目的、有顺序地将幼儿引入社会生活，让幼儿在现实的社会生活和社会情境中感知、积累、探索，从而丰富社会认知、社会情感，发展社会行为。因此，教师在设计社会领域教育活动时要贯彻活动性原则，并要着重考虑三点内容：一是如何将真实的社会生活呈现在幼儿面前；二是如何让幼儿充分与社会生活接触，采用哪些方法引导幼儿主动地观察、体验、思考、探索与发现；三是如何引导幼儿在社会生活中练习社会行为。

4. 全体性原则

所谓全体性原则，是指活动的设计要面向班级全体幼儿。不管是集体活动还是小组活动，都要努力使全体幼儿在原有社会性发展水平上得到提高。贯彻全体性原则，教师就要在活动设计的过程中充分了解幼儿的个体差异，实现真正的教育公平。教师在贯彻全体性原则时要避免走入同步发展或共同发展的误区。换言之，所有幼儿都要得到发展，但并非强求每一个幼儿都达到同一发展水平。教师要尊重幼儿的个体差异。

5. 整体性原则

幼儿社会领域教育包括幼儿社会认知、社会情感、社会行为三方面的教育。在设计活动时，要将这三者有机地结合起来并融入教育活动之中。这是整体性原则的第一要求，即要促进幼儿社会性的整体发展。第二个要求是要将教育资源和教育手段相整合。这是因为，幼儿的社会性发展不是一朝一夕能够促成的，教师要充分考虑活动后的延续性，以及各种类型活动的渗透性，同时还要考虑合理利用家庭和社区的教育资源，增强幼儿社会教育的合力。

二、 幼儿社会教育活动的组织与指导

（一）幼儿社会教育活动的形式选择

幼儿社会教育活动内容丰富、覆盖面广，因此要选用多种多样的活动形式进行教学。在幼儿社会教育活动中，常选用的活动形式有以下五种。

1. 参观

参观是指教师根据教学目标和要求，组织幼儿亲临社会现场的一种教育形式，如参观当地知名景点、与幼儿生活联系密切的场所等。社会生活是幼儿社会教育的活教材。参观能使幼儿通过对实际事物和现象的观察、探究而获得较为丰富的直接知识和经验，扩展他们的社会视野，帮助他们理解事物

之间的联系。例如，幼儿平时虽然也有和家人一起到超市购物的经历，但他们置身超市时，一般只关注零食、玩具之类自己感兴趣的物品。通过教师组织的参观，他们才发现，原来超市中有那么丰富的商品，超市给大家的生活带来很多便利，超市的工作人员既要记住众多商品所在的位置，又要热情接待顾客，他们的工作很辛苦，自己要尊重他们的工作，等等。对幼儿来说，自己亲自观察、亲身实践得来的经验和体验，是成人的任何讲述所不及的。

(1)参观前的准备

①确定参观对象，联系参观场所。

第一，对某一社会设施或社会现象进行参观。社会设施包括邮局、商店、学校、图书馆等。社会现象包括售货员在商店里卖东西，顾客买东西；邮局工作人员分发信件、投递信件；小学生在课间游戏、学习等。第二，参观的内容要与幼儿的生活紧密联系，地点不要太远。

②确定行走路线。要注意安全，考虑好沿途可能遇到的问题。

③制订参观计划，包含参观目的和步骤等。

④做好物质方面的准备工作，如水、纸等。

(2)参观的组织

①出发前的组织：整队集中检查行装，进行简短谈话。

②出发途中的组织：保证幼儿的安全，如步行时教师走在马路外侧，坐车时提醒幼儿不要将手脚伸出窗外。

③到达时的组织：重新整队，简短谈话，可以以提问的方式进行。

④参观过程中的组织：教师与参观地的工作人员合作，组织幼儿有秩序地参观，介绍时避免用生硬难懂的话语。

⑤结束时的组织：选用适当的方法。例如，参观邮局时，考虑到工作人员繁忙，可自然结束；参观其他场所时，若工作人员不忙，可用联欢或者组织一场小活动的方式结束。

(3)注意事项

参观时间最好选在上午；组织人员较平时适当增加；参观结束后，可组织谈话，可开设相应的活动区域(延伸活动)，如参观邮局的延伸活动可以是"邮票展""与邮局有关的物品展""寄信"等。

图1-6 小朋友参观学校图书馆
东北师范大学附属幼儿园

图1-7 小朋友参观自然博物馆
东北师范大学附属幼儿园

★ 案例1 ★

参观食品店(大班)

活动目标

1. 使幼儿对参观食品店产生兴趣,尊重营业员的工作,形成礼貌待人的品质

2. 使幼儿初步具备给食品分类的能力

3. 使幼儿了解食品店的主要商品,知道食品可以分类,了解营业员的工作与我们生活的关系

活动准备

1. 选择好参观地点

2. 制订好参观路线

活动过程

1. 通过谈话,引起幼儿对参观食品店的兴趣,并提出参观要求;参观食品店的主要商品,观察营业员是怎么卖东西的

2. 带幼儿参观食品店

图1-8　大班小朋友参观水果店　沈阳市飞虹幼儿园

①引导幼儿参观食品店的食品，告诉幼儿每种食品的名称。

②引导幼儿观察食品店除了卖糖果、糕点还卖什么，从而使幼儿知道食品店是卖食物的地方，建立对食品店的正确概念。

③引导幼儿观察食品店里营业员和顾客之间的活动，请幼儿记住营业员和顾客之间的简单对话。

请幼儿思考：食品店里有什么人？他们在干什么？营业员是怎样卖食品的？他们是怎样对待顾客的？

④请幼儿仔细观察营业员是怎样放置食品的，使幼儿知道不同的食品要分开放置，建立初步的分类概念。

3. 幼儿在教师的带领下进行购物活动，感受营业员对大家的热情服务

4. 参观活动结束后，幼儿与营业员礼貌道别，组织幼儿回园

5. 参观后组织幼儿进行谈话活动

请幼儿回忆食品店里都卖什么。请幼儿思考：没有食品店会怎样。

🐦 **活动延伸**

收集与食品有关的物品，如各种包装袋，在活动区开展"食品商店"游戏。

🐦 **活动评析**

活动选择的参观对象是与幼儿的生活紧密联系的食品店，是结合幼儿的生活经验开展的。参观的步骤清晰，任务明确。参观的形式多样，既观察静态的食品，也观察营业员与顾客之间的活动，还让幼儿实践，进行购物活动。

这样既发展了幼儿的社会认知(食品店的食物、食品的摆放、营业员与顾客的活动),又发展了幼儿的社会行为(学会购物、学会与营业员打交道)。活动延伸则巩固了幼儿的社会学习,以便幼儿在实践中正确应用。

2. 社会实践

社会实践是指教师创造一定的条件,组织幼儿亲自参与某项活动,感知、体验或学习某种社会技能的教育活动。幼儿园组织的社会实践活动主要有两类:一类是劳动,另一类就是与幼儿生活密切相关的社会生活实践。社会实践给予幼儿参与真正社会生活的机会,能满足其好奇心,扩展幼儿的社会认知,满足幼儿日益增长的参与成人活动的愿望,并能在参与过程中引发幼儿的社会情感,培养幼儿的社会行为,使其在社会实践中受到教育和锻炼。

社会教育可以渗透在一日生活和社会实践中,使幼儿能够自然地进行社会学习。

①早晨来园——礼貌教育。

②晨间劳动——爱劳动,做事认真。

图1-9 小朋友在帮忙扫地 东北师范大学附属幼儿园

③晨间洗手——讲卫生，排队意识，节约用水。

图1-10 小朋友在自己洗手 东北师范大学附属幼儿园

④值日生劳动——做事公正，服务他人意识。

⑤进餐——爱惜粮食，文明进餐。

图1-11 小朋友在吃早餐 东北师范大学附属幼儿园

⑥如厕——生活自理能力，文明如厕。

⑦午睡——穿脱衣服的正确方法，正确睡姿。

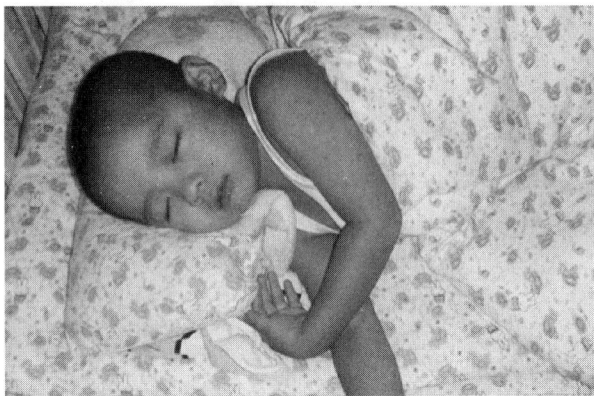

图1-12　小朋友在午睡　东北师范大学附属幼儿园

3. 游戏

游戏是幼儿最喜爱的活动，是幼儿对成人社会生活的想象和模仿，满足了他们渴望参加成人社会生活的愿望。从某种程度上说，游戏本身就是社会性活动，是幼儿参与社会生活的独特方式。例如，角色游戏区游戏规则在幼儿社会性教育方面有如下体现。

①进入游戏区遵循先来后到的原则——培养幼儿的轮流意识。

②能自定角色，学习角色行为——提高幼儿社会角色扮演的能力，去自我中心化。

③不独占、不争抢玩具，能共享玩具材料——培养幼儿谦让的能力与共享行为。

④爱护玩具，不乱扔乱丢——培养幼儿遵守社会行为规则的能力。

⑤会用语言表达个人的情感愿望、与伙伴交流、商量主题情节——引导幼儿学习与同伴交流时的正确表达方式以及协商能力。

⑥活动中不大声吵嚷，会有礼貌地接待"客人"——引导幼儿礼貌待人，培养幼儿遵守社会行为规则的能力。

⑦游戏结束时，能收放和整理玩具，按类放回原处——培养幼儿良好的行为习惯。

图 1-13　小朋友正在整理游戏玩具　沈阳市南宁幼儿园

4．谈话

谈话是指教师和幼儿双方围绕某一个问题或主题，自由地发表自己的想法和意见，表达自己的感受和体验，相互交流、相互学习的活动形式。通常情况下，教师要在参观、社会实践等活动后组织总结性谈话，也可根据幼儿身上出现的社会性问题，组织针对性的谈话活动。

（1）谈话前的准备

选择贴近幼儿生活的、能引起幼儿兴趣的、有教育意义的话题。例如，谈"适合小朋友穿的衣服"这个话题很有意义，但若要谈"衣服上有机器猫的图案好看，还是有奥特曼的图案好看"就无法实现本领域的目标。

（2）谈话的组织

第一，引起幼儿的谈话兴趣。例如，在"我会帮助别人了"活动中，教师运用这样的导语设计："咱们班的孩子个个是能干的孩子，今天就请你们来说说你们是怎样的能干？你们帮助过别人吗？你们是怎么帮助别人的？"

第二，引导谈话，步步深入。例如，在"我会帮助别人了"活动中，有幼儿说："我帮奶奶找针。"教师进一步启发："为什么奶奶需要你帮忙？你帮奶奶找到针后，奶奶说了什么？"

教师在与幼儿谈话中所设计的问题应该是符合谈话主题的，问题应该是清楚明了的，问题的排序应该是由浅入深的，尽可能地设计开放性问题，让更多的幼儿发表不同的见解。

第三，谈话结束后要进行小结。

(3)注意事项

允许答案多样，给幼儿思考的时间，谈话方式可以多变。

★ 案例2 ★

我的家人(中班)

活动目标

1. 增进幼儿与家庭成员之间的了解和亲爱之情

2. 锻炼幼儿用连贯的语言介绍自己的家人并表达自己与家人之间的情感

活动准备

1. 请家长为幼儿准备一张"全家福"照片

2. 请幼儿平时在家注意观察，家人谁会做什么，谁喜欢什么

活动过程

教师自然地引出与家有关的话题。例如，教师问："今天早上谁送你来幼儿园的？晚上谁来接你？"然后开始谈话，话题可以是：

①"我家都有谁？"请幼儿拿出"全家福"照片，向大家介绍自己的家人。

②"平时我们在家里干什么？"

③"家里谁最喜欢我，我最喜欢谁，为什么？"

④"家里人有什么爱好、特长？"如果有的幼儿说不出来，可以请他们回家后再仔细观察。

最后，教师引导幼儿小结：我们和家人在一起很快乐，我们应该爱我们的家人。

活动延伸

可以在自愿的前提下，组织幼儿制作"我的家人"画册，然后请幼儿把画册内容讲给大家听。

活动评析

活动选择的话题是与幼儿的生活紧密联系的。每个问题都简单易懂，开放性强，问题的程度由易到难。幼儿容易回答，且都可以发表自己不同的见解。通过这个谈话活动，幼儿可以表达对家人的认识，感受到与家人在一起的愉快情绪，逐步学会爱自己的家人。

5.综合活动

综合活动是指教师综合运用各种教学方法，并将社会教育与其他领域的活动有机地结合起来，在多种形式、多种活动中发展幼儿社会性的一种社会教育形式。

虽然不同的社会教育活动有不同的组织方法，不同的幼儿教师也有不同的设计和指导思路，但社会领域教育活动有着共同的目标和指导原则，是有一定的规律可循的。

★ 案例3 ★

我的名片(大班)

活动目标

1.通过活动学习，使幼儿能够说出名片的作用

2.通过制作名片，使幼儿能够认识到自己的爱好

3.通过互赠名片，加深幼儿间的了解，增进友谊

活动准备

1.教师自制名片2小张、2大张，内容一样(若用幻灯机，则不需大张)

2.空白名片纸(数量需多于小朋友数)

3.水彩笔、小剪刀幼儿自带

活动过程

1.开始部分(导入)

情境表演：公交车上，两位许久未联系的好朋友相遇，分手时互赠名片。

师：他们互赠的是什么？(导入课题——名片)

2.进行部分

(1)师：他们为什么互赠名片？

(2)小朋友观察表演中的名片

师：这下小朋友能说说名片的作用吗？

师：小朋友们想不想拥有自己的名片呢？(过渡语)

(3)动手做名片

①教师示范，注意强调与前面的名片的不同，如图案、形状、颜色等信

息的变化。

②幼儿操作。

3. 结束部分

幼儿互赠名片，在教师自编的儿歌中结束活动——"小小名片不起眼，大大作用不一般，送给同班某某某，满心欢喜乐开怀。"

🕊 **活动延伸**

教师引导幼儿设计自己的"名片展"，或者引导幼儿回家后学一首儿歌。

🕊 **活动评析**

名片是现代社会特有的文化，幼儿在日常生活中有所接触。名片是成人为了介绍自己而使用的，幼儿并没有使用过名片，所以对认识名片和使用名片充满了新鲜感。活动使用了多种教学方法，情境表演让所有幼儿对名片有了最初的认识；通过谈话使幼儿了解名片的作用；通过做名片和使用名片使幼儿进一步熟悉名片，并体验使用名片的快乐。活动步骤循序渐进，活动方式多样。幼儿在活动中进行了社会认知(认知名片)，学会了适当的社会行为(与他人相互赠送名片)。

(二)幼儿社会教育活动的组织程序

1. 确立活动目标

确立活动目标是社会教育活动组织中最重要的一个环节。目标设置是否恰当，对整个活动的设计和组织有着决定性的影响，包括活动设计的方向、范围和程度。教师应根据幼儿的社会性发展水平来确定社会教育活动的具体目标，然后根据目标选择教育内容，进而选择合适的教育方法和组织形式。为了确保活动目标的导向作用，教师在确定活动目标时要注意：第一，应该着眼于幼儿的社会性发展，以幼儿的现有发展水平为立足点；第二，具体活动的目标应该与幼儿园社会领域教育的总目标、各年龄阶段的目标相一致，即具体活动的目标由总目标逐级分解而来，目标由大到小，由概括到具体；第三，活动目标的内容应该包含幼儿的社会认知、社会情感和社会行为三个方面。

2. 选择活动内容

活动内容是社会教育活动目标的具体化，是实现教育目标的手段。在幼儿园中，社会领域的教育没有统一的教材，教育内容完全由教师选择。教师可将下列两个方面作为选择活动内容的依据。第一，根据活动的目标来选择内容。例如，为了激发幼儿热爱家乡的情感，可以将家乡的特产、家乡的美、家乡的变化等作为教育内容。第二，根据幼儿社会性发展的已有水平以及存在的问题选择活动内容，同时注意内容的生活化，即所选择的活动内容要符合幼儿的生活经验，既要以已有的经验为基础，又要扮演新旧经验之间桥梁的角色。就具体的社会教育活动而言，活动目标与内容并没有明确的先后关系，两者是相互依存的。只要有明确的年龄阶段目标或学期目标，有时可以先有具体的活动内容，然后再确定具体的教育活动目标；有时可以先有具体的活动目标，再寻找相应的活动内容。例如，《纲要》中社会领域的教育目标明确规定，要培养幼儿互助、合作与分享的意识，但教师在班级却发现幼儿表现出以自我为中心、自私、独占等行为。根据这一具体情况，教师就可以选择适当的活动内容，组织一些需要互相帮助的活动，从而使幼儿体验互相帮助的快乐，了解合作互助的重要性。

选择幼儿社会教育活动内容时应遵循如下要求。

第一，根据国家级的课程标准和当地幼儿教育纲要中社会领域方面的要求，确定社会教育的内容。

目前，我国最有权威的课程标准《纲要》，明确提出了幼儿园社会教育的内容。在选择幼儿社会教育内容时应该首先符合《纲要》中提出的社会教育领域方面的要求，然后再根据当地的实际情况及当地幼儿教育纲要中社会领域方面的要求，确定社会教育的内容。

第二，将幼儿当时所处的社会生活背景和社会生活环境作为课程标准和教育纲要的载体。

教师所选的幼儿社会教育的内容应该是与幼儿当时生活背景和生活环境紧密相关的，幼儿对这些教育内容是熟悉且感兴趣的。因此，教师应该关注幼儿当时的生活背景和生活环境，寓教育于生活。

第三，根据幼儿发展水平及其存在的问题确定教育内容。

教师在选择教育内容时，必须考虑幼儿的身心发展水平，包括幼儿的年龄特点，本园、本班幼儿的发展水平及幼儿的个体发展水平。另外，教师还应该观察幼儿的日常生活，发现幼儿在生活中存在的问题，有针对地确定教育内容，对幼儿进行教育。

3. 设计活动过程

在设计社会教育活动过程时，需要考虑以下几个方面。

（1）精心设计活动环节

对社会教育活动的各个环节必须精心地设计。例如，教师应该通过什么方式将幼儿引入活动；开展社会教育活动时教师应该具体设计哪几个步骤，遵循什么样的活动流程，包括学习新内容、联系巩固等；教师应该采用什么提问方式将幼儿带入问题情境中，从而激发他们思考并解决问题；教师应该以什么方式结束活动才能更好地起到活动延伸的作用。这些都需要教师精心安排。活动的流程要自然连贯，步骤要清晰明了，并为具体实施留有余地。

（2）运用不同的活动方式

活动方式既要适应不同类型社会教育活动的特点，又要引起幼儿对学习内容的浓厚兴趣，从而使幼儿积极主动地参与活动。这是社会活动效果的保证。幼儿社会教育的活动方式主要是由教材内容的性质、幼儿的年龄特点及幼儿认知发展现状来决定的。如果活动内容涉及认知成分较多，就要多使用讲解、讨论、谈话、演示等方法；如果活动内容偏重社会行为，则要多使用行为训练、行为评定、角色扮演、观察学习等方法。总之，在设计活动方法时，要最大限度地发挥所选用方法的教育功效。

（3）设计有效的问题情境

问题情境是师幼有效互动的平台。教师提出的问题质量如何，直接影响活动实施的效果。因此，问题情境的设计非常重要。问题的设计，主要由活动目标和幼儿社会性发展水平而定，并要突出学习的重点和难点。教师在创设问题情境时，应使直接经验和间接经验相互作用，使活动内容、教师、幼儿和社会环境处于互动状态之中，在不断的思考中真正建构幼儿的世界观、人生观和价值观。一般来说，教师提问时要注意层次性、导向性、议论性和评价性，激发幼儿产生社会性认知冲突，启发幼儿的思维，调动幼儿的已有经验，从而实现社会教育的目标。

（4）对社会教育活动进行合理评价

对社会教育活动效果的评价，也应是活动设计的一个方面。通过评价，可以使教师了解社会教育活动的目标、计划、过程、方法以及环境材料等是否符合幼儿的发展水平，是否促进幼儿的社会性发展，是否实现预定的目标，从而起到反馈、诊断和增效的作用。因此，教师在设计社会教育活动时，要将活动效果的评价标准和评价方式考虑进来，增强活动的科学性和有效性。

4. 拟订活动方案

(1)活动名称

活动名称的设计没有特殊要求，在确定名称时尽量符合儿童化的特点即可，如"笑脸娃娃找朋友""会说话的杯子""学当小主人""哥哥姐姐真能干"等。

(2)活动目标

①活动目标的内容。

美国教育家将教育目标分为情感目标、能力目标和知识目标。在幼儿园教育活动中，社会领域活动目标也包括这三个维度，即情感(态度、价值观、习惯)，能力，知识。

情感维度的目标可包含的内容为：良好的行为习惯(懂礼貌、讲卫生、勤俭等)；良好的道德品质(同情心、乐于助人、分享、谦让、关爱、感恩、宽容、责任、诚信、爱护公物、爱护环境等)；良好的个性品质(意志力、自信心、勇气、自制力、自尊心、自主、耐心、细心等)；良好的态度(认真、虚心、有始有终、一心一意、努力探索等)。

能力维度的目标可包含的内容为：合作能力、交往能力、创新能力、想象力、认知能力、自主能力、独立能力、生活自理能力、挫折耐受力、是非判断能力、移情能力、自我调节能力、注意力、环境适应能力等。

知识维度的目标可包含的内容为：有关自我意识发展的知识、有关社会环境的知识、有关社会文化的知识等。

②活动目标的要求。

第一，目标的内容应该包括情感、能力、知识三方面。

幼儿社会教育领域的活动目标一般包括社会情感目标、社会认知目标和社会行为技能目标。这样制定的目标完整，便于落实。但活动目标不一定都包含三个方面；每一个目标也未必只包含一个维度的内容。

第二，目标的要求难度适中。

将大班活动目标定为：学习准确使用"谢谢""你好""再见"等礼貌用语，则目标的要求过于简单。

将小班活动目标定为：了解有关台湾的基本知识，了解台湾是我国不可分割的一部分，则目标的要求难度过高。

第三，目标表述明确，重点突出，具有可操作性。

将目标定为：引导幼儿观察周围生活中常见的标志，则目标笼统，重点不突出。

可以改为：引导幼儿观察生活中常见的交通标志。

将目标定为：学习做力所能及的事，则目标笼统，不具有可操作性。

可以改为：学习洗手帕。

第四，目标的表述方式要统一。

目标1：在图片的帮助下，认识"鸽子""马""野兔"等汉字。

目标2：激发幼儿阅读的乐趣。

目标1中的行为主体是幼儿，是幼儿的发展目标；目标2中的行为主体是教师，是教师的教育目标。

目标2可改为：感受故事有趣的情节，体验阅读的乐趣。

③目标的数量适中。

一般情况下，目标以3条最为合适。目标制定得太少，说明教师对认知、情感态度、能力等方面的挖掘不够，活动的价值较低。目标制定得太多，易出现书写条理不清晰的问题，并且易出现要求过多，一次活动难以实现的问题。

目标的顺序并不重要，需要把握的原则是要按目标的重要程度排序，最重要的目标排在最前面。但也有其他的排序方法，如按照活动进行的顺序排列目标；按照情感、能力、知识方面分别阐述目标，不刻意追求顺序。

（3）活动准备

第一，教师的准备。

物质准备：各种教具、玩具等。

环境创设准备：座位摆放、环境布置、情境表演、角色扮演等。

第二，幼儿的准备。

知识准备：事先参观、事先学习等。

物质准备：要求幼儿从家中带的一些材料、幼儿自己动手制作的材料等。

心理准备：教师要让幼儿形成勇敢的品质；要向幼儿介绍一些害怕的体验，就需要事先让幼儿能坦然地面对以往自己害怕的经验，让幼儿做好心理准备。

（4）活动过程

①导入：导入的方法可以多样化，包括谈话导入、情境导入、情境表演导入、音乐导入、操作导入、游戏导入、故事导入、展示教具导入、直接提问导入等。除此之外，教师还可根据实际情况思考其他的导入方法。

②引导幼儿参与。

③引导幼儿逐步思考。

④引导幼儿进行总结。

（5）活动延伸

活动延伸是指在教育活动后，教师继续设计一些与此相关的辅助活动，使教育内容渗透到一日生活中，使幼儿受教育的时间能够持续，使教育的目的能够更好地实现。活动延伸的形式可以是家园共育、领域渗透、环境创设、区角活动、游戏等。

（6）活动评价

①教师组织的所有活动应尽量有幼儿的动手参与。

研究表明，活动的开展若只停留在"教师讲，幼儿听；教师演示，幼儿看"的基础上，对幼儿的发展起不到太大的作用。只有幼儿动手参与了，才能理解教育的内容，才能使自身得到最优的发展。

②幼儿参与时可能不如成人做得好，教师应给予理解。

幼儿的身心发展水平较低，在参与时必然会出现一些差错，教师要予以理解，给予机会，锻炼幼儿，使其得到更好的发展。

③教师提问起着十分关键的导向作用。

教师的提问不够清晰、偏难或偏易，都会影响幼儿参与活动的积极性。教师要了解幼儿的发展水平，给出适当的提问。教师的提问应尽量引导幼儿进行发散思维，问题的答案多样可使更多的幼儿有回答的机会，使幼儿的能力得到锻炼。

④教师要避免使用成人化语言。

成人化的语言使教师无法和幼儿进行有效的沟通，影响教育效果。例如，有一位教师问道："有一只小蜗牛很无聊，家里只有它自己，小朋友想想有什么办法能让小蜗牛快乐起来？"幼儿回答："它太热了。"在例子中，幼儿对"无聊"一词不理解，所以答非所问，影响了活动效果。

★ 案例4 ★

文明乘车(中班)

设计意图

晨间活动时，小朋友们正开心地玩着游戏，帆帆一走进教室便大声地说："我今天坐公交车来的。"话音刚落，小朋友们七嘴八舌地议论了起来："我下乡也是乘公交车的，还给一位老奶奶让座呢""那天我在车上看到一位小妹妹把糖纸扔到了窗外""我跑得快，每次都能抢到座位"……乘车是生活中很常见的事儿，多数幼儿都有乘坐公交车的经验，那怎样让他们学会文明乘车，做个文明乘客呢？本活动设计旨在让幼儿在轻松愉快的游戏情境中，学习文明乘车的礼仪，感受文明乘车的乐趣。

活动目标

1. 回忆经验，了解乘车中的文明行为
2. 尝试根据图片编唱歌曲，强化文明乘车的意识
3. 乐意做文明小乘客，并愿意积极维护文明乘车秩序

活动准备

1. 图片4幅
2. 道具：领带、红领巾、书包、拐杖、手提包、公文包、方向盘
3. 磁带、录音机或多媒体

活动过程

1. 通过谈话，了解文明乘车行为

(1)共同回忆乘车经历

师：小朋友，你们乘过公交车吗？你们乘公交车去过什么地方？

幼1：我乘公交车去外婆家。

幼2：我去步行街是坐公交车的。

师：平时，我们在什么地方乘公交车？

幼：公交车站、路边的站台。

(2)运用图片再现场景

师：你们是怎样乘公交车的？上了车需要做什么？

幼1：要投币。

幼2：要刷卡。

幼3：找个位置坐下来。

教师根据幼儿的回答出示相应的图片，并小结：小朋友，要记牢，上汽车，队排好，主动投币和买票。

师：在公交车上，你们都碰到过哪些事情？

幼1：有乘客主动给老人让座。

幼2：有小朋友在车上大声喊叫。

幼3：有人抢座位。

师：那怎样的行为才是文明的呢？

教师根据幼儿的回答出示相应的图片，并小结：上了车，不乱跑，有座位，不争抢，老人孕妇照顾好。车厢里，不大叫，讲卫生，懂礼貌，安安静静秩序好。

师：车到站了，你们是怎么做的？

幼1：下车的时候不要挤。

幼2：先让别人下车再走。

教师根据幼儿的回答出示相应的图片，并小结：下车时，不拥挤，先下后上不忘掉，做个文明好宝宝。

分析：通过谈话，帮助幼儿回忆乘车经验，再根据幼儿的经验出示相关图片。这种一环套一环的教学模式，符合中班幼儿的认知特点，同时加深了幼儿对文明行为的认识，引起幼儿参与此活动的兴趣。

2. 填入歌词，学唱文明乘车歌曲

师：小朋友都知道了怎样做一个文明的乘客，那么，怎样让你的爸爸、妈妈以及你身边的人都来做一个文明的乘客呢？

幼1：说给爸爸妈妈听。

幼2：做给他们看。

幼3：看到他们有不文明的行为，我们要提醒他们。

教师引导幼儿根据图片内容为《我是小司机》的旋律填词。

师：想不想用唱歌的方法提醒他们呢？

幼：想。

①教师示范编唱第一段，幼儿了解填词方式并学唱。

②引导幼儿根据图片内容填词并演唱。

③用多种方式完整演唱歌曲。

④用录音机录下幼儿的歌声。

分析：教师引导幼儿将了解到的文明行为，用填词的方式唱到预设的旋律中，让幼儿在边唱边看的过程中，进一步加深对文明行为的认识，同时让幼儿深感做一个文明人的快乐。

3. 角色扮演，体验文明乘车的乐趣

师：嘀，汽车开过来啦！

幼儿随着音乐用小椅子拼搭8路公交车。

师：我们都到站台上来准备上车吧。

师幼自由选择角色玩乘坐公交车的游戏。

（乘车路线：文峰大世界→上海城→外国语学校→人民医院→市政府）

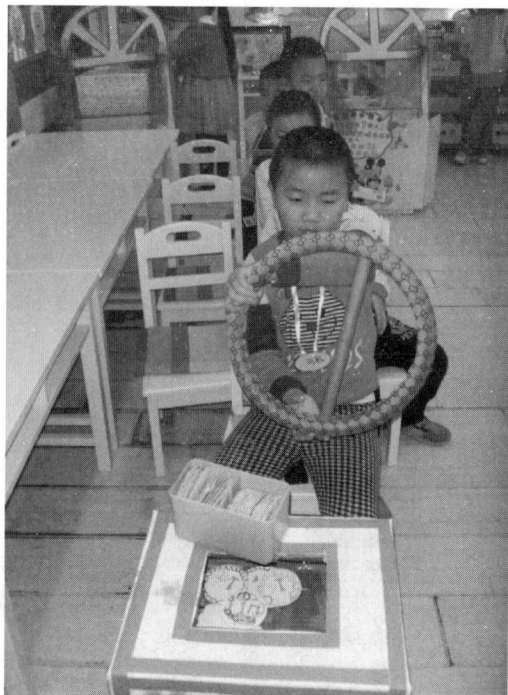

图1-14 小朋友模拟乘坐公交车 东北师大附属幼儿园

分析：运用角色表演再现乘车历程，帮助幼儿将学到的文明行为升华到自己的言行中，真正做一名文明的乘客。

🕊 教师评析

旋律活泼，朗朗上口的经典童谣《我是小司机》是一首留存于我们记忆中的老歌，它运用在本次活动中，成为一个贯穿活动始末的亮点。

在这次活动中，当谈话"说文明"进行一段时间后，幼儿参与活动的积极性可能会下降，这时自然引入"唱文明"，无疑会激发幼儿的学习兴趣。在"唱"的环节中，先由教师范唱，引起幼儿的注意力；接着教师领唱，幼儿跟唱，进行尝试和体验；中间加入韵律说唱，既避免枯燥又调节情绪；最后齐唱录音，幼儿得到了情感满足。丰富多变的形式，让幼儿"走一步，跨一步，学中探，探中学"。经典歌曲《我是小司机》巧妙地翻唱成了《文明乘车歌》。歌曲中前后的反复句式，为幼儿记忆提供了方便。这一系列的"静态"学习过后，幼儿又在欢快的旋律中，搭建了"8路公交车"，选择了自己喜爱的角色玩乘车游戏，体验了做文明乘客的乐趣。

排队上车、主动投币、主动让座、讲卫生、有礼貌……通过说、唱、玩、做，文明行为在幼儿的心中烙下了深深的印记。

当然，文明教育不可能仅靠一堂课、一次活动来实现，它更需要教师、家长、社会的共同努力：让文明意识注入幼小心灵，让文明行为代代传承，让文明之风沐浴整个社会。

（案例来源：江苏省靖江市第一实验幼儿园中虹分园 印永兰）

🕊 教学附录： 创编歌词

文明乘车歌

小朋友，要记牢，上汽车，队排好，主动投币和买票。

上了车，不乱跑，有座位，不争抢，老人孕妇照顾好。

车厢里，不大叫，讲卫生，懂礼貌，安安静静秩序好。

下车时，不拥挤，先下后上不忘掉，做个文明好宝宝。

三、 幼儿社会教育评价的意义与原则

(一)幼儿社会教育评价的意义

幼儿社会教育评价是社会性教育过程中的一个重要组成部分。其环节的

运用体现着教师教育观念的时代性，反映着教师对教育掌握的机智性，外化着教师自身的素养、文化的内涵和对评价价值判断的倾向性。评价的作用是引导幼儿朝着与教育目标一致的有效性方向发展。评价的可用元素很多：一是教师的理念外显，即评价的内容、评价的方法、评价的艺术性等；二是评价的过程，即评价的时机、评价的表达、评价的效果；三是评价的达成度反映。

1. 启发性

幼儿社会性教育评价的目的之一是为了让幼儿体验到社会性教育的趣味性，所以，要把给以幼儿激励启发作为社会性教育评价的重要一环。从心理学的角度看，人们大都有希望在语言或行为过程中得到他人肯定或褒赏的特性，幼儿更是如此。教育评价是一种艺术性很强的人本性活动。为实现评价效果的最大值，评价所追求的基本要点是正确、到位、适时和适度。因此，在教育过程中教师应该练就评价、激励、启发的艺术化本领。

2. 典型性

榜样的力量是无穷的，这同样适用于幼儿社会教育的过程中。社会性教育中的典型不光是幼儿学习的榜样，同样，对于榜样者自己也是一种特别性的激励。这样的典型应该是在教育活动中活动性很强的幼儿，对答性很热烈的幼儿，思考性很深的幼儿。其中有教育中的"老榜样"，也有时段性的"新榜样"，而非一成不变的"老面孔"。这样，能让幼儿感觉到自己有进步，哪怕是一点小小的成绩，也能得到教师的肯定，从而在幼儿中产生良好的影响，使其在学习的过程中具有求得进步的动力支撑。

3. 指向性

社会性教育活动的主要对象是幼儿，而起主导作用的却是教师。幼儿在接受教育的过程中难免会出现心理和行为问题，这时，教师应该起到组织者与引导者的作用，给幼儿以明确而有效的学习指向，让其朝着正确的方向前行。

4. 纠正性

评价的另一个原因是让幼儿从自我认识与理解中获得完全性的正确信息的感知。在具体教育过程中，有不少幼儿的认识与理解是不全面的或不正确的。教师必须做出正确而严谨的判断，并且用非常明确的语言引导幼儿，使其在大脑中产生明确的效果反映，从而进行快速的思维反应，以获得新的认识与理解，纠正自己先前在思维过程中的偏颇。

5. 发展性

学习的真正效果检测并非在课堂，而在于日后人与人之间进行社会交往时行为效果的反映。因此，教师对幼儿在学习过程中的有效性评价是一种潜移默化的影响，对幼儿一生的发展具有激励和引导作用。这给予幼儿的是一种能动性的培养，一种孕育性的润泽，一种启蒙性的植根。当一句和风细雨的评语送到幼儿耳边的时候，给予他的是鼓励；当一句语重心长的评语送到幼儿耳边的时候，给予他的是信心……其中的效能是具有潜在性和久远性的，其中的意义是启蒙性的、综合性的和发展性的。

（二）幼儿社会教育评价的原则

教育评价原则是在认识教育评价规律和特点、总结教育评价经验的基础上提出的，反映了人们对开展教育评价活动的基本要求。教育评价可以归纳为三种取向：目标取向的评价、过程取向的评价、主体取向的评价。最初，我国幼儿教育评价更多的是目标取向的评价，强调量性评价，着重判定教育活动的效果是否达到了预定目标，在评价中追求结果的准确性与客观性。随着我国幼儿教育改革的不断深入，过程取向的评价和主体取向的评价开始占据主要地位。这两种取向的评价在方法上更多地强调质性评价。过程取向的评价强调把幼儿和教师在教育活动中的全部情况都纳入评价的范围，目的是对评价对象在具体情境中的合理表现给予支持和肯定，尊重人的主体性与创造性。主体取向的评价强调评价是评价者与被评价者、教师与幼儿共同建构意义的过程，是一种民主参与、协商与交往的过程。关注幼儿作为主体的主动性、创造性，强调幼儿自我反思与自我评价的作用。幼儿社会教育评价的基本原则包括以下五个方面。

1. 客观性原则

这是教育评价的基本要求。如果缺乏客观性，就会完全失去评价的真正意义。贯彻客观性原则，应做到以下几点：

①评价标准要客观，不带有随意性。

②评价幼儿要客观，不带有偶然性。

③评价态度要客观，不带有主观性。

这些要求应以科学可靠的检验技术和量的研究方法为工具，取得真实可靠的数据资料，以客观存在的事实为基础，实事求是，公正严谨地进行评定。

2. 整体性原则

教育评价要树立全面的观点。教学是多因素组成的活动过程，因此要从育人的整体发展功能出发，判定教学的综合性价值。

★ 案例5 ★

输不起的天宇

大班有一个名叫天宇的小男孩，他曾在围棋班学过围棋。回来后可神气啦，他跟班上的小朋友下棋，经常说输给他的小朋友"太笨""没水平"。渐渐地，没人爱和他下棋了。

有一天，天宇几次想找小朋友和他下棋，都没人搭理。看着他渴望而无奈的眼神，王老师走过去对他说："天宇，敢不敢和我下一盘?"他恢复了平时的自信，边取棋盘边说："好哇! 王老师，来，看谁厉害!"

第一盘，王老师故意输给他。"真笨!"他脱口而出。围观的小朋友立即批评他："你不能这样说王老师。"天宇摇头晃脑地说："那她为什么赢不了我? 赢不了，就是笨。"看着他那得意的样子，王老师又说："我们再下几盘，好不好?"他不屑一顾地说："再下，你也得输! 来吧!"

结果，天宇是三战三败。"常胜将军"终于沉不住气了，急得满脸通红，哇哇大叫："气死我啦，我怎么赢不了呢?"小文对天宇说："这回该你笨了吧!"天宇使劲瞪了小文一眼，王老师马上制止了小文，说："不要对天宇这样。这次输了，下次多动动脑筋，一定会赢的。"王老师把天宇揽在怀里，说："天宇，输了棋，心里不舒服吧?""嗯!"天宇点点头，眼眶里已经涌出了泪水。王老师又说："你输棋，心里不好受。想想看，别的小朋友输了棋心里会怎样呢? 刚才，小文说你笨，你不爱听，可你每次赢了棋，总说别人笨，输了还要赖，小朋友会怎样呢?"天宇抬起头，说："我以后再也不说别的小朋友笨了。"

✍ 案例评析

据有关资料表明，独生子女在社会性发展中存在着争强好胜的个性特征，一旦失败，往往表现出输不起，挫折耐受力差等心理问题，需要引起教师的高度重视。

那么，输不起的天宇问题究竟出在哪儿呢? 首先，他好胜心强，下棋只许胜利，满足于胜利时的喜悦，神气地认为谁也下不过他，而且，常常说输给他的小朋友"太笨"，根本不顾及小朋友的自尊心。渐渐地，小朋友都疏远了他。

另外，天宇不能正确对待输赢，输不起，还耍赖，存在认知和个性方面的问题。赢了就得意扬扬，输了就气急败坏。天宇简单地认为赢棋就是"有水平"，输棋就是"没水平"，没有认识到"胜利了不骄傲，失败了不气馁"也是有水平。

（选自：徐慧. 幼儿教育心理实践活动案例. 北京：高等教育出版社，2009.）

上述材料的评析着眼点落在天宇小朋友身上，围绕天宇"争强好胜"的性格特点，不仅从社会、家庭等外部因素寻找天宇性格形成的原因，而且还从天宇对待输赢的认知角度进行分析，从而全面地揭示天宇耐挫折性差的原因。

贯彻整体性原则，应做到以下几点：

①具体评价过程中，面向整体全面的人——幼儿，注重幼儿的身心和谐发展。

②评价时应有意识地进行不同领域间的相关渗透，有利于幼儿完整知识结构与认知结构的建构。

3. 指导性原则

指导性原则是指教育评价要始终做到服务教育实践、指导教育实践。贯彻指导性原则，应做到以下几点：

①明确评价的指导思想在于帮助师幼改进教学，提高教学质量。

②评价的信息反馈要及时。

③重视实践过程中的形成性评价，不能只进行总结性评价，要把两者结合起来，以起到及时矫正的作用。

④与被评价者共同分析评价结果，查找因果关系，确认幼儿性格形成的原因，使指导切合实际，确有实效。

★ 案例6 ★

语言活动《微笑》教学过程性评析（中班）

✎ **片段一**

活动开始，教师出示一封信，说："这是一封信，是送给我们中二班的。"

随即拆开信，噢，原来是一张卡片，卡片上有什么？幼儿回答是小乌龟在笑。紧接着，教师向幼儿提出了一个开放性的问题："小乌龟为什么要寄微笑卡片给我们呢？"幼儿1说："有很多高兴的事。"幼儿2说："因为它喜欢我们。"幼儿3说："因为它得到了老师的小红花。"……为了验证幼儿的猜测，教师讲述故事《微笑》的前半段，请幼儿看图片并倾听。为了帮助幼儿理解故事内容，教师又进行了提问："小动物们都为朋友们做了些什么？"幼儿1说："小蜜蜂给大家送蜂蜜。"幼儿2说："小狗给大家送信。"幼儿3说："长颈鹿用它长长的脖子给大家当滑梯。"幼儿4说："啄木鸟给大树捉害虫。"教师又问："小乌龟怎么样呢？"幼儿1说："它什么也不会做。"幼儿2说："小乌龟，太小了，又只能爬，真没用。"幼儿3说："小乌龟不会帮助别人。"……幼儿回答得很多，但都好似关于小乌龟没用的一面。教师并没有进行反对，只是让幼儿继续听后面的故事。接着，教师提问："你们听到了故事里的小乌龟是怎么做的？"幼儿1说："小乌龟给大家送微笑卡片。"教师又问："你们觉得小乌龟怎么样？"幼儿1说："小乌龟让别人笑了"。幼儿2说："送卡片会很开心。"幼儿3说："小乌龟的微笑卡片能让小动物们开心和高兴。"幼儿4竖起大拇指说："小乌龟真了不起！"……教师作小结："小乌龟虽然小，但它能用送微笑卡片的方式来让大家快乐，真好！原来一个小小的、甜甜的微笑能让别人开心和高兴。"幼儿从不喜欢小乌龟到喜欢小乌龟，但还没有更深层次地感受到小乌龟的善良。

分析：

教师预设了一些留给幼儿思维的空白——"小乌龟为什么要寄微笑卡片给我们呢？你们觉得小乌龟怎么样？"这些拓展延伸的开放性问题极富有生成的价值，抓得准、抓得好。教师通过猜一猜、听一听、说一说，使幼儿充分理解故事内容，真正感受到了小乌龟把微笑送给大家，让大家快乐的情感。这个教学策略抓住了幼儿的兴趣和特点，使幼儿获得了相关经验。

🕊 片段二

教师引导幼儿仔细观察报纸上微笑的奥运会冠军的图片，并结合已有的生活经验表达图片内容，使幼儿了解到生活中充满着微笑和幸福。体验微笑所带来的快乐后，教师说："你们会微笑吗？"幼儿齐声说："会。"教师马上说："来，笑一个吧！老师把你们甜甜的微笑拍下来。"每个幼儿笑得很甜，有的还摆出了"耶"的手势。教师将幼儿美好的、甜甜的微笑瞬间留住后提问："现在，请你们跟好朋友说一说，想把微笑送给谁？为什么?"幼儿1说："我要把微笑送给东东，因为他给我吃好东西。"幼儿2说："我要把微笑送给妈妈和爸爸，因为他们把我养大，很辛苦的。"幼儿3说："因为凯凯帮助我拿数学本子，我要把微笑送给他，我们是好朋友。"……幼儿尽情地说着自己的想法，并将话题集中在帮助他人和回报他人的爱上面。说完后，幼儿在歌声中送微笑给老师和同伴。送完后，教师又提了个开放性的问题："刚才我们把微笑送给了好朋友和老师，他们很开心。除了微笑还有什么办法也能让朋友快乐呢?"幼儿开始讨论让朋友快乐的方法。幼儿1说："我给妈妈拿毛巾让她快乐。"幼儿2说："我给爷爷捶背让他高兴。"幼儿3说："我可以帮助星星折衣服，让她和我做好朋友。"……

分析：

使幼儿了解微笑能传递快乐是为了拓展幼儿的生活经验，使幼儿进一步感知微笑、体验微笑、传递微笑。这样的方式正体现了《纲要》的理念，注重幼儿情感的交流、情绪的宣泄。幼儿在互动的过程中，不知不觉地获得了相关经验。

片段三

正在幼儿讨论让朋友快乐的方法时，发生了一个小插曲。韩德松小朋友从座位上摔了下来，摔得人仰马翻。其他幼儿都专注于回答教师的问题，对这件事情视而不见，教师发现后也仅仅把这个孩子扶起来继续上课。

分析：

教师在整个微笑活动的进行过程中都把握和引导地较好，但是在韩德松小朋友从座位上摔下来那一刻发生时，教师并没有很好地抓住这个非常好的教育时机，对活动中突然发生的意外没有给予更多的反应，导致浪费了一个极好的教育时机，错过了一个可以由本活动生成另一个教育活动的机会。

（案例来源：海宁市硖石街道中心幼儿园　许国琴）

4. 发展性原则

教育评价应着眼于教育的主客体发展，体现教育的更大价值，进而促进主客体关系的积极发展。贯彻发展性原则，应做到以下几点：

①既要立足现实，又要面向未来，把握教育价值关系的发展趋势。

②教师要努力更新自己的教育观，使评价工作具有时代性、前瞻性。

③不以"做了什么"为依据，要以"发展了什么"为尺度。

④既注重幼儿在教学中的潜能挖掘，又注重可持续发展后续动因的培养。

★ 案例7 ★

蚂蚁唱歌

几个孩子正趴在树下兴致勃勃地观察着什么，一位教师看到他们满身是灰的样子，生气地走过去问："你们在干什么？"

"听蚂蚁唱歌呢。"孩子们头也不抬，随口而答。

"胡说，蚂蚁怎么会唱歌？"教师的声音提高了八度。

严厉的斥责让孩子们猛地清醒过来。于是一个个小脑袋耷拉下来，等候教师发落。只有一个倔强的小家伙还不服气，小声嘟囔说："您又不蹲下来，怎么知道蚂蚁不会唱歌？"

🐦 案例评析

对教师评价"胡说，蚂蚁怎么会唱歌？"的反思：

①"听蚂蚁唱歌呢。"——孩子具有童心、童真与童趣，具有孩子特有的想象力，教师要善于了解孩子的内心世界。新的教育取向不只关注知识和技能，还要关注过程与方法、情感与体验。"听蚂蚁唱歌"是孩子的一种体验，教师要尊重并保护孩子的兴趣与想象。

②"一位教师看到他们满身是灰的样子，生气地走过去问"——孩子在兴致勃勃地观察着什么，处于其自身的活动过程，孩子是能动的、发展的人，教师要善于保护，给孩子心理上的支持，而该教师不尊重孩子的主观能动性。

③"'胡说，蚂蚁怎么会唱歌？'教师的声音提高了八度。严厉的斥责……"师幼要平等相待，教师不能以权威压制孩子。

④"小声嘟囔说：'您又不蹲下来，怎么知道蚂蚁不会唱歌？'"——教师缺乏民主意识，要对孩子实行等距离教学，"请你蹲下来和孩子说话""请你走下高高的讲坛"。

（案例来源：《人民教育》2002年第10期）

5. 互动性原则

著名心理学家马斯洛认为，以自我批评和自我评价为主要依据，把他人评价放到次要地位时，能促进被评价者的独立性、创造性和社会性。评价者与被评价者之间的关系是建立在相互平等、尊重和合作的基础上的。加强自评和互评，通过沟通和交流互动，使评价真正成为教师自身成长的过程，使幼儿的主体性、创造性得到充分的发挥。

四、 幼儿社会教育评价的内容与方法

（一）幼儿社会教育评价的内容

1. 幼儿社会性发展的评价

幼儿社会性发展的评价是指根据幼儿社会性发展的目标，运用教育评价的理论和方法，对幼儿社会性发展进行有目的、有计划的价值判断的过程。评价可以是对幼儿的自我意识、社会性情感、社会认知和交往态度、社会交往兴趣、同伴交往、社会适应能力、社会行为规则七个方面的全面评价，也可以是对幼儿社会性发展的某个侧面，如对幼儿的亲社会行为、同伴关系等问题进行评价。

2. 幼儿社会教育活动的评价

幼儿社会教育活动设计的评价包含以下内容。

①活动目标的设计是否适宜，难度是否适中；是否符合幼儿的社会认知水平；是否具体、明确，能妥善落实；是否符合幼儿的社会需要；是否能从幼儿学习的角度，在知识、能力、情感等方面进行目标设计。

②活动准备是否充分，包括物质准备、心理准备、经验准备。

③活动过程的设计是否合理，是否有针对性；是否体现幼儿能力的个体差异，内容分层，难度递进；内容是否新颖，能引起幼儿浓厚的兴趣。师幼互动是否体现出教师对幼儿的指导能力，是否能为幼儿提供有益的学习经验，特别是直接经验；是否充分展示了教师的教育素养和做人品格。

④活动方法的设计是否能激发幼儿的求知欲和好奇心；是否能充分调动幼儿社会学习的积极性。

⑤活动效果的设计是否能完成活动目标；幼儿是否有愉快的情绪体验；是否能促进幼儿社会行为的改变。

（二）幼儿社会教育评价的方法

幼儿社会教育评价方法大体可分为两类。一类是量化评价方法，一类是

质性评价方法。

1. 量化评价方法

幼儿社会教育量化评价方法是一种运用数学、统计学工具，收集、处理评价对象资料，通过数量化的分析和计算，进而对评价对象做出价值判断的评价方法。

(1)观察法

观察法是指教师或评价人员在自然状态下有目的、有计划地对幼儿社会性行为进行直接观察，从中获得评价资料的方法。由于幼儿的社会性发展主要表现在其社会性行为上，因此，观察法是幼儿社会性评价中使用最普遍的方法。它特别适合幼儿教师通过日常教育活动搜集幼儿社会性发展的有关信息。例如，教师可在幼儿的游戏和自由活动时间里，观察幼儿的结伴关系、分享行为、互助行为、攻击行为等方面的表现。

观察幼儿的社会行为可根据不同的目的而选择相应的种类。其中，时间抽样法和事件抽样法是较常用的方法。前者是指在规定的时间单位内进行观察，对观察内容进行分类或记分，如每天观察某些幼儿在 30 分钟游戏时间里分别有几次互助行为或攻击行为。后者是指观察者事先确定观察目的，选择某种或某类事件作为观察目标，在观察中等待该种事件的发生并仔细观察事件全过程的方法。运用观察法时应注意以下问题：

①要创造自然的观察环境和气氛。评价者不应干预和限制幼儿的活动，要尽量避免被幼儿发觉评价者的观察意图，以防止幼儿出现紧张及其他不自然的心理状态，保持观察结果的真实性。

②观察目的要明确。评价者应始终明确每次观察的任务和目的，要选择与观察目的有关的行为和重要事实进行记录。

③观察记录要真实、精确，且不能忽视当时引发幼儿行为的环境、条件等变量。

④幼儿的社会性行为往往因环境和客观因素的影响而发生变化，因此，要注意避免由偶发行为得出结论。

观察法的优点是得到的材料比较真实，但由于没有控制条件，有时并不能完成观察任务。

（2）情景测验法

情景测验法是指在教育实际中，按照研究目的控制和改变某些条件，将幼儿置于与现实生活场景类似的情景中，由教师观察在该特定情景中幼儿社会性行为的方法。例如，为研究幼儿的分享行为，教师故意安排几组玩具有限的主题游戏，然后在游戏中观察幼儿的分享行为。此外，还可以用语言或图片等方式向幼儿提供问题情景，让幼儿判断或解答。运用情景测验法时应注意以下问题：

①应尽量使幼儿处于自然状态，以求得评价资料的真实性。

②所设计的情景应尽量与幼儿的日常活动情景相似，应是幼儿感兴趣的活动。

③设计和选择最适合于研究所需了解的幼儿某一方面发展的活动或问题情景。

情景测验法的优点是可以与幼儿园教育活动相结合，教师可以控制实验条件，又能使幼儿处于自然情景中，因而可以观察到幼儿的自然表现。但应注意幼儿在一定情景下的行为反应，不能完全作为幼儿在其他测验和生活情景中行为的精确预测。

（3）问卷调查法

问卷调查法是指由评价者根据评价目的，向幼儿家长发放问卷调查表，请他们提供关于幼儿在家庭中社会性表现的书面材料的方法。由于幼儿的社会性行为在不同条件下往往有不同表现，而家庭又是幼儿生活的重要环境，幼儿在家中的表现没有掩饰，因此，为了全面客观地评价幼儿的社会性发展，研究者必须有家长的配合。运用问卷调查法时应注意以下问题：

①向家长说明问卷意图，消除家长的顾虑，以最大限度地得到真实信息。

②问卷内容应紧紧围绕研究目的，提问应简明易懂。

③回答的方式力求简便，目的在于既不增加家长的负担，又便于统计。

问卷调查法由于可在短时间内获得大量的评价信息，其问卷内容较广泛地涉及幼儿的社会性行为，因而可以作为了解幼儿社会性发展的重要参考。但在分析时要注意排除部分家长因不够重视或不能正确理解所提问题而导致的不正确回答。

★ 资料链接 ★

幼儿各年龄阶段社会性发展评价标准

1. 小班幼儿社会性发展评价标准

一级指标	二级指标	具体说明	分数
人际交往(50)	愿意与人交往(10)	1. 愿意和小朋友一起游戏(5)	
		2. 愿意和熟悉的长辈一起活动(5)	
	能与同伴友好相处(15)	1. 想加入同伴的游戏时，能友好地提出请求(5)	
		2. 在成人指导下，不争抢、不独霸玩具(5)	
		3. 与同伴发生冲突时，能听从成人的劝解(5)	
	具有自尊、自信、自主的表现(15)	1. 能根据自己的兴趣选择游戏或其他活动(4)	
		2. 为自己的好行为或活动成果感到高兴(4)	
		3. 自己能做的事情愿意自己做(4)	
		4. 喜欢承担一些小任务(3)	
	关心、尊重他人(10)	1. 长辈讲话时能认真听，并能听从长辈的要求(4)	
		2. 身边的人生病或不开心时能表示同情(3)	
		3. 在提醒下，能做到不打扰别人(3)	
社会适应(50)	喜欢并适应群体生活(10)	1. 对群体活动有兴趣(5)	
		2. 对幼儿园的生活好奇，喜欢上幼儿园(5)	
	遵守基本的行为规范(20)	1. 在提醒下，能遵守游戏和公共场所的规则(5)	
		2. 知道不经允许不能拿别人的东西，借别人的东西要归还(10)	
		3. 在成人提醒下，爱护玩具和其他物品(5)	
	具有初步的归属感(20)	1. 知道和自己一起生活的家庭成员及与自己的关系，体会到自己是家庭的一员(5)	
		2. 能感受到家庭生活的温暖，爱父母，亲近与信赖长辈(5)	
		3. 能说出自己家所在街道、小区(乡镇、村)的名称(5)	
		4. 认识国旗，知道国歌(5)	

总分：

2. 中班幼儿社会性发展评价标准

一级指标	二级指标	具体说明	分数
人际交往(50)	愿意与人交往(10)	1. 喜欢和小朋友一起游戏，有经常一起玩的小伙伴(5)	
		2. 喜欢和长辈交谈，有事愿意告诉长辈(5)	
	能与同伴友好相处(15)	1. 会运用介绍自己、交换玩具等简单技巧加入同伴游戏（3）	
		2. 对大家都喜欢的东西能轮流、分享（3）	
		3. 与同伴发生冲突时，能在他人帮助下和平解决(3)	
		4. 活动时愿意接受同伴的意见和建议（3）	
		5. 不欺负弱小(3)	
	具有自尊、自信、自主的表现(15)	1. 能按自己的想法进行游戏或其他活动(3)	
		2. 知道自己的一些优点和长处，并对此感到满意(4)	
		3. 自己的事情尽量自己做，不愿意依赖别人(4)	
		4. 敢于尝试有一定难度的活动和任务(4)	
	关心、尊重他人(10)	1. 会用礼貌的方式向长辈表达自己的要求和想法(3)	
		2. 能注意到别人的情绪，并有关心、体贴的表现(4)	
		3. 知道父母的职业，能体会到父母为养育自己所付出的辛劳(3)	
社会适应(50)	喜欢并适应群体生活(10)	1. 愿意并主动参加群体活动(5)	
		2. 愿意与家长一起参加社区的一些群体活动(5)	
	遵守基本的行为规范(20)	1. 感受规则的意义，并能基本遵守规则（4）	
		2. 不私自拿不属于自己的东西(4)	
		3. 知道说谎是不对的(4)	
		4. 知道接受了的任务要努力完成(4)	
		5. 在提醒下，能节约粮食、水电等(4)	
	具有初步的归属感(20)	1. 喜欢自己所在的幼儿园和班级，积极参加集体活动（5）	
		2. 能说出自己家所在地的省、市、县（区）名称，知道当地有代表性的物产或景观（5）	
		3. 知道自己是中国人(5)	
		4. 奏国歌、升国旗时能自动站好(5)	

总分：

3. 大班幼儿社会性发展评价标准

一级指标	二级指标	具体说明	分数
人际交往（50）	愿意与人交往（10）	1. 有自己的好朋友，也喜欢结交新朋友（4）	
		2. 有问题愿意向别人请教（3）	
		3. 有高兴的或有趣的事愿意与大家分享（3）	
	能与同伴友好相处（15）	1. 能想办法吸引同伴和自己一起游戏（3）	
		2. 活动时能与同伴分工合作，遇到困难能一起克服（3）	
		3. 与同伴发生冲突时能自己协商解决（3）	
		4. 知道别人的想法有时和自己不一样，能倾听和接受别人的意见，不能接受时会说明理由（3）	
		5. 不欺负别人，也不允许别人欺负自己（3）	
	具有自尊、自信、自主的表现（15）	1. 能主动发起活动或在活动中出主意、想办法（3）	
		2. 做了好事或取得了成功后还想做得更好（3）	
		3. 自己的事情自己做，不会的愿意学（3）	
		4. 主动承担任务，遇到困难能够坚持而不轻易求助（3）	
		5. 与别人的看法不同时，敢于坚持自己的意见并说出理由（3）	
	关心、尊重他人（10）	1. 能有礼貌地与人交往（2）	
		2. 能关注别人的情绪和需要，并能给予力所能及的帮助（3）	
		3. 尊重为大家提供服务的人，珍惜他们的劳动成果（2）	
		4. 接纳、尊重与自己的生活方式或习惯不同的人（3）	
社会适应（50）	喜欢并适应群体生活（10）	1. 在群体活动中积极、快乐（5）	
		2. 对小学生活有好奇和向往（5）	
	遵守基本的行为规范（20）	1. 理解规则的意义，能与同伴协商制订游戏和活动规则（4）	
		2. 爱惜物品，用别人的东西时也知道爱护（4）	
		3. 做了错事敢于承认，不说谎（4）	
		4. 能认真负责地完成自己所接受的任务（4）	
		5. 爱护身边的环境，注意节约资源（4）	
	具有初步的归属感（20）	1. 愿意为集体做事，为集体的成绩感到高兴（5）	
		2. 能感受到家乡的发展变化并为此感到高兴（5）	
		3. 知道自己的民族，知道中国是一个多民族的大家庭，各民族之间要互相尊重，团结友爱（5）	
		4. 知道国家的一些重大成就，爱祖国，为自己是中国人感到自豪（5）	

总分：

幼儿社会性发展评价围绕人际交往和社会适应两大方面，总分值为 100 分，不同的分值对应不同的等级。

良好：80 分以上，说明该幼儿人际关系融洽，愿意与人交往，能与同伴友好相处，具有自尊、自信、自主的表现，关心、尊重他人。社会适应能力强，喜欢并适应群体生活，能遵守基本的行为规范，具有初步的归属感。

及格：60～80 分，说明该幼儿人际关系一般，较愿意与人交往，与同伴相处一般，也具有自尊、自信、自主的表现，但表现不明显，较关心、尊重他人。社会适应能力一般，能适应群体生活，一般情况下能遵守基本的行为规范，具有初步的归属感。

不及格：30～60 分，说明该幼儿人际关系较差，不太愿意与人交往，与同伴相处时拘谨不自然，缺少自尊、自信、自主的表现，不太关心、尊重他人。社会适应能力较差，不太适应群体生活，不太能遵守基本的行为规范，缺少初步的归属感。

发展困难幼儿：30 分以下，说明该幼儿人际关系差，不愿意与人交往，不能与同伴和谐相处，缺少自尊、自信、自主的表现，不关心、尊重他人。社会适应能力差，不适应群体生活，不能遵守基本的行为规范，缺少初步的归属感。

2. 质性评价方法

幼儿社会教育质性评价方法，就是力图通过自然的调查，全面充分地揭示和描述评价对象的各种特质，以彰显其中的意义，促进理解。

质性评价主要是在描述的基础上进行评判，通常表现为书面的鉴定或评语。一般来讲，书面的评语通常比简单的分数或等级更能清晰地传达出被评价者的优点与缺点，但这种评价方法不够精确，且主观性较强。

（1）表现性评价

表现性评价是通过完成一些实际的任务，诱导出幼儿的真实表现，以此评价幼儿掌握、运用知识和能力的方法。就是运用真实的任务或模拟的练习来引发幼儿真实的反映，由教师或高水平评定者按照一定标准进行直接的观察、评判。表现性评价的形式可以有多种，主要有反应题、书面报告、作文、演说、操作、实验、资料收集、作品展示等。

表现性评价的有效实施与评价设计密不可分，表现性评价设计包括三个主要方面。

第一，界定表现性评价内容。

表现性评价所涉及的内容极为广泛。美国学者阿来萨（P. W. Airasian）认为，表现性评价可以运用于沟通、操作、运动、概念获取和情感五个学习领域。如表1-2所示，表现性评价也可以运用于幼儿社会教育的评价。

表1-2　幼儿社会性教育表现性评价内容、目标及成果体现

表现性领域	表现性技能目标	表现性成果
自我认知	首先要认识自己身体的各个部分，然后要知道自己的名字，并对"我"字的含义有所掌握 合理的自我情感体验，包括自尊、自信、自我价值感、成功感、自我效能感等，如3岁孩子对自己能力的认识和自信，常要求自己独立干一些事情 有初步的自我控制与调节和自我管理能力	描述、展示或作品（表演）
社会认知	对自我的认知，对社会关系的认知，对他人的认知，对社会环境和现象的认知，对性别角色、行为方式的认知，对社会规范的认知	描述、展示或作品（表演）
社会行为	亲社会行为，包括帮助、合作、共享、谦让等行为 攻击性行为，包括言语和身体侵犯 其他，如社会退缩行为，撒谎行为，嬉戏行为，告状行为等	描述、展示或作品（表演）
社会适应	对新环境的适应能力，对陌生人的适应能力，对同伴交往的适应能力，独立克服困难、解决生活问题的能力等	描述、展示或作品（表演）
社会情感	依恋感、同情心、责任感、羞愧感以及各种情绪的表达和控制	描述、展示或作品（表演）

第二，设计表现性任务。

表现性任务设计的好坏直接关系到表现性评价能否顺利进行。多数表现性任务可以分为以下三类。

简短性评价任务。这类任务通常是用来判断幼儿对某一知识领域的基本概念、程序、关系及思维技能的掌握情况，一般完成任务的时间较短。在幼儿社会性教育使用简短性评价任务时，可以预设一个激发幼儿兴趣的刺激物，如一副图画、一张照片、一个问题等，然后请幼儿完成相应的任务，如让他们进行描述、说明、解释或计算。

事件性评价任务。这类任务通常是以某一知识领域为基础，评价幼儿表

达或解决问题等方面的能力。与简短性评价任务针对幼儿个体不同的是，事件性评价任务是以小组或团队合作的方式进行，一般完成任务的时间稍长。

持续性任务评价。这类任务通常是目标较多、时间较长的项目，内容涉及一个综合性的主题或单元，通过展示或仪式来呈现完成任务和掌握技能的情况。一般所需完成任务的时间较长，有时甚至需要一个月、一个学期。

第三，确定表现性评价工具。

如果表现性评价任务非常简单，评价者通过直接观察或分析就能完成，则无需借助专门的评价工具。但对于较复杂的情景和表现行为评价，则需要利用或设计一定的评价工具，如设计专门的评价标准与观察量表，这样才能保证观察和记录的真实性、完整性，保证评价的客观性和有效性。

（2）成长记录袋评价

成长记录袋是指把个人的成果系统地收集起来，放在一个合适的容器里，如文件夹、档案袋、软盘、光盘等。每过一段时间，根据所收集的内容对幼儿的进步或进步过程等进行评价。

需要强调的是，成长记录袋不是一个无所不装的大口袋，它所收集的作品应该能够展现幼儿的成就和进步，能够描述幼儿学习的过程和方法，能够反映幼儿学习的情感和态度，可以是幼儿最好的作品，也可以是反映幼儿进步的作品，如画稿、手工作品、讲故事录音等。

比尔·约翰逊（Bil Johnson）把成长记录袋分为最佳成果型记录袋、过程型记录袋和精选型记录袋。

最佳成果型记录袋的内容可以包括：第一，语言艺术方面，如一系列写作类型的最佳作品——说明的、创作的（诗歌、戏剧、短篇故事），报刊的（报告、专栏作品、评论）；第二，科学方面，如幼儿取得的最佳实验室成果，所开发的最佳原创假设，幼儿在长时期的实验中所做的最佳记录或日记等；第三，社会研究方面，如幼儿撰写的最佳论文，幼儿参与的一定量的最佳争议和讨论等；第四，数学方面，如幼儿开发出的最佳原创数学理论，幼儿探究过的数学理念的一张照片、图解等。

过程型记录袋要求寻找和收集发展性成果证据。它要求幼儿一步一步地检阅自己在一定领域中所取得的成果。提交内容的类目可以由教师确定，但幼儿仍负责收集必要的成果。

精选型记录袋要求了解更广泛的幼儿成果。它要求幼儿提交自己认为最困难的成果例证，其时间往往要持续一年以上，使之成为深刻反映幼儿成长和揭示幼儿一般成绩的证据。

幼儿教师使用成长记录袋评价应注意以下几个方面。

第一，明确认识成长记录袋评价的实质。

①教师应明确创建成长记录袋的目的。就幼儿评价来说，创建成长记录袋的主要目的是为了促进幼儿的发展。收集幼儿作品、活动记录、评价记录等丰富而有用的信息，并进行合理的分析与解释，是为了给幼儿提供有针对性的发展与改进建议。就教学来说，主要是通过运用成长记录袋的评价来发现幼儿的进步与不足，明确幼儿的需要，发现教学中的优点与不足，从而促进教师更好地改进教学，满足幼儿的要求，提高教学质量，提高自身的教育水平。

②根据不同的目的创建不同类型的成长记录袋。只有在明确的目的指向下，才能确立适宜的记录袋类型，决定评价标准，保证评价的有效性。

第二，全面收集评价内容。成长记录袋收集的内容应覆盖幼儿身体、认知、言语、情感及社会能力等多个发展领域，其具体形式也是丰富多样的。

①作品样本。作品收集是表现幼儿成就与努力过程的最佳方式。幼儿的作品样本既可以是用纸笔方式呈现的绘画、书写的算术或练习以及家长、教师整理的记录等，有条件的也可以是活动的照片、录音或录像等其他形式的作品。特别是当幼儿渴望表达，又无法运用文字表达时，可以口述，由家长或教师代为记录。

②观察记录。观察是实施幼儿发展评价的主要手段。教师可以对幼儿的日常行为表现进行系统的观察，而对于比较复杂的行为和情境，可以通过轶事记录或填写核查表来完成，条件允许的情况下还可以用摄像机连续记录来呈现，从而收集有关幼儿发展的可靠信息。

③各种测验与调查的结果。观察记录尽管为评价幼儿的发展提供了主要的依据，但观察往往受时间与空间的限制，经常会受到主观因素的影响，因此还要与一些正式或非正式的测验、访谈及问卷相结合。而这些测验与调查的结果也是进行成长记录袋评价所依据的材料。

只要与幼儿发展有关的信息，如幼儿的日志、与他人谈话的录音、自我反省的记录，以及教师为幼儿制订的个别教育计划、家园联系本等，无论形式如何，都可以作为成长记录袋收集的内容。但是，成长记录袋不只是装满各种材料的容器，它更是对幼儿作品及相关证据的有系统、有组织的收集。

第三，关注评价主体的多元性。成长记录袋的评价主体是多元化的，包括幼儿主体、教师主体、家长主体。尽管他们在评价中的作用不同，但都是不容忽视的。

①幼儿主体。成长记录袋应是在教师的指导下，由幼儿自我创建的过程。给幼儿多一点权利，让他们选择学什么和怎么学，这样就能够促进他们的自主学习。充分发挥幼儿的主体作用，给他们一个自我展示的舞台，使其展示和感悟成长历程中的点点滴滴。不要对幼儿的自我评估和自我反省能力提出怀疑，因为幼儿，特别是中班、大班幼儿，已经具备一定的自我评估与反省能力，如"我花了很多工夫，所以我喜欢这幅画""下次讲故事时我可以讲得慢一点"。而且在教师的精心指导下，幼儿这方面的能力会随年龄的增长而有较大的提高。在幼儿主体中，同伴互评也是成长记录袋中不可或缺的一部分。互评可以培养幼儿正确、恰当评价他人的能力。

②教师主体。教师在评价过程中起着观察者、支持者和辅导者的角色。在主题的选择、内容的呈现等方面，教师要帮助幼儿制订一些既能涵盖主题，又能发展个人能力和兴趣的计划，帮助其建立具有丰富个性的成长记录袋。例如，教师可以列出一些可能的主题供幼儿选择，并针对主题进行相关的评价。因此，教师是决定记录袋评价能否成功的重要因素。

③家长主体。家长可以对幼儿在家庭中的表现与进步进行记录，并以此为依据对幼儿在家庭中的生活进行指导。家长还可以通过参与幼儿成长记录袋的制作和补充，进一步了解幼儿的成长并关注幼儿园的教育教学工作，因此，充分调动家长参与的积极性是必要的。

第四，提高工作效率。初步调查发现，应用成长记录袋最大的问题是需要教师付出额外的时间和精力，特别是在班额较大的情况下，教师的负担更重。但是经过深入研究发现，问题主要是由教师对成长记录袋使用不当而引起的。为改变这一现状，提出以下几点建议：

①谨慎选择成长记录袋的应用领域，涉及的领域不要过大，尤其是在尝试使用的初期，最好选取一个较小的、容易操作的领域使用。

②在一定程度上，把某一领域的成长记录袋适当标准化，以便在不同班级按照同一模式稍作修改就可以反复使用。

③要激发幼儿的兴趣，充分发挥幼儿的主动性和积极性，给予他们一定的自主权，在适当的时候提供及时的帮助和指导。

④选择合适的成长记录袋类型，把教学与评价有机结合起来，做好时间与内容上的管理，将成长记录袋评价作为教学过程中的一部分。

第五，确定评价标准。成长记录袋评价的标准与传统评价的标准有很大不同。从实质上看，记录袋评价是为了更好地改善课程和教学，使之更符合幼儿发展的需要，从而促进幼儿的发展。因此，凡是能表明或促进幼儿进步的指标往往都被列为评价的不同向度标准。此外，评价的标准应该交由教学活动的直接参与者——教师和幼儿共同制订。这样能够最大限度地保证师幼，特别是幼儿对标准的了解和把握，让幼儿清楚地知道对他们在各方面的要求究竟要达到何种程度。

(3)苏格拉底式研讨评价

苏格拉底式研讨评价方法是指把幼儿在班级参与和课堂讨论中的表现作为幼儿评定的一个部分，它特别要求让幼儿学会更有成效地思考并为自己的见解提出证据。

苏格拉底式研讨评价法需要遵循一定的步骤。这些步骤既表明了进行苏格拉底式研讨评价的条件，也显露出此种评价方法的一些原则。

第一，明确教育结果。

第二，选定研讨采用的文本。苏格拉底式研讨评价法是在宣布讨论主题后让幼儿自己去寻找相关的材料。这种方法能够让幼儿"有效听说"，并达到一些其他高级思维技能的教育结果。

第三，教师提出一个起始问题。这个起始问题必须能引起研讨者的好奇心，是没有单一的或标准答案的，能够产生对话的，能够引致文本中的思想观念更深刻、更广泛的理解，可由文本等参考资料做出最好的解答。

第四，选择记录研讨过程的方式或设计简明的记录表。记录应当完全客观地反映研讨进程，这是进行评定的客观依据。

第五，用多种方式完成评价。有些幼儿园把它作为幼儿毕业展示的一部分；而有些幼儿园把它作为课堂评价的工具；还有些幼儿园把它作为"离校"学业展示，以接受高一级水平的学校教育。

综合以上幼儿社会性发展的评价方法，不难发现，这些评价方法各有其自己的特点。教师应根据具体的研究内容选择相应的方法，必要时，应多种方法同时使用，以提高研究的信度和效度。此外，对幼儿社会性发展的评价还应结合不同年龄阶段幼儿认知发展的特征来进行。

探究学习

一、什么是幼儿社会性发展？幼儿社会性发展具体包括哪些内容？

二、什么是幼儿社会教育？什么是幼儿社会学习？两者的关系如何？

三、请举例说明幼儿社会学习的主要方法。

四、什么是幼儿社会活动设计？幼儿社会活动设计的原则包括哪些？

五、幼儿社会性教育量化和质性评价方法分别有哪些？在设计时需要注意哪些方面？

实操训练

一、请到幼儿园观摩一节幼儿社会教育活动课，写一篇听课记录，并对教师如何教、幼儿如何学进行评价。从培养幼儿健全人格的角度，你认为这节教育活动课还应从哪些方面进行改进？

二、下面这篇是一位幼儿教师的社会教育活动教案，请详细阅读并分析这篇教案适用哪个年龄阶段的幼儿？它涉及的是哪个方面的幼儿社会教育内容？

社会教案：记得要微笑

活动目标

1. 使幼儿懂得微笑能给人带来快乐，知道关心他人

2. 使幼儿掌握多种让大家快乐的方法

3. 培养幼儿的爱心，使幼儿拥有快乐的心境

活动重难点

重点：使幼儿掌握多种让大家快乐的方法

难点：使幼儿能大胆地表达让别人快乐的想法

活动准备

信封 4 个，微笑字卡，小鸟、小象、小兔、蜗牛图片各一张，音乐《歌声与微笑》，爱心记录卡，小爱心 30 张。

活动过程

1. 开始部分(让幼儿初步感受微笑)

①出示蜗牛微笑的图片，讲讲图片上面有什么？

②谈谈小蜗牛的笑。

③教师肯定幼儿的回答并出示微笑字卡。

2. 基本部分

(1)体验微笑能带来快乐

师：小蜗牛为什么要寄微笑卡片？（猜猜原因）

师：老师还收到了几位小客人的来信，我们一起来看看吧！（出示信封，图片）

师：看了这些小客人的来信，小朋友知道为什么要把微笑卡片寄给大家了吗？

(2)用微笑传递快乐

师：你会微笑吗？做个最美的微笑给老师看。（体验微笑）

师：对旁边的小朋友微笑。（送微笑）

师：你还想把微笑送给谁？（启发幼儿送微笑时说一句话）

(3)探索多种带来快乐的方法

师：还有什么方法能给别人带来快乐？故事里的小动物是用什么方法给大家带来快乐的？

引导幼儿在爱心卡上记录给别人带来快乐的方法，发放爱心卡；然后张贴记录卡，并分享交流，同时播放音乐。

🕊 活动延伸

师：小朋友学到了许多能给别人带来快乐的方法。老师认为，这些方法中，最简单的方法就是"微笑"，让我们每天都保持微笑，做个快乐的孩子，好不好？现在请小朋友排队洗手吧！

小结：微笑能给大家带来快乐。

三、试析案例《今天我当家》中雅雅不良的性格特点形成的原因。针对这类幼儿的共性问题，教师在设计幼儿社会教育活动时的指导要点是什么？请指出教师的教育方法和相应的幼儿社会学习方法。

今天我当家

🕊 活动背景

针对寄宿制幼儿接触社会的机会比较少，生活相对封闭的缺点，我园每个月开展一次"今天我当家"的社会娱乐活动。在幼儿园里开设"嘟嘟熊西饼屋""水果沙拉屋""闽南小吃店""英才电影城""七星瓢虫电脑创作室""迪士尼游乐场""套环游戏室"等生活场所。每个幼儿都拥有一定的资金，在规定的时间内到不同的场所进行消费活动。教师引导每个幼儿合理消费，锻炼其从小学会支配资金的能力。

🕊 **活动实录**

今天，小朋友每人从教师手里领了 10 元的"钱币"，小朋友将到不同的生活场所进行消费。当他们跟随教师参观完将要开展活动的各种活动场所后，每一个孩子都已经迫不及待地要找寻自己最爱的去处了。

大（二）班的健健和雅雅手拉手走在通往"迪士尼游乐场"的途中，健健的钱只剩下一元了，而雅雅则早已手中空空。雅雅不停地用讨好的口吻乞求着健健：

"你买票让我进去玩，我回家的时候带变形金刚送给你。"

健健摇摇头。

"我带好吃的给你吃，口香糖？瑞士糖？嘟嘟熊饼干？"

健健依然摇头。

"要不我先进去玩一会儿，然后出来换你进去？"

他们已经到达了游乐场门口，雅雅心里着急了，她的语气也越来越急了，两只手紧紧地抓着张健的衣袖。

雅雅的父母都是生意人，她的谈判意识也很强，充分体现了"小小生意人"的头脑。

健健还是摇摇头："出来了就不能再进去玩了。"（有遵守规则的意识）

举起一元钱，健健从售票处换来了通行证。刚拿到手，雅雅一把抢过票，飞快地跑进了游乐场。

"老师，老师，雅雅抢了我的票！"健健委屈地哭着找"保安"告状去了。（遇到紧急事件知道求救）

负责安全巡视的"保安"从游乐场将抢票的雅雅"请"了出来。

雅雅一副理所当然的样子对保安说："我说过了会送他玩具和带好吃的东西给他的。"

"保安"问："健健同意了吗？"

"同意了。"雅雅振振有词地狡辩着。

"没有，我都说了不要，我要自己玩的。"

"健健说了他没有同意，你是抢他的票自己进去玩的吗？"

雅雅终于低下了头，小声地说："我以后不这样做了。对不起！健健，我把票还给你，你进去玩吧。"

🐦 教师评析

因家庭的影响而形成的孩子的品质反映了孩子的成长环境。雅雅的父母远在江西，她常常是一个月或者两个月，甚至半年才能见到父母一次，平时则由年迈的奶奶独自带着她。奶奶管不了她，什么都由着她，使雅雅形成了霸道、自私的性格，并在活动中反映了出来。在这里，"保安"问明缘由后并没有直接将雅雅的错误指出来，而是循循善诱，让她自己意识到错误并进行改正，体现了"以人为本"。

体现谈判的例子在这所众多生意人的孩子的幼儿园里很常见。

"七星瓢虫电脑创作室"里，创作一张电脑画需要两元钱，而孩子的手中只有一元钱。"我只有一元钱，可以让我画吗？你给我一半大的纸就可以了。"

"闽南小吃店"里，"我只剩下一块钱了，我买少一点肉丸可以吗？"

"嘟嘟熊西饼屋"里，同样需要两元钱消费的地方，孩子在和营业员讨价还价。"我只有一元钱，我买半块小蛋糕可以吗？"（两元钱才可以买一块小蛋糕）

"套环游戏室"里的一幕，"我用三块钱买五个圈好吗？"（按规定，应该是"两块钱三个圈"）

（案例来源：厦门英才学校英才幼儿园　邓青）

四、请根据幼儿社会教育活动设计与指导的内容介绍，写一篇关于"幼儿社会教育活动设计理论与实践"的综述性论文，题目自拟。要求上网搜集国内外最新的研究成果，并在教师的指导下完成论文，字数不限。

五、请在实习指导教师的帮助下，为小班、中班、大班幼儿各设计一个成长记录袋。

第二章
幼儿自我意识教育活动设计与指导

第一节 自我意识与幼儿社会性发展

自我意识是人对自己身心状态及对自己同客观世界的关系的意识，是个性心理结构的重要组成部分。在个体社会化的进程中，自我意识对个体心理和行为起调节、控制作用。形成正确的自我意识是一个人心理成熟的标志，它对一个人的心理健康，特别是人的社会性发展起着重要的作用。

一、 幼儿自我意识的形成与发展

幼儿期正是自我意识开始形成的时期，幼儿主要通过亲身经历、重要他人、环境等获得自我概念。教师应帮助幼儿形成积极的自我意识，这对建构幼儿健全的人格结构、促进幼儿社会性发展具有积极的意义。

（一）幼儿自我意识的形成

1. 幼儿自我概念的形成

詹姆斯在他的《心理学原理》一书中首次提出自我概念，引起了许多心理学家对这一领域的广泛研究。自我意识是多维度、多层次的心理系统。它包括：①自我认识，即个体对生理自我（个体对自己的存在、行为，对自己的身体、外貌、体能等方面的意识）、社会自我（个体对自己在各种社会关系中的角色、地位、权利、义务、人际距离等方面的意识）、心理自我（个体对自己的人格特点、价值取向、心理状态、心理过程等方面的意识）的认识，如自我感觉、自我观察、自我概念、自我评价等。其中，自我概念和自我评价是自我认识中最主要的方面，表明了个体自我认识，甚至整个自我意识的发展水平，它是自我体验和自我调节的前提。②自我体验，即个体对自己所持的态度，如自尊、自信、内疚、自豪感、成就感、自我效能感等。其中，自尊是自我体验中最主要的方面。③自我调节，即个体对自己的心理和行为的调控，如自主、自立、自我监督、自我控制、自我教育等。其中，自我控制和自我教育是自我调节中最主要的方面。

自我概念的形成是一个逐步累积的过程，是作为主体的自我与作为客体的自我，通过人与环境之间的相互作用、人与人之间的社会交往逐步建立和发展起来的。因此，幼儿社会性发展的重要任务之一就是获得对自己的认识。那些具有正确的自我概念的幼儿，更能了解"我是谁？是我自己！"内心充满自信；同时，也更能了解他人，更容易与他人建立良好的人际关系。那么，幼儿自我概念的发展趋势如何呢？请看下面的成长阶梯。

0～1岁：新生儿起初是没有自我意识的，世界和"我"似乎混为一体。随着周围环境的刺激和对身体各种感觉的积累，宝宝逐渐感知到自己的身体和其他个体是不同的，有了生理这一层面的自我认识，于是就有了对"镜中自我"的认识。

2～3岁：幼儿前期幼儿学会使用代词"我、你、他"，知道自己的名字，把自己与周围的物体区分开，即"物我分开"，标志着幼儿前期幼儿自我意识的萌芽。其成熟的标志是：①意识到自己的身体特征和生理状况。②认识并体验到内心进行的心理活动。③认识并感受到自己在社会和集体中的地位与作用。

3～6、7岁：刚进入小班的幼儿，正处于自我意识发生时期，他们通过镜映形成"镜像自我"，即把他人当作一面镜子，通过他人对自己的表情、评价和态度来了解和界定自己，形成相应的自我概念。由此可见，教师的评价对幼儿自我概念的形成非常重要。

幼儿非常需要借助成人的评价来评价自己，获得自我满足。反之，如果教师忽视给进步的幼儿以表扬，那么，幼儿从中获得的就可能是较低的自我评价，如"我不聪明""我不行""我不是好孩子"等。因此，教师的正面评价对幼儿获得积极的自我意识具有极其重要的作用。

★ 资料链接 ★

库利关于"镜中自我"的基本思想

美国社会心理学家库利认为，自我或人格是社会的产物，只能通过幼儿与其母亲、家庭其他成员、同伴以及周围人的社会互动而产生。在社会互动中，想象起到了极为重要的作用。个体正是在对自身在他人心目中形象的想象中，形成了关于自我的意识。在这一基础上，库利于1922年提出了"镜中自我"的概念。所谓"镜中自我"，是指以其他人的看法为镜子来认识自己，想象自己是如何出现在他人的意识之中的。他人就像一面镜子，人们从中看到自己，评价自己。库利说过："人们彼此都是一面镜子，映照着对方。"在此基础上，他认为幼儿的自我概念是通过"镜像过程"形成的，个体的自我概念来源于他人对自己的态度与评价。

2. 幼儿自尊的形成

自尊是个体对自己所做出的评价和情感态度。它表明个体在多大程度上相信自己是有能力的、重要的、成功的和有价值的。自尊的形成是幼儿社会化发展的重要内容。布里格斯认为，幼儿的自尊来源于两个信念：第一是"我可爱"，即相信自己是讨人喜欢的；第二是"我有价值"，即相信自己是有能力的，能为社会做出贡献。通过对幼儿自尊发展特点的研究，研究者试图找到一个科学合理的培养方案，使幼儿获得高自尊，体验到自己是可爱的和有价值的。那么，幼儿自尊的发展表现出怎样的特点呢？

研究表明，幼儿自尊的发展在年龄和性别上存在显著的差异。人们普遍认为4岁和7岁是自尊发展的关键年龄。4岁时，幼儿自尊的发展水平达到第一个高峰点，随后呈下降趋势；7岁时，他们的自尊发展水平降到最低点，这是由于进入小学以后，学习活动取代了游戏活动，他们在学习上的不适应性导致了这样的结果。7岁或8岁以后，又呈上升趋势。总体来说，女孩自尊的发展水平显著高于男孩。随着幼儿认知能力、自我评价能力的不断发展，同伴交往范围的不断扩大，以及良好的学业表现等因素的影响，幼儿自尊得到了整体发展。

可见，教师应引导幼儿形成积极的自我概念、获得良好的情绪体验。积极地促进幼儿自尊发展是非常重要的。

★ 资料链接 ★

乔治·米德关于"自我概念"的基本思想

乔治·米德(G. Mead)关于"自我概念"的基本思想是：自我概念不是天生的，而是在与他人互动的过程中逐渐获得的。米德把幼儿自我概念的发展分为三个阶段：嬉戏阶段、游戏阶段和概化阶段(也称为类化他人角色阶段)。在嬉戏阶段，幼儿简单地"扮演"生活中重要他人的社会角色，行为主要是模仿性的。在游戏阶段，幼儿能够同时扮演几个角色，并把它们组织起来构成一个整体。例如，他一会儿扮演妈妈的角色，一会儿扮演孩子的角色，一会儿又扮演与他一起游戏的伙伴的角色。在游戏中，幼儿不断变换身份，并想象着与不同身份的人在交谈。在这一过程中，幼儿逐渐学会了从他人的角度看待自己，按照与他人相联系的方式知觉自己，学会了把他人的姿势、言语、习惯、态度和行为变成自己的一部分，这时，就形成了所谓的"概化他人"。幼儿也正是在想象概化他人如何看待自己的基础上形成自尊的。如果他人对自我是高度重视的，那么，个体就会有高自尊感；相反，如果他人对自我根本不重视，即他人对个体的判断是消极的，那么，该个体也会内化这些消极的看法或态度，从而形成低自尊。

3. 幼儿自我控制的形成

自我控制是个体对自身的心理与行为的主动掌握。自我控制能力是个体行为由不自觉发展到自觉的重要因素。哈特认为，个体自我控制和调节能力的形成必须具备两个条件：对价值的内化和技能的获得。价值的内化是指个体赞同和认可社会规范和道德准则的要求而控制自己的某些行为。技能的获得是指个体按照已经内化的行为标准，掌握控制自己的行为所需要的技能。

幼儿期正处于自我控制能力形成的重要时期。研究表明，幼儿的自我控制能力随年龄的增长呈上升趋势。在自制力、自觉性、坚持性、自我延迟满足四个方面的发展随年龄的增长呈上升趋势，但是，发展的速度是不均衡的；幼儿的自我控制能力存在明显的性别差异，一般表现为女孩高于男孩；自我延迟满足在幼儿4岁时出现明显的个体差异，并可预测他们在今后的学业成绩、社会能力等。

目前，我国幼儿园仍然存在"教师对幼儿的高控制、幼儿对教师的高依赖"现象。因此，探索幼儿自我控制的发展及其培养具有重要的现实意义。

（二）幼儿自我意识的发展

在生理成熟、教育环境、重要他人、社会文化因素的影响下，幼儿逐渐形成积极的自我意识。在自我认识方面，幼儿逐渐形成积极的自我概念：第一，觉得自己是有价值的人，受到他人的重视；第二，觉得自己是有能力的人，可以"操纵"周围世界；第三，觉得自己是独特的人，受到他人的爱护；第四，对外界的人和事物充满好奇心和认识的兴趣。在自我体验方面，幼儿不断获得自尊、自信的体验。在自我调节方面，幼儿逐渐形成自立、自主、自我控制、自我监督的能力。

《指南》中社会领域目标是从幼儿的社会关系和心理结构两个维度提出的。其中的社会关系维度主要包括：幼儿与自身的关系（自尊、自信、自主等）；幼儿与他人的关系；幼儿与群体或集体的关系；幼儿与社会的关系。《指南》中社会领域目标明确指出：幼儿应该具有自尊、自信、自主的表现。

在实践中可以遵循如下教育建议。

第一，关注幼儿的感受，保护其自尊心和自信心。例如，能以平等的态度对待幼儿，使幼儿切实感受到自己被尊重。对幼儿好的行为表现多给予具体、有针对性的肯定和表扬，让他对自己的优点和长处有所认识并感到满足和自豪。不要拿幼儿的不足与其他幼儿的优点作比较。

第二，鼓励幼儿自主决定，独立做事，增强其自尊心和自信心。例如，与幼儿有关的事情要征求他们的意见，即使他们的意见与成人不同，也要认真倾听，接受他们的合理要求。在保证安全的情况下，支持幼儿按自己的想法做事；或提供必要的条件，帮助他们实现自己的想法。幼儿自己的事情尽量放手让他们自己做，即使做得不够好，也应鼓励并给予一定的指导，让他们在做事中树立自尊和自信。鼓励幼儿尝试有一定难度的任务，并注意调整难度，让他们感受经过努力获得的成就感。

★ 案例 1 ★

相信自己是最棒的(大班)

在妈妈的过度保护下，壮壮形成了较强的依赖心理。每当要做什么事情的时候，他都会坐在小椅子上等着教师来帮忙。一天，在动手操作活动中，教师要求小朋友根据提供的各种纸，自己创作一幅画。其他小朋友都开始又剪又画，只有壮壮坐在那里一动也不动，嘴里不停地说："我不会，我不会。"

教师走过去对他说："壮壮是最棒的。你的小手能做很多事情，就是你不知道，不信你来试一试。"

教师边说边拿起剪刀，"来，你帮我剪一朵花放在草地上，好吗?"壮壮看了看说："好吧，我来剪。"就这样，他沿着外轮廓慢慢地剪。不一会儿，小花已经剪好了。教师说："你看，剪得多好，真棒。"教师又把壮壮剪好的小花拿给其他小朋友看，问："你们说壮壮剪得好不好?"小朋友也夸壮壮剪得好。壮壮的表情美滋滋的。教师又接着说："只要相信自己是最棒的，你就会把事情做好。"

从那天起，壮壮很多事情都尝试着自己去做，每当遇到困难的时候，他都会努力克服，会做的事情不用别人帮忙，就可以自己独立完成。

🐦 教师评析

心理学家罗杰斯把喜欢、关怀、尊重、认可、爱抚称为积极的关注，并将这些看作是人类的普遍需要和自信的源泉。成人的拥抱、抚摸、点头、微笑，以及亲切、慈爱的语言，不仅使幼儿感到安全，对世界产生基本的信任，而且使幼儿体会到自身的价值，充满信心、愉快地探索世界;而成人的忽视、冷漠、拒绝、不理会，不仅使幼儿最基本的需要得不到满足，而且会增加幼儿的恐惧感和不安全感，使幼儿怀疑自身的价值。对幼儿的教育不是一种简单的说教，而是一种真正的爱的教育。所以，要想培养幼儿的自信心，首先要给予幼儿更多的爱。

《纲要》指出:幼儿教师应尊重幼儿在发展水平、能力、经验、学习方式等方面的个体差异，因人施教，努力使每一个幼儿都能获得满足和成功。教师的鼓励能帮助幼儿建立自信。教师发现壮壮依赖性很强，有自卑心理，就鼓励他只要努力做了就是最棒的，使壮壮体验到成功的快乐和满足。教师及时鼓励壮壮，放手让他自己去剪一朵花，使他感受到自己的小手能做很多事情，因而增强了壮壮的自信心。

首先，对于幼儿的点滴进步，教师要及时给予鼓励，并为他们创设宽松、安全的心理氛围。教师应根据幼儿的发展状况安排相应的活动，让幼儿在活动中体验到成功的喜悦，而且只要有进步，就应及时给予肯定，让幼儿感到自己很棒。有了自信，循序渐进地提出更高的要求，幼儿也能勇于去尝试。

其次，教师要赏识和信任幼儿。幼儿生活在一种被赏识的环境中，赏识让他们产生了自信，自信激发了他们的潜能。当然，赏识和信任不是万能的。教师平时要细心观察、耐心引导，因人施教，对症下药。教师应从幼儿生活的具体情况出发，充分利用各种途径，随时抓住幼儿的闪光点，使幼儿能发挥自己的优势。教师要相信每个幼儿的发展潜力是无限的，让幼儿自己去探索学习，给幼儿锻炼的机会，鼓励和尊重幼儿，让幼儿感受到关爱和信任，相信自己能行。

最后，教师要培养幼儿承受挫折的能力。教师在教育幼儿的过程中，要区分不同的情况，帮助幼儿正确对待成功和失败，培养其大胆、勇敢、坚毅的意志品质。

总之，自信心的培养不是一朝一夕就能完成的，需要教师持之以恒地对幼儿进行系统的、多方面的、多渠道的教育，调动幼儿积极的心态，使他们有足够的承受挫折的能力和排除困难的勇气。

（案例来源：东北师范大学附属幼儿园　刁红梅）

二、自我意识与幼儿社会性发展

（一）主要研究方法

国内外有关自我意识与幼儿社会性发展的相关研究最早可以追溯到 20 世纪 50 年代，皮亚杰、科尔伯格等对自我意识进行了广泛的研究。

皮亚杰运用的临床法是一种有特色的谈话法。最初皮亚杰只是和幼儿口头交谈；随后是口头交流为主，辅以摆弄、操作实物；最后修订的临床法则是以摆弄实物为主，辅以口头提问，把摆弄实物、谈话和直接观察结合起来，研究幼儿自我意识发展与社会性发展的关系。

美国心理学家佩尔斯(Piers)和哈瑞斯(Harris)于 1969 年编制、1974 年修订的幼儿自我意识量表，主要用于评价幼儿自我意识，可用于临床及科研，也可作为筛查工具用于调查。该量表在国内外应用较为广泛，信度与效度较好。

冉乃彦曾通过问卷调查和画人测验研究 3~9 岁儿童的自我意识与社会性发展。结果表明，社会化是自我意识发展的动力。画人测验显示，幼儿自我映象是通过以下途径形成的：①直接感知（"摸自己的耳朵""妈妈揪过我耳朵"）；②通过镜子、照片、画像、影子等工具反射，与他人交流（父母告诉孩子"镜子中就是你自己"）；③自己的反复推理（"我没有梳辫子，镜子中的我也没有梳辫子""镜子中的衣服和我衣服的颜色一样""我手这样动，镜子中的手也这样动，所以我知道我就是镜子中的样子"）。由于人总是生活在社会化的环境中，所以，这些实际都是社会化过程作用于自我意识的具体表现。

北京师范大学发展心理研究所编制的幼儿社会性问卷(FSSQ)，能够考察幼儿自我意识的四个方面：自信心、独立性、自我控制、责任心。

朱家雄根据海特(Hater)的《幼儿能力和社会接纳觉知图片量表》(PSPC-SA)并结合我国幼儿的情况修订而形成了幼儿自我概念调查表。它运用图片的形式展现调查内容。在实施调查时，幼儿可以一边听调查人员口述每项内容，一边观察图片。通过视觉和听觉两种通道，在一定程度上保证幼儿对调查内容的理解，从而有效地反映幼儿真实的想法，得到幼儿真实的自我概念水平。

还有研究者从幼儿的日记、自传、艺术作品中分析他们的观察力、想象力等特点。

★ 资料链接 ★

幼儿自我概念调查问卷

1. Q1：这个小朋友很会拼拼图；那个小朋友不会拼拼图。你更像哪个小朋友呢？

Q2：你和他/她很像，还是有一点点像？

2. Q1：这个小朋友有很多好朋友；那个小朋友没有什么好朋友。你更像哪个小朋友呢？

Q2：你和他/她很像，还是有一点点像？

3. Q1：这个小朋友很会荡秋千；那个小朋友不会荡秋千。你更像哪个小朋友呢？

Q2：你和他/她很像，还是有一点点像？

4. Q1：这个小朋友的妈妈经常对他微笑；那个小朋友的妈妈从来不对他微笑。你更像哪个小朋友呢？

Q2：你和他/她很像，还是有一点点像？

5. Q1：这个小朋友经常得到五角星；那个小朋友经常得不到五角星。你更像哪个小朋友呢？

Q2：你和他/她很像，还是有一点点像？

6. Q1：小朋友们愿意把玩具借给这个小朋友玩；小朋友们不愿意把玩具借给那个小朋友玩。你更像哪个小朋友呢？

Q2：你和他/她很像，还是有一点点像？

7. Q1：这个小朋友很会爬攀登架；那个小朋友不会爬攀登架。你更像哪个小朋友呢？

Q2：你和他/她很像，还是有一点点像？

8. Q1：这个小朋友的妈妈经常带他/她去他/她想去的地方；那个小朋友的妈妈不经常带他/她去他/她想去的地方。你更像哪个小朋友呢？

Q2：你和他/她很像，还是有一点点像？

9. Q1：这个小朋友很会自己看书；那个小朋友不会自己看书。你更像哪个小朋友呢？

Q2：你和他/她很像，还是有一点点像？

10. Q1：这个小朋友经常有好朋友跟他/她做游戏；那个小朋友经常没有好朋友跟他/她做游戏。你更像哪个小朋友呢？

Q2：你和他/她很像，还是有一点点像？

11. Q1：这个小朋友很会系鞋带；那个小朋友不会系鞋带。你更像哪个小朋友呢？

Q2：你和他/她很像，还是有一点点像？

12. Q1：这个小朋友的妈妈经常做好吃的食物给他/她吃；那个小朋友的妈妈不经常做好吃的食物给他/她吃。你更像哪个小朋友呢？

Q2：你和他/她很像，还是有一点点像？

13. Q1：这个小朋友很会数数；那个小朋友不会数数。你更像哪个小朋友呢？

Q2：你和他/她很像，还是有一点点像？

14. Q1：操场上，有很多小朋友愿意和这个小朋友玩；没有小朋友愿意和那个小朋友玩。你更像哪个小朋友呢？

Q2：你和他/她很像，还是有一点点像？

15. Q1：这个小朋友跳得远；那个小朋友跳得不远。你更像哪个小朋友呢？

Q2：你和他/她很像，还是有一点点像？

16. Q1：这个小朋友的妈妈经常读书给他/她听；那个小朋友的妈妈不经常读书给他/她听。你更像哪个小朋友呢？

Q2：你和他/她很像，还是有一点点像？

17. Q1：这个小朋友很会讲故事；那个小朋友不会讲故事。你更像哪个小朋友呢？

Q2：你和他/她很像，还是有一点点像？

18. Q1：小朋友们经常邀请这个小朋友玩；小朋友们不经常邀请那个小朋友玩。你更像哪个小朋友呢？

Q2：你和他/她很像，还是有一点点像？

19. Q1：这个小朋友跑得很快；那个小朋友跑得不快。你更像哪个小朋友呢？

Q2：你和他/她很像，还是有一点点像？

20. Q1：这个小朋友的妈妈经常陪他/她一起玩；那个小朋友的妈妈不经常陪他/她一起玩。你更像哪个小朋友呢？

Q2：你和他/她很像，还是有一点点像？

21. Q1：这个小朋友很会画画；那个小朋友不会画画。你更像哪个小朋友呢？

Q2：你和他/她很像，还是有一点点像？

22. Q1：自由活动时，有很多小朋友愿意坐在这个小朋友旁边；没有小朋友愿意坐在那个小朋友旁边。你更像哪个小朋友呢？

Q2：你和他/她很像，还是有一点点像？

23. Q1：这个小朋友很会跳绳；那个小朋友不会跳绳。你更像哪个小朋友呢？

Q2：你和他/她很像，还是有一点点像？

24.Q1：这个小朋友的妈妈经常跟他/她说话；那个小朋友的妈妈不经常跟他/她说话。你更像哪个小朋友呢？

Q2：你和他/她很像，还是有一点点像？

💭 说明

1. 对于第 5 问，"是否经常得到五角星"，主试事先对幼儿说明此五角星是因为本领大而得到的。例如，数学课上、拼音课上或英文课上教师奖励的，而非"乖""带动画片到幼儿园"或"离园时的例行奖励"等。

2. 对于第 11 问，"会不会系鞋带"，若幼儿没有或很少穿系鞋带的鞋，主试则将问题替换为"会不会打绳结"或"区角活动中会不会打绳结、系鞋带"等。

（二）从社会性发展看幼儿自我意识的培养

自我意识是幼儿社会化的重要组成部分，而幼儿社会化的一个重要目标就是形成完整的自我意识系统。在家庭、幼儿园、社会网络、社会文化等生态环境的影响下，幼儿开始认识自我、学会学习、学会做人，幼儿的自我意识得到不断的发展和完善。因此，教师应因势利导，在相互尊重、相互信赖、彼此接纳的爱的关系中，给予幼儿情感的支持、积极的暗示和肯定的评价，引导幼儿认识自我，逐渐学会比较客观地自我评价，发展其自尊心、自信心，使其掌握自我控制的方法策略，在活动中激发良好的社会性品质。

1. 对自我的认识

第一，对自己外貌特征的认识。了解自己的身体、相貌、性别、姓名等基本特征，如知道"我有一双小小手""我是女孩，我喜欢布娃娃""我的嘴巴小，爸爸的嘴巴大"。

第二，对自己性格特征的认识。学会发现自己的优点，接纳自己，明白人有时会犯错误，犯错误改正就是好孩子等，如知道"我是勇敢的男子汉，打针不哭""我是中国人，妈妈教我用筷子吃饭"。

第三，了解自己的情绪反应，初步学会调控自己的情绪。注意力的高低会影响幼儿的自我控制水平，因此，成人应指导其形成有效维持注意的认知策略，如在延迟满足任务中，教会幼儿转移注意力的一些技巧(闭上眼睛、唱歌、游戏等)，这样幼儿的自控能力就会明显提高。要让幼儿知道人都会有高兴、生气等情绪反应，但要用合理的方式表达出来，并初步学会调控消极情绪的简单办法，如可以采用自我言语的指导，告诉自己："我喜欢上幼儿园，好孩子不哭。"

父母在教育子女时，应采用权威型的教养方式。权威型的父母关注孩子的内心感受，让孩子感受到爱和关怀。他们对孩子的要求既明确又严格，他们的严格要求使孩子知道自己该做什么，不该做什么，孩子较少因犯错误而受到父母的惩罚，因此，能够培养出情绪稳定而乐观的孩子，为今后的社会性发展奠定良好的基础。

第四，了解并敢于表达自己的感受、想法，遇到不清楚的问题敢于大胆提问，给幼儿表达的机会，鼓励幼儿从生活环境中发现学习。教师要给予幼儿适当的言语指导和帮助，培养幼儿的自制力，如可以对幼儿说："你为什么把太阳的颜色涂成绿色呢？""宝宝说得真好！"等。

第五，了解自己的优点，接纳自己的不足之处，能较客观地进行自我评价，提高幼儿的自尊心、自信心，如"我跑步比小朋友慢，但是我歌唱得很好"。

第六，学会自主选择活动内容和形式，形成初步的对自己行为负责的意识，促进自身独立性、自主性的发展。

2. 对周围人的认识

第一，了解父母的职业，体验父母工作的辛苦；感受生活中父母对自己倾注的爱；懂得表达自己对父母的爱的情感，知道不打扰他们的工作和休息。

第二，关心、理解幼儿园的教师和同伴，愿意与他们共同友好地相处，一起进行各种活动；尊重幼儿园其他工作人员的工作，知道他们的工作都是为幼儿服务的。

第三，了解在其他公共场所服务的人员的劳动，如社区、街道、公园里的清洁工人，了解他们的劳动给大家带来的方便和愉悦，懂得尊重他们的劳动。

3. 对周围环境的认识

第一，了解并能说出自己家居住的社区，认识社区周围的公共设施和服务场所。了解社区周围的超市、医院、公园等公共设施的作用，及其与人们生活的密切联系。认识公共设施和公共场所的常见标志，如交通标志、安全标志、设施标志、消防器具标志等，知道常用的紧急呼救电话。

第二，了解和热爱自己的家乡，知道家乡的名胜古迹、人物传说、特产等，并产生幸福感和自豪感。

第三，理解祖国的含义，增强热爱祖国的情感。认识国旗、国徽、国歌、首都，懂得它们就是祖国的标志；了解并感受、喜爱祖国的文化传统和风俗习惯；为英雄人物、历史传说，为祖国对世界的贡献感到骄傲；了解祖国是个多民族国家，知道常见的少数民族的风俗习惯、文化传统和生活方式等。

★ 案例 2 ★

幸福的小乌龟

活动领域：社会　　　适宜对象：大班

授课教师：王红　　　所获奖项：优秀奖

幼儿园：江苏省南京市扬子石化第一幼儿园

🕊 学情分析

"你幸福吗?"当教师把这个问题抛出后，孩子们都瞪大眼睛看着教师。有一个孩子说："我幸福。""什么事情让你感觉到幸福呢?"下面一片鸦雀无声。又一个孩子说："高兴了就是幸福。""什么事情让你高兴呢?"这下孩子们的话匣子打开了："妈妈带我去游乐场，我觉得很高兴。""妈妈带我去肯德基，我觉得很高兴。""过生日时，奶奶送给我一个奥特曼玩具，我觉得很高兴。"……在一片讨论声中，教师说："这些高兴的事让我们每一个小朋友都觉得很幸福，有的时候自己的愿望满足了也会觉得很幸福。你们有什么愿望吗?"下面又是一片热烈的回答声："我想要一辆遥控汽车。""我想让妈妈带我去动物园。""我想吃汉堡包。"……答案反映出孩子们愿望的出发点多是自己的物质需求，当这些物质需求得到满足后他们就会觉得高兴、幸福。但在实际生活中，幸福就像空气一样无处不在。它是人的一种心理感受，一种自我认知。除了物质需求得到满足外，幸福感还可以从多方面获得，如结交新朋友，得到别人的认同与表扬，尽自己最大努力帮助别人，动脑筋解决问题，感受到亲人对自己的爱……这些精神上的满足更容易使人获得幸福感。我们应该创设一种情境，引导孩子们体验日常生活中的点滴快乐，从平凡的小事中获得快乐与满足，从而建立获得幸福感的多种途径。故事《别浪费时间了，小乌龟》正是对孩子们进行幸福感教育的最好素材。

🕊 活动目标

1. 帮助幼儿理解故事内容，感受小乌龟因辛勤劳动而获得丰收以及关心同伴、结交朋友的幸福感

2. 教师通过分享幸福、创编儿歌和绘画活动，进一步引导幼儿体验生活中无处不在的幸福感

3. 引导幼儿积极讲述自己的感受，帮助幼儿用完整连贯的语言表达

🕊 活动准备

材料准备：故事图片、幸福分类卡、幼儿绘画卡(彩色卡纸)、黑色水彩笔。

🕊 活动过程

1. 谈话引入课题

师：你有什么心愿吗？心愿满足后有什么感觉？

小结：开心、快乐和满足都是一种幸福的感觉。

分析：在这一环节，引导幼儿说出自己的愿望，并结合生活经验谈一谈愿望满足后的感受。引出本次活动的主题——幸福。让幼儿知道，开心、快乐和满足都是一种幸福。

2. 讲述故事《别浪费时间了，小乌龟》，帮助幼儿理解故事情节

教师边出示图片边讲述故事第一段。

师：小动物们的心愿是什么？心愿满足后他们有什么感觉？

师：小乌龟只要了一个萝卜种子，你觉得它会获得幸福吗？为什么？

教师边出示图片边讲述故事第二段。

师：小乌龟觉得幸福吗？为什么？

帮助幼儿感受小乌龟因为辛勤劳动而获得丰收以及关心同伴、结交朋友的幸福感。

分析：教师将故事进行了改编，先帮助幼儿了解小猫、小羊、小兔和小乌龟各自不同的愿望，并让他们体验前三个小动物愿望达成的幸福感，然后抛出问题：萝卜种子会不会让小乌龟获得幸福呢？会获得什么样的幸福呢？接着帮助幼儿了解小乌龟获得幸福的过程，体验小乌龟因为辛勤劳动而获得丰收以及关心同伴、结交朋友的幸福感。在这一环节，教师运用了图片策略和角色体验策略。讲述故事的过程中，教师逐步出示图片，帮助幼儿更直观地了解故事内容并引导幼儿对角色产生认同感，把自己当作小动物，亲身体验小动物的幸福感。

3. 分享幸福

师：在生活中，你有什么觉得幸福的事情吗？能和大家分享吗？

教师根据幼儿讲述的内容进行提炼并出示相应的幸福卡，如满足心愿的幸福、关心长辈的幸福。

教师出示所有幸福卡，帮助幼儿进一步感受生活中无处不在的幸福，如团结友爱的幸福、帮助别人的幸福、得到表扬的幸福。

分析：幼儿结合生活经验互相交流，说出自己在生活中感受到的幸福。在这一环节，教师也运用了图片策略，提供了幸福卡，将幼儿的幸福感进行了分类，为后面的儿歌创编作准备。幸福卡是由教师根据自己的预测事先准备好的，也有一些空白图片，需要教师在教学过程中根据幼儿交流的内容临时画出。

4. 幼儿绘画：我的幸福卡

教师巡回指导，引导幼儿用简单的画面表现自己的幸福。

展示幼儿作品，师幼共同将作品按幸福卡内容进行分类。

分析：这是第三部分的延伸，这一环节在社会活动中整合艺术活动，为每一个幼儿提供表达感受的机会，引导幼儿进一步体验生活中无处不在的幸福。这一环节要注意引导幼儿运用简单的画面表现幸福内容，避免时间过长。展示作品时，教师引导幼儿将作品放在相应的幸福卡下面。

5. 集体创编儿歌《幸福拍手歌》

根据幼儿作品及幸福卡内容进行创编，基本内容：

> 你拍一，我拍一，满足心愿是幸福。
>
> 你拍二，我拍二，得到表扬是幸福。
>
> 你拍三，我拍三，团结友爱是幸福。
>
> 你拍四，我拍四，关心别人是幸福。
>
> 你拍五，我拍五，全家快乐是幸福。
>
> 你拍六，我拍六，帮助别人是幸福。
>
> ……

分析：这是活动的高潮部分。这一环节整合了语言活动的内容，运用幼儿最熟悉、最喜欢的拍手歌形式，对前面的活动内容进行了总结，对生活中无处不在的幸福感进行了提炼。因为有幸福卡的铺垫，儿歌内容很容易就能呈现出来。这一环节可以更好地帮助教师达成活动目标。

🐦 教师评析

1. 对幼儿幸福感的培养是社会领域的重要内容

苏霍姆林斯基认为，要使孩子成为有教养的人，首先要有欢乐、幸福及对世界的乐观感受。社会领域中对幼儿自我意识的培养是很重要的一个方面，而自我意识又包括自我认识、自我情感和自我控制。高水平自我意识的特征是指自我接受，喜欢自己，对自己的价值有正确的认识。而高水平的自我情感是一种幸福、平和和快乐，反之是压抑、内疚和不安。幼儿幸福感的培养无疑是属于社会范畴的，它是人的主观心理体验，是人作为生命体的永恒追求。

2. 抓住教育契机，丰富幼儿情感知识

幼儿期是对幼儿进行情感教育的最佳时期。教师应抓住每一个教育契机，丰富幼儿的情感体验。本次活动正是以故事《别浪费时间了，小乌龟》为载体，为幼儿提供了一个体验幸福感的机会。活动中，幼儿第一次将生活中的亲身体验与幸福感受联系在一起，懂得了什么是幸福，丰富了幼儿的情感知识。

3. 创设具有情感性、参与性的教育环境

《纲要》指出：社会领域的教育具有潜移默化的特点，幼儿社会态度和社会情感的培养尤应渗透在多种活动和一日生活的各个环节中，要创设一个能使幼儿感受到接纳、关爱和支持的良好环境，避免单一呆板的言语说教。本次活动始终围绕"幸福"这一主题展开，为幼儿创设了一个情感体验的环境。活动采用语言交流、绘画与儿歌创编等多种教学形式，充分激发了幼儿的参与兴趣。他们在实践过程中寻找幸福、感受幸福，获得情感体验。

🐦 专家评析

教育目标的关注点不仅是在认知层面，更重要的是在情商的培养方面。在幼儿时期对孩子进行良好的人格塑造是其将来适应社会的必胜法宝。本次活动正是以故事《别浪费时间了，小乌龟》为载体，为幼儿提供了一个体验幸福的机会，让幼儿从小学会热爱生活、热爱生命，这是本次活动的亮点。本次活动的设计比较新颖；目标的制订符合幼儿的年龄特点，在过程中体现的很具体。教师活动前的评析可以再精炼一些，活动过程中的主线再明确一些。

❧ **教学附录**

别浪费时间了，小乌龟

一颗流星从天上掉落，森林里的小动物纷纷许愿，一道银光闪过，它们的愿望都实现了。小猫有了一条飞毯，成了著名的飞猫，每天忙着表演和给别人签名；小羊有了一双魔力跑鞋，成了赛跑冠军，每天忙着参加比赛和领奖；小兔子有了一家木偶戏院，成了戏院经理，每天忙着挣钱和花钱，等等。而小乌龟只要了一个萝卜种子，它小心翼翼地把种子种在院子里，每天给种子浇水，还用心陪种子聊天，给种子吹口琴。所有的小动物都嘲笑小乌龟，说它在浪费时间，可小乌龟仍然坚持自己的信念。终于有一天，小乌龟收获了一个大大的萝卜，它做了一锅美味的萝卜汤邀请朋友们品尝，朋友们接到小乌龟的邀请都笑了，一碗萝卜汤有什么了不起？在这个世界上，美味的食物有的是。但是，朋友们还是都来了，因为它们都很喜欢小乌龟。朋友们尝了萝卜汤后都惊奇地叫了起来，因为它们从一碗普通的萝卜汤里尝到了幸福的味道，那种感觉，就像有美丽的小鸟从心里飞出来了一样。

（选自：教育部教育管理信息中心.全国优秀幼儿社会教育活动课例评析.重庆：西南师范大学出版社，2011.）

🐦 第二节 幼儿自我意识教育活动设计与指导

自我意识对幼儿社会性发展，特别是对幼儿的品德，以及礼貌、帮助、分享、友好、协商等亲社会行为的培养具有非常重要的影响。在社会领域教育活动中，教师要渗透做人教育，加速幼儿社会化的进程。首先，教师要关注幼儿对自我的认识，使其懂得做人应具有正确的自我概念、积极的自我评价；其次，教师要关注幼儿对自我的感受，使其懂得做人应具有自尊、自信的表现，在集体生活中应遵守基本的行为规范；懂得做中国人，做现代的中国人，应具有初步的责任感、归属感和自豪感；最后，教师要关注幼儿对自我的调节，使其懂得做人应具有独立、自主、自我控制的表现。

幼儿自我意识教育活动设计与指导是幼儿自我意识教育活动组织与实施的前提，具体包括幼儿的自我认识、自我体验、自我调节这三方面的活动设计要求和基本类型。

一、 幼儿自我意识教育活动的设计要求

(一)不同年龄阶段的活动设计应由易到难

不同年龄阶段幼儿自我意识的表现是不同的，因此，教师在进行活动设计时，应考虑到幼儿的认知水平和心理需要，循序渐进地逐步提高任务难度。活动形式要多样化，活动内容要生动有趣，能吸引幼儿积极主动地参与，只有这样才能取得预期的教育效果。例如，小班可以设计区角活动——娃娃家。幼儿可以根据自己的兴趣选择扮演爸爸或者妈妈的社会角色进行游戏练习。通过给娃娃穿脱衣服、喂娃娃吃饭等游戏情节，幼儿能够增强对自我和周围人的认识，幼儿的自我表现能力、主动交往的独立意识能够得到培养。中班可以设计艺术活动——表情照相馆。幼儿按照镜中自我的样子，把自己的表情拍下来。这样能够加深幼儿的自我认识和自我体验，通过大胆、夸张地表现自己的面部表情，感受人物表情的丰富性。

(二)引导幼儿积极关注和悦纳自我

大班幼儿随着年龄的增长，在活动中表现出较强的积极性与参与性，在与教师、同伴、环境和材料的互动中，开始形成正确的自我意识，学会初步的自我评价，因此，可以设计形式多样的自我评价活动，引导幼儿积极关注和悦纳自我。

1. 单项性自我评价，如科学活动中请幼儿在科学小实验结束后，专门评价自己的操作过程和实验成果，或者请幼儿相互开展自我评价。

2. 阶段性自我评价，如每周开展一次评选"国旗下的好宝宝"活动，一致推选出好宝宝，让他进行较为完整的自我评价，并在下周一的升旗仪式上戴上大红花受到全园性的表扬。这种阶段性的自我评价，幼儿易于掌握，也乐于表现自我。

3. 综合性自我评价。在阶段性自我评价的基础上，可以在更长一段时间内开展综合性的自我评价，进一步提高幼儿自我评价的能力，如开展"小公民"社会道德行为"五小"行动，即在家做孝顺父母、关心亲人、勤俭节约、热爱劳动的"小帮手"；在社会做热爱祖国、文明礼貌、诚实守信、遵纪守法的"小标兵"；在学校做团结友爱、互相帮助、尊重他人、善于合作的"小伙伴"；在社区和公共场所做爱护公物、讲究卫生、保护环境、遵守秩序的"小卫士"；

在独处时做胸怀开阔、心理健康、勤奋自立、勇于创新的"小主人"。

4. 平时性自我评价。在日常生活中应当多给幼儿提供自我评价的机会，捕捉时机让幼儿进行训练和表达，如在上下楼梯时，可以问问幼儿："你今天是怎么走楼梯的？遵守行走规则了吗？"

(三)遵循面向全体幼儿，重视个别差异的原则

在幼儿自我意识教育活动设计中，教师要注意既满足全体幼儿自我肯定的需要，又考虑到个别幼儿的特殊情感需要。在活动设计前，教师应分析研究全体幼儿的总体水平与个别幼儿的兴趣与需要，尽可能地实现不同层次和灵活多样的活动设计，如创设真实的生活环境，让幼儿通过环境学习获得初步的自我认识，向幼儿提供自我表现的机会，向幼儿提供更多的自我表达和独立自主的机会；尊重幼儿的个别差异、允许和关注幼儿的个别差异，并尽可能地促进每个幼儿在自我认识、自我体验、自我调节方面的进步。

二、 幼儿自我意识教育活动的基本类型

幼儿自我意识教育活动的组织需根据教育目标合理安排，分别从幼儿的自我认识、自我体验、自我调节三方面进行教育活动设计。幼儿的自我认识主要包括幼儿的自我概念、自我评价培养活动设计；幼儿的自我体验主要包括幼儿的自尊心、自信心培养活动设计；幼儿的自我调节主要包括幼儿的独立性、自控能力培养活动设计。

(一)幼儿的自我认识

幼儿自我认识方面应遵循以下指导要点。

第一，要让每个幼儿都能接纳自己、建立良好的自我感觉。教师的重要职责就是通过积极的暗示法，向幼儿表达完全地、无条件地接纳的态度。

第二，教师要确保所设置的活动和提供的材料都是适宜的，都是与幼儿的心理发展水平相适应的。让幼儿在活动中体验成功的喜悦，获得积极的自我概念。

第三，帮助幼儿学会从依从性评价到独立性评价，并彼此接纳和互评。

请看以下幼儿自我概念培养活动设计案例。

★ 案例3 ★

幼儿游戏化综合教育活动——表情照相馆(中班)

🐦 **活动目标**

1. 使幼儿学习用较简洁的线条画出几种不同的表情

2. 使幼儿能够大胆、夸张地表现自己的面部表情,感受人物表情的丰富性

3. 使幼儿了解"我的样子"

🐦 **活动准备**

1. 带酸、甜、辣(稍辣)味的水每桌1份

2. 画纸、笔、吸管、镜子人手1份,大镜子1面

3. 示范画3张

🐦 **活动过程**

1. 教师扮演小猴摄影师,带领幼儿来到表情照相馆,激发兴趣

我是摄影师皮皮,欢迎大家来到我的照相馆。我先请大家尝一样东西。

师:请一个幼儿品尝辣水,启发其他幼儿观察他的眉毛、眼睛、嘴巴有什么变化,猜猜他品尝的是什么味道的水,说说是怎么看出来的。

2. 示范作画

师:这个表情真好玩,我们赶快给他拍张照片。"咔嚓!"照片拍好了,请你们看看是怎么把照片洗出来的:先画他的眉毛,再画眼睛、鼻子和嘴巴。哎呀,他的脸都辣红了,快快把他的脸涂成红色的吧。

3. 再次品尝,观察示范画

师:我这里还有别的奇妙的水,谁想再来试试?请小朋友一边尝一边到镜子前看看自己的表情。我把你们的表情都拍下来了,你们的表情怎么样?

出示品尝酸味和甜味后的表情画,引导幼儿观察人物的眉毛、眼睛、嘴巴和肤色有什么变化。

4. 引导幼儿作画

师:表情照片真好玩,我们也来尝一尝这些奇妙的水,再按照镜子里的样子,把自己的表情拍下来吧。等一下我们还要开个表情摄影展,看看谁画

的表情最好玩，谁用的颜色最丰富。

5. 讲评

开摄影作品展，评出最好玩的表情。

6. 结束

师：小朋友们拍的表情照片真丰富，你们都是了不起的摄影师。我们一起庆祝一下吧。

（改编自：王晓燕．学美术．太原：书海出版社，2003．）

请看以下幼儿自我评价培养活动设计案例。

★ 案例4 ★

我是环保小卫士①(小班)

🐦 **活动目标**

1. 使幼儿学习围绕主题进行故事复述

2. 使幼儿有初步的环保意识，了解生活中一些可回收再利用的废旧物品，知道生活中应该不乱扔垃圾

🐦 **活动准备**

塑料袋、纸袋、卷筒纸芯等、用废旧材料制作的玩具

🐦 **活动过程**

1. 讲述故事《窗外的垃圾》

教师给幼儿讲述故事《窗外的垃圾》。讲述前，提出问题：小动物们是怎样改正错误的？请幼儿带着问题倾听教师的讲述。

教师再次讲述故事，请幼儿尝试进行故事复述。

与幼儿讨论平时他们是怎么做的，帮助幼儿了解生活中应该不乱扔垃圾，发现周围的人出现了乱扔垃圾的行为要勇敢大胆地制止。

2. 说说塑料袋

出示塑料袋，请幼儿说说在哪里见过它，有什么用处。

---

① 活动设计由广西百色市幼儿园岑群提供，吴慧源老师组稿。

教师和幼儿说一说塑料袋变成垃圾后难以处理的情况，与幼儿讨论如何才能减少使用塑料垃圾袋，讨论布袋、纸袋、篮子的好处。

与幼儿一起学念儿歌《不用塑料袋》，鼓励幼儿回家把这首儿歌念给爸爸妈妈听，并与爸爸妈妈协商去超市购物时自备一个纸袋。

3. 废旧物品大变身

出示卷筒纸芯、纸袋、饮料瓶、易拉罐等，请幼儿说说它们都是从哪里来的。

引导幼儿认识它们的不同材质，说说它们回收后还可以做怎样的用途。

教师出示废旧材料制作的玩具，请幼儿欣赏废旧物品的大变身，说一说以往的活动中有什么材料也是利用这些废旧物品制成的。

引导幼儿说一说应该怎么做才能成为一名环保小卫士。

✿ 活动延伸

争当环保小卫士——教师提出收集废旧物品，利用废旧物品进行创意制作的建议。与幼儿一起设计不同材质的物品标签，找到几个大纸箱，再把标签粘贴在相应的纸箱上。与幼儿一起拟出倡议书，鼓励幼儿和爸爸妈妈一起收集家里的废旧物品，带到幼儿园后，分类放进相应的纸箱中。

✿ 教学附录

窗外的垃圾（故事）

在一栋楼房里，住着四只小动物。小狗住在一层，小猫住在二层，三层住的是小猴，小兔住在最高的一层——四层。

一天早晨，红红的太阳升起来了，小兔打开窗子说："天气多好呀，空气真新鲜！"可是没过多久，小猴打开窗子，把香蕉皮往外一扔；小猫打开窗子，把鱼骨头往外一扔；小狗也打开窗子，把肉骨头往外一扔，楼下便堆起了一堆垃圾。

太阳晒在垃圾上，垃圾发出阵阵臭味，还招来了几只苍蝇。别的小动物闻到臭味都把窗关上了，只有小兔闻到臭味，把头伸出窗外一看，说："原来是有一堆垃圾呀，我得把它们扫干净。"

小兔拿着扫帚跑到楼下开始扫起垃圾来。小猫、小猴和小狗看到了，可不好意思了，它们也赶快跑下楼来与小兔一起打扫。不一会儿，垃圾就扫完了，楼下变得又干净又整齐。小猫、小猴和小狗红着脸说："以后我们再也不乱扔垃圾了。"大家回到各自的屋子，都打开窗，笑着说："空气真新鲜！"

不用塑料袋(儿歌)

我是环保购物员，

买了东西放进来，

每天带我上街去，

大家不用塑料袋。

（选自：徐慧.幼儿园综合艺术活动指导.北京：北京师范大学出版社，2013.）

(二)幼儿的自我体验

幼儿自我体验方面应遵循以下指导要点。

第一，教师要根据幼儿的心理特点、认知水平和成熟程度，进行赏识教育，培养幼儿自尊、自信的好品质。

第二，教师应善于运用"多鼓励、少批评、忌惩罚"的教育原则，充分调动幼儿的积极性，让幼儿体验到教师的真爱和期待，并获得自信和成功的体验。

第三，教师要用人格魅力感染幼儿，通过讲解浅显易懂的道理，使幼儿学会自尊、自爱和尊重他人。

请看以下幼儿自尊心培养活动设计案例。

★ 案例5 ★

笨脑壳的小石头(小班)

妈妈教小石头数数，问他："这是几个手指头？"小石头慢吞吞地说："两个！""几个手指头？""两个！"妈妈生气了，"你真是个笨脑壳的小石头！"从此以后，每当遇到不会的问题，小石头就会不假思索地说："我笨啊！"

其实小石头并不笨，他就是坐不住板凳。有时妈妈硬逼着他听故事，他东瞧瞧西看看，根本没听故事里都讲些什么。妈妈讲完问他："小鲤鱼跳过龙门了吗？"他摇摇头答不上来，嘴里叨咕着："我笨啊！"妈妈很失望，认为小石头太没出息了。

在一次语言主题教育活动中，教师讲起了《三只小猪的故事》。小朋友们都睁大眼睛仔细听着，唯独小石头坐不住板凳，东摇西晃的样子像个不倒翁。

教师微笑着说："小石头，你来编个故事结尾吧。"小石头摇摇头说："我笨啊！"

这时，有几个小朋友悄声议论着："他什么都不会。"说完，捂住嘴咻咻笑了起来。小石头听见了，心里很委屈，也很伤心。教师听见了，连忙制止说："不可以这样说！要尊重别人，知道吗？"

教师面对全班小朋友，表情严肃地说："我看见有的小朋友对人很不礼貌。大家说这种不尊重人的做法对不对？假如别人这样说你，你心里会怎样？"小朋友们纷纷举起了小手，有的说："这样是不对的。"还有的说："如果别人这样说我，我会非常生气，因为我是聪明的宝宝。"

教师微笑着说："小朋友们说得很对，因为呀，我们每个人都有自尊心，每个人都希望得到别人的夸奖，谁都不希望受到批评，是不是？"小朋友们大声说道："是。"教师继续问道："那么，小朋友们应该怎么做？""对人有礼貌。""要尊重别人。""对，小朋友们要互相尊重，能做到吗？""能！""老师要看一看谁做得最好，我要奖励他一朵小红花。"

那么，如何解决小石头坐不住板凳的问题呢？教师通过思考想出了许多好办法。例如，在进行益智游戏时，教师采用新颖多变的玩具吸引小石头的注意，激发他浓厚的求知兴趣，在愉快的情绪状态下，教小石头学知识，学本领，开发智力，逐渐地，小石头能坐住板凳了。

另外，针对小石头对数字敏感性差的特点，结合小石头喜欢到游乐场游玩的心理，教师问小石头："一共去了几个人啊？"

小石头马上说："三个人。妈妈、爸爸和我。"

"那么，三个人买几张票啊？"

"三张。"

"很好。中午的时候天太热了，妈妈决定给每人买一个雪糕，小石头喜欢吃什么雪糕？"

"喜欢吃巧克力味的雪糕。"小石头不假思索地说。

"一个雪糕一块钱，请问三个雪糕几块钱？"

"三块钱。"

"小石头很聪明。回家把它讲给妈妈听，好吗？"

小石头充满稚气地说："好，我还要妈妈给我买雪糕吃。"教师和小石头都开心地笑了。打那以后，教师很少再听到妈妈抱怨小石头是个"笨脑壳"了。

🕊 教师评析

《纲要》指出：幼儿的科学教育是科学启蒙教育，重在激发幼儿的兴趣和探究欲望。兴趣是最好的老师。只有让幼儿在兴趣中探索和求知，才能激发他们求知的欲望，才能真正促进他们智力的发展。家长如果不理解幼儿的心理特点，一味机械地硬灌，使幼儿感到枯燥无味，误以为幼儿笨，会使幼儿对学习丧失信心，产生厌恶情绪。

幼儿虽小，天真、幼稚，但也有自尊心，有的还很强。这就需要父母和教师多鼓励、少批评，充分调动幼儿的积极性，不要求全责备。小石头的妈妈气得说小石头笨，这是很不应该的。因为，自尊心人皆有之，小石头也不例外。

当教育者发现幼儿的认知水平和行为反应不尽人意时，应多思考幼儿的心理特点、认知水平和成熟程度，要经常鼓励幼儿，培养幼儿自尊、自信的好品质，经常对幼儿说："没关系，下次一定能做得好！"

教育者的人格应成为幼儿效仿的榜样，通过讲解浅显易懂的道理，培养幼儿从小懂得自尊、自爱和尊重他人，培养幼儿浓厚的求知兴趣。

（案例来源：长春师范高等专科学校 徐慧）

请看以下幼儿自信心培养活动设计案例。

★ 案例6 ★

小脚会跳舞

🕊 活动目标

1. 使幼儿知道小脚的用途并能用小脚进行舞蹈，体验用脚舞蹈的快乐
2. 使幼儿能看懂图谱，尝试将图谱的舞步融入音乐中
3. 发展使幼儿身体动觉、自然观察、语言智能

🕊 活动准备

地毯；音乐；图谱：画有舞蹈步伐的图片。

🕊 活动过程

1. 以小脚的话题引起幼儿兴趣

师：小朋友听，什么在响呀？原来是我的小脚在说话。它说它每天都躲在鞋子里、袜子里，什么也听不到，什么也看不见，真难受呀。它想出来跟

小朋友玩呢!

2.请幼儿脱掉鞋子和袜子,光脚到地毯上走走

3.提问

师:我们的小脚有什么本领?你会用小脚做什么?(走路、上楼、赛跑、跳舞、爬山、踢球……)

师:你们的小脚想不想也来跳个舞?

教师出示图谱。幼儿看图谱学舞步:舞蹈步伐的线条简笔画。

教师指图谱,教幼儿集体跳舞步。

教师带领幼儿跟随音乐,练习图谱上的舞步。

✍ 资源共享

音乐选用轻柔的名曲,如《水边的阿蒂丽娜》《献给爱丽丝》等,也可以有目的性地把预备让幼儿学习的舞蹈音乐及动作放在活动中。

✍ 操作提示

本次活动将图谱和表演游戏结合起来。活动的开始让幼儿释放每天都被憋在鞋子里的双脚,让他们能够光着脚体验地毯的触感,本身就会令幼儿非常兴奋。可是让小脚学会看图跳舞,幼儿还是第一次尝试。平时大都是教师示范、幼儿模仿,这次让幼儿尝试自己看懂简易的舞蹈动作简图,对幼儿来讲是有一定挑战性的,这种新鲜感促使他们非常认真地模仿和猜测图谱的内容。看到图谱的小人手伸得很长,腿后踏得很远,他们也会仔细地模仿,因此跳出的舞蹈动作都很规范,这不失为教幼儿学习舞蹈的一种方式。

(执教:长春市委机关幼儿园　杨薇)

(三)幼儿的自我调节

幼儿自我调节方面遵循以下指导要点。

第一,教师要注意启发引导,给予必要的言语信号和动作提示,运用游戏化综合教育活动等生动活泼的教育形式,激起幼儿活动的欲望,使幼儿独立自主地投入到活动当中,专注地进行探索和体验,自觉地提高自我控制能力。

第二,教师要注意培养幼儿情绪情感的调节能力,培养幼儿积极进取的心态,尽量避免因自我调节失败而导致的不良情绪体验,使幼儿陷入"失控感"。

第三,在活动中,教师可对幼儿进行延迟需要的满足、自我暗示等认知策略的训练,从而有效促进幼儿自控能力的发展。

请看以下幼儿独立性培养活动设计案例。

<h2 style="text-align:center">★ 案例7 ★</h2>

手指跳跳跳(中班)

目标领域

音乐领域

活动目标

1. 使幼儿乐于参加游戏，激发幼儿对手的兴趣

2. 通过手指碰碰碰的游戏，培养幼儿与伙伴之间的交往能力

3. 通过手指变变变的游戏，发展幼儿自主探究、创造的能力

活动准备

1. 录音机、磁带、动物头饰若干、小棋子11个

2. 学唱歌曲《手指碰碰歌》，以及《小雨伞》手指操

活动过程

1. 创设游戏情境，激发兴趣

师：小朋友们，今天我们要来玩一个有趣的游戏"给手指戴帽子"，和谁做游戏呢？（教师伸出十个手指头）和我们的小手指。

师：先让我们的小手指表演个节目吧。请欣赏手指操——小雨伞，看谁表演得最好，表情最美。

通过手指操使幼儿轻松地进入活动中，引出活动的主题。

师：你们知道每个手指的名字吗？

教师分别出示五个手指请幼儿辨识。在这一环节，幼儿对食指和无名指的辨识容易出错，教师应及时纠正。

游戏开始：给手指戴帽子。教师说出手指名称，请幼儿给手指戴帽子。教师说出手指喜欢的颜色，请幼儿给手指戴帽子。

2. 碰一碰

教师请幼儿为小手指找朋友。

师：手指手指找朋友，找到朋友碰一碰。请你的食指碰一碰，请你的小指碰一碰，请你的中指碰一碰，还可以和你的伙伴或者老师一起来碰手指。

通过这一环节，增强幼儿与伙伴及他人的交往。

3. 跳一跳

师：小手指都找到了朋友，想一起来唱《手指跳跳》歌。我们选两个手指，大拇指、小手指，还有个子最高的中指来唱。哎呀，小手指玩累了，想休息一下。

师：伸个懒腰，真舒服，我想变魔术，（教师转动手臂）看我的一个手指变成了什么？（毛毛虫）你的手指能变成毛毛虫吗？

师：一个手指还能变成什么？（火箭、小羊、小鼓棒）

师：你们看我的两个手指变成了什么？（教师变成兔子并马上站起来）我是兔妈妈我的孩子们跟着我一起跳。

师：你的两个手指还能变成什么？（剪刀、小牛跟我一起顶、小鸡和我去捉虫、手枪嗒嗒嗒）

师：我的三个手指变成了什么？小猫咪咪轻轻走，喵喵喵。还能变成什么？（孔雀、老鼠、小鹿）

师：小朋友快蹲下，把眼睛闭起来，我的四个手指变成了什么呢？（出示螃蟹头饰）我是螃蟹，喜欢横着走。

师：快蹲下，我又要变了。快蹲下，闭上眼睛。

师：我的五个手指能变成什么？你们先猜一猜（老虎、小房子、小鸟、小花）戴上头饰，请我们的小手指一起变成各种动物来跳舞吧。

图 2-1　小朋友随着音乐用手指跳舞

东北师范大学附属幼儿园

🐦 资源共享

音乐磁带《伦敦桥》开心宝宝中外歌曲盒

🐦 **操作提示**

本活动以"幼儿的手指"为切入点，在施教过程中，主要采用了音乐导入、游戏巩固、感知操作相结合的方法。活动一开始，幼儿在轻松愉快的音乐中，对手指有了感性的认识，产生了活动兴趣。注意选择的音乐要轻快，适合幼儿的年龄特点。然后通过手指碰碰碰的游戏，进一步熟悉手指的名称，在互相找朋友的活动中，为幼儿搭建合作的平台。最后变变变的环节，让幼儿有创造的空间，这一环节教师要注意引导幼儿的语言并给以动作的提示，丰富幼儿的已有经验。运用游戏的方式能引起幼儿的活动欲望，而且能够在游戏中锻炼幼儿手指的灵活性，使幼儿自发地投入活动中，去探求、去体验、去表现自己。

（执教：东北师范大学附属幼儿园　习红梅）

★ 案例8 ★

亲子游戏《我爱洗澡》

🐦 **活动目标**

1. 使幼儿在亲子间的身体接触与情感交流中，共同分享参与亲子音乐活动的乐趣

2. 使幼儿敢于在集体面前大胆地展示自我，能初步伴随音乐，自主地用动作与歌声表现生活中洗澡的过程，尝试听音乐合拍地动作

3. 培养幼儿的音乐感知、动作创编能力

🐦 **活动准备**

1. 激发家长参与亲子活动的愿望，愿意在集体前大胆表现

2. 本次活动前，家长和幼儿已玩过《过山洞》的音乐游戏

🐦 **活动过程**

1. 亲子随音乐做各种动作自由入场

2. 亲子互动，共玩音乐游戏《过山洞》

幼儿扮演山洞，两人一组搭起山洞，请家长扮演小火车排着队钻"山洞"，可提示幼儿将双手向上伸展，以免家长钻不过去；然后交换，家长扮演山洞，幼儿排队钻。

提示幼儿和家长认真倾听音乐，当音乐停止时，火车停止并伸出右手做

鸣笛动作。

3.亲子游戏《我爱洗澡》

①家长和幼儿围坐，每位家长都在宝宝右手边。

②引导亲子感受并尝试用动作表现洗澡的过程。

师：想想我们平时是怎么洗澡的？和爸爸妈妈商量一下吧。

③根据讨论情况，引导亲子伴随音乐自主地相互用动作表现洗澡的过程；根据亲子表现，请个别亲子将有节奏的洗澡动作向全体展示，其他人学习。

④伴随音乐，引导亲子共同体验有节奏地相互洗澡的乐趣。

⑤教师配上歌词，和一个幼儿共同体验边唱边随音乐有节奏地来洗澡。

⑥亲子共同体验边唱边随音乐有节奏地来洗澡的乐趣。

⑦引导亲子随音乐有节奏地相互欢乐地抚触和按摩。

动作表演时，教师可以用语言和动作带动，如冲水、拧毛巾、洗头、洗脸、洗手臂等，并带领家长和幼儿做动作，还可以请家长和幼儿互动，互相搓背、互相揉头发、互相擦干等。

这样的活动可以增进亲子关系，同时使幼儿很兴奋，使其在活动中增强对音乐的理解和自身的表现能力。

☞ **资源共享**

音乐可选用《我爱洗澡》

☞ **操作提示**

这个亲子活动比上一个有难度，要在幼儿有一定奥尔夫音乐活动基础的情况下进行。奥尔夫亲子活动重点是让家长听清楚教师的指令，这就要求教师的指令要简单、清楚，必要时可以选择幼儿或家长配合进行示范。

（执教：长春市委机关幼儿园　杨薇）

请看以下幼儿自控能力培养活动设计案例。

★ 案例9 ★

幼儿戏剧性综合教育活动：木偶奇遇记(大班)

☞ **活动目标**

1.使幼儿理解故事《木偶奇遇记》，学习"崭新"等词

2.使幼儿懂得要诚实、爱学习、不贪玩，学会自我控制

3.使幼儿能用语言清楚地表达自己对人物心理的理解

🕊 活动准备

1.教师熟悉《木偶奇遇记》的故事

2.准备该木偶剧的视频，或排演该木偶剧（可以进行节选和改编）

3.购买或自制与故事相应的木偶；准备木偶舞台，道具若干，故事录音磁带、录音机

🕊 活动过程

出示木偶匹诺曹，教师讲述故事，让幼儿记住故事的名称和主要人物。鼓励幼儿提出不理解的词语或问题。向幼儿解释"崭新"等词语的含义。

观看视频或木偶剧现场表演。教师提问：故事中的小木偶是谁做的？老伯伯给他起了个什么名字？为了让匹诺曹上学，爸爸做了什么事？匹诺曹心里是怎么想的？匹诺曹的鼻子为什么会变长？当剧场的老板要把他丢到火炉去烧时，匹诺曹心里是怎么想的，他是怎么说的？剧场的老板听了匹诺曹的话，他是怎么做的？

引导幼儿讨论：为什么老师和同学都说匹诺曹像个真正的孩子？小朋友马上要上小学了，应该怎样做一个合格的小学生呢？

幼儿听故事录音，边复述故事边表演木偶剧。

🕊 活动延伸

组织幼儿参加其他的"幼小衔接"活动。

🕊 活动建议

原故事较长，可分为若干次进行。

幼儿熟悉故事后，可尝试分组表演木偶剧。

（改编自：杨君荔.幼儿木偶教育活动实例.福州：福建人民出版社，2005.）

* * * * * * * * * *

📝 探究学习

一、幼儿自我概念的发展趋势如何？

二、为什么说自尊的形成是幼儿社会化发展的重要内容？试析《相信自己是最棒的》中的教师是如何增强田壮的自尊心和自信心的？

三、请举例说明幼儿自我意识教育活动有怎样的设计要求？

四、结合书中活动案例分别说明三种类型的幼儿自我意识教育活动设计的指导要点是什么？

📝 **实操训练**

一、设计一篇《我是中国人，老师教我用筷子吃饭（中班）》的自我认识教育活动设计。

二、请在实习指导教师的帮助下，为小班幼儿设计一篇自我体验教育活动方案。

三、请在实习指导教师的帮助下，为大班幼儿设计一篇自我评价教育活动方案。

第三章
幼儿社会性情感教育活动
设计与指导

第一节 情绪能力与幼儿社会性发展

一、 幼儿情绪能力的发展

情绪情感是人的需要得到满足或得不到满足时产生的主观体验。情绪情感的社会化包括情绪表达与控制、同情心、责任感、好奇心等。

社会性情感是人们在社会活动中因自己的需要是否得到满足而产生的主观感受。社会性情感分为积极情感（快乐、高兴、自豪、依恋、自尊、自信、同情、羞愧、责任感、集体荣誉感、爱国情感等）和消极情感（悲伤、沮丧、愤怒、害怕、妒忌等）。

大量研究证明，产生社会性情绪情感障碍的幼儿入学后会出现很多心理和行为问题：①消极情绪影响学习的情绪甚至影响智力发展；②消极情绪成为精神疾病的根源；③消极情绪易造成品德不良。可见，幼儿在学龄前阶段形成积极的社会性情绪情感，对其社会性发展以及良好的社会行为技能的形成是至关重要的。

幼儿社会性情感教育就是要引导学龄前幼儿在社会认知过程中，形成积极的情感体验，学会认识、调控自己的情绪情感。

(一)幼儿社会性情感的特点

1. 从生物性向社会化发展

幼儿早期的情绪表现直接与其生理需要的满足相联系，如冷、热、饥、渴等需要被满足就会停止哭闹。随着幼儿年龄的增长，社会性情感逐渐由满足生理需要向满足社会性需要发展。例如，成人的关注、照顾、抚摸、微笑等都会使幼儿产生良好的社会性情感。

2. 从外显性向内隐性发展

幼儿的表情日渐社会化。日常观察发现，3岁前的幼儿一般毫无保留地表露自己的情绪，因为心理理论在3岁以前还没有形成；3岁后则会根据社会的要求调节情绪的表现方式，稳定性逐渐增加。例如，幼儿在母亲面前摔倒了就会大哭起来，露出疼痛的表情；而在教师面前摔倒就会忍住不哭，露出坚强的表情。幼儿的这种表现说明社会性情感逐渐由外显向内隐发展。

3. 从情境性向深刻化发展

幼儿的情绪受外部环境的影响较大，情绪过程越来越分化。新生儿的情绪从最初的未分化逐渐发展到越来越分化。例如，笑的情绪，逐渐分化出喜欢、爱、大笑、微笑等不同程度的笑。随着幼儿年龄的增长，又逐渐出现了尊重、同情等高级情感，同时情绪指向的事物也不断增加，有些先前不能引起幼儿情绪体验的事物，也能逐渐引起幼儿的情绪体验了，情绪情感的发展逐渐深刻化。

(二)幼儿社会性情感的发展过程

新生儿来到这个世界上就有明显的情绪反应。出生后的第一声啼哭，就是对胎内胎外环境发生了巨大变化的不适应产生的情绪表现。新生儿在满足了生理需要后，常常会露出看似像笑的微笑，但这时的微笑还不是真正意义上的社会性微笑，而是自发性的微笑。幼儿真正出现社会性微笑是在3个月以后，在与熟悉的人交往以后开始逐渐形成的。起初的社会性微笑是一种无选择的社会性微笑。新生儿看到熟悉的人和陌生的人都会微笑，因为他们有一种视觉上的偏好，称为"人脸偏好"。随着年龄的增长，到6个月左右，婴儿开始形成有选择的社会性微笑，表现出对熟悉的人微笑，对陌生的人产生警惕。因此，3 个月开始出现社会性微笑的时候，就是社会化的开端。

　　3 个月的婴儿已经初步习得了调整自己情绪和行为的能力，能与照料者进行密切的互动。6～7 个月时，明显表现出对母亲的强烈依恋，和母亲在一起时会表现出愉悦、安全。大约在 6 个月的时候，婴儿出现了最初的害怕，即对陌生人表现出怕生现象，表现为见到陌生人会产生警惕、不安，当陌生人离开时，这种不安和哭闹就会消失，怕生现象在 1～1.5 岁会自然消失。

★ 资料链接 ★

陌生情境研究法

　　陌生情境研究法是安斯沃思创造的，这也是目前最流行、最通用的测查婴儿依恋性质的方法。依恋是婴儿与主要抚养者（通常是母亲）间最初的社会性联结，也是情感社会化的重要标志。在研究中，安斯沃思将一个婴儿与其母亲和一个陌生人安排在实验室中。由于实验室环境和陌生人对婴儿来说都是陌生的，所以称为"陌生情境"。在实验室中，婴儿与母亲和陌生人共有 7 种不同情境下的组合方式，分别组成 7 个情节，应以特定的程序排列、进行。

陌生情境实验程序

情 节	在场人物	持续时间	情境变化
1	母亲、婴儿	3 分钟	母亲和婴儿进入房间
2	母亲、婴儿、陌生人	3 分钟	陌生人进来，加入母婴之中
3	婴儿、陌生人	3 分钟或更少	母亲离开
4	母亲、婴儿	3 分钟或更少	母亲回来，陌生人离开
5	只有婴儿	3 分钟或更少	母亲再次离开
6	婴儿、陌生人	3 分钟或更少	陌生人回来
7	母亲、婴儿	3 分钟或更多	母亲回来，陌生人离开

表中情节 3、情节 5、情节 6 都是关键性的。在情节 3 中，婴儿与母亲在一起时看到陌生人后，母亲再离开，婴儿才与陌生人在一起；在情节 5、情节 6 中，母亲是第二次离开，且婴儿单独一人时陌生人又第二次出现，这是前一个情节的递进与强化。情节 4、情节 7 虽然表面上看起来都是母亲与婴儿在一起，但实质上也是有很大的区别的。情节 7 是婴儿与母亲的第二次重聚，且是在与母亲分离两次后又单独与陌生人待了一段时间之后。该程序的关键是要考察婴儿分别与母亲在一起，与陌生人在一起，与母亲和陌生人在一起，独自一人时，母亲离开、回来时及陌生人出现、离开时的情绪和行为反应，以作为判断婴儿依恋性质的指标。

观察婴儿在这些场景中的表现会发现，幼儿依恋有着不同的类型。幼儿的依恋分为回避型依恋、安全型依恋、反抗型依恋。其中，安全型依恋占 60%～70%，回避型依恋占 10%～15%，反抗型依恋占 20%。

7～12 个月婴儿表达愤怒和恐惧等情绪的能力迅速发展，逐渐学会根据自己的社会角色表达这些复杂的情感。同时也是在这一时期，随着幼儿移情能力的发展，他们情绪的自我调控能力也有了很大的提高。在遇到让自己害怕或者沮丧的情境时，他们能迅速移动到自己信赖的照料者（如母亲）身边，帮助自己回避负面情绪的发生，转移到让自己感到安全、舒适的地方。这个阶段的幼儿也能区别他人的不同情绪，并且开始揣摩他人的情绪，会把照料者的情绪表现和某种行为联系起来，并且对这种行为做出反应，与照料者互动。幼儿在 12 个月时能够开始寻找社会性参考，即向他人寻求感情线索，帮助自己进行回应。在与他人互动的过程中，1～2 岁的婴幼儿开始理解喜爱、尴尬、嫉妒等情绪，幼儿早期的情绪体验对形成积极的或消极的自我概念产生深刻的影响。随着年龄的增长，婴幼儿的情绪开始分化。在 1.5～2 岁时，幼儿感到羞愧时会有一些相应的反应，如低头或者捂住自己的脸等。羞愧感是个体意识到自己言行对他人或社会规范造成伤害或违背后所产生的负罪感，对学习和掌握行为规则具有重要意义。那些是非判断能力较强的幼儿羞愧感也较强。在这一阶段，幼儿的移情能力也开始发展起来，他们开始理解他人的情感。

随着幼儿语言能力的发展和情绪概念的获得，这一阶段的幼儿用语言表达情感的能力有了很大的提高。2.5～3 岁的幼儿逐渐能理解同一种情绪的反应，不同的人情绪反应会有不同的原因，并试图寻找这些原因。在成人的教育下，2～3 岁的幼儿已经出现了最初的爱与恨，越来越多地表现出同情、分享和帮助等有益于他人的行为，还能与他人产生情感共鸣，幼儿产生了相应的情感。因此，幼儿的道德感表现完全取决于成人的表情、动作和声调。4 岁幼儿对引起各种情绪的原因有了一定的看法。幼儿在幼儿园的集体生活中随着各种行为规范的掌握，道德感有了进一步发展。

如表 3-1 所示，本量表只考察幼儿在各项指标上达到的标准的情况，没有深究幼儿低于或高于标准的精确程度，只对幼儿达到标准的情况进行"是"或"否"的判断。本量表既适用于教师，也适用于家长。

表 3-1　幼儿社会性情绪情感发展程度的评价量表

项目	内容	等级标准		
		一	二	三
情绪情感	表达与控制情绪情感	情绪一般较稳定，经劝说能控制消极情绪	一般情绪状态较好，能用较平和的方式表达情绪；一般能自己调节与控制消极情绪	一般情绪状态良好，能用恰当的方式对不同情境做出适宜的情绪反应
	爱周围的人	热爱、尊敬父母	亲近班里的教师和小朋友	关心父母、教师和小朋友，喜欢帮助他们做力所能及的事
	爱集体	喜欢幼儿园，愿意参加集体活动	在教师的引导下，能关心班里的事，为集体做好事	能主动关心班里的事，为集体做好事，维护集体荣誉

此表选自：白爱宝.幼儿发展评价手册.北京：教育科学出版社，1999.

二、　情绪能力与幼儿社会性发展

（一）幼儿情绪与幼儿社会性发展的测评标准

0～3 岁幼儿情绪与社会行为发展是其社会性发展的重要参考指标。如表 3-2、表 3-3、表 3-4 所示，分别显示了 1～12 个月、13～24 个月、25～36 个月的幼儿情绪与社会行为发展测试参考标准。

表 3-2　1～12 个月幼儿情绪与社会行为发展水平测试参考标准

月龄	情绪与社会行为		
	项目	测评方法	通过标准
1个月	与父母眼对眼注视	宝宝清醒时，与父亲或母亲对视	对视超过 3 秒以上
	逗引会微笑	宝宝俯卧，用语言、表情逗他，但不要用手触及他	有微笑等愉快反应
2个月	笑出声音	用玩具或语言逗引宝宝，但是要接触其身体	能发出"咯咯"笑声
	天真快乐反应	宝宝仰卧，家长站在宝宝面前，不要逗引宝宝，观察他的表现	见人能自动微笑、发声或挥手蹬脚、表现出快乐的神情
3个月	认妈妈高兴	宝宝见到母亲时，观察其是否有特殊表现，如发出声音、急切看或挥动手脚表示愉快	能表现出对母亲的偏爱
4个月	见食物（母亲乳房）有兴奋模样	观察宝宝见母亲乳房或奶瓶时的表情	见食物两眼盯着看有兴奋表情
	见母亲伸手要抱	观察见母亲时的反应	伸手要求抱
	辨认陌生、熟人（见陌生人盯看、躲避、哭等）	观察见陌生人时的反应	见陌生人盯看、躲避、哭等
5个月	望镜中人笑	抱宝宝到穿衣镜前，逗引他观看镜中的人像	对镜中人笑
6个月	开始认生	观察宝宝对生人的反应	有明显的害怕、焦虑、哭闹等反应
	捕捉并拍打镜中人	置宝宝与大镜子前	对镜中人有捕捉、拍打、亲吻的表现
	夺走玩具发脾气	直接夺走宝宝手中正在玩的玩具	喊叫，表示不高兴或哭闹
	区别严厉与亲切的语言	观察宝宝对严厉或亲切的语言的理解程度	对亲切的语言表示愉快、对严厉的语言表示不安或哭泣等反应
7个月	见父母、熟人要求抱	观察宝宝见到父母或其他经常照料他的人时的反应	主动要求抱
8个月	会推掉自己不要的东西	在宝宝面前出示两物，故意将其不要的东西给他，观察反应	会用手推掉自己不要的东西
	注意观察大人的行为	大人在宝宝面前做事时，观察其是否注意观看	会注视大人的行动

续表

月龄	情绪与社会行为		
	项目	测评方法	通过标准
9个月	听到表扬会重复动作	宝宝模仿大人动作时，及时用言语、表情喝彩	听到表扬重复刚做的动作
10个月	懂得命令	吩咐宝宝做三件事，如"把××拿来""坐下""把××给妈妈"等，不要做手势	能懂得并服从大人的指令，做相应的事
	理解"不"	宝宝拿一玩具时，大人说"不要拿，不要动"，但不做手势	宝宝立刻停止拿玩具的动作
11个月	随音乐或歌谣做动作，如点头、拍手、踏脚、摇身等	放音乐或念儿歌，鼓励宝宝随节奏做点头、拍手、踏脚、摇身等动作	能随着音乐或儿歌的节奏做简单的动作
12个月	要东西知道给	向宝宝要其手中的玩具或食物	理解语言，知道大人要的东西给出
	用点头、摇头表示同意或不同意	观察宝宝表示同意或不同意时的动作	会用点头表示同意，用摇头表示不同意

此表选自：韩跃辉.1岁方案.北京：中国人口出版社，2002.

表3-3　13～24个月幼儿情绪与社会行为发展水平测试参考标准

月龄	情绪与社会行为		
	项目	测评方法	通过标准
13个月	听到叫自己的名字会走过来	家长在宝宝背后叫他的名字	听到叫自己的名字知道自己走过来，不会走的孩子会扶住家具想办法走到大人身边
14个月	完成指令"拣起玩具"	在宝宝的玩具掉在地上时，大人要他把玩具"捡起来"	能完成大人的指令
15个月	有同情心	观察别的小朋友哭了，宝宝是否也表示难过	能受他人痛苦的感染，表现出痛苦的表情或跟着哭
16个月	对环境积极探索	在宝宝情绪好时，让他一个人在家里自由活动（大人在一旁观察，注意安全）	主动在室内到处翻东西、观察物品
17个月	会替大人拿东西	吩咐宝宝去拿三样东西，如小汽车、球、小板凳	会按大人吩咐正确拿来三种东西
18个月	会护自己的玩具	宝宝玩玩具时，有小朋友来拿，观察他的反应	别人来参与玩他的玩具时，不给

续表

月龄	情绪与社会行为		
	项目	测评方法	通过标准
19个月	有意模仿大人做家务	大人扫地、擦桌子时，给宝宝一只小扫帚、一块干净抹布，鼓励他与大人干同样的事	宝宝有意模仿大人，不一定像
20个月	能等待食物或玩具	观察宝宝坐在椅子上，在给他取东西前告诉他："等着，妈妈去拿××，一会儿就回来。"	可以安静3～5分钟，有期待表情
21个月	开口表达个人需要	观察宝宝能否用语言表示自己的需要	会说出三种以上自己的需要，如"上街、吃饭、喝水、玩球"等，仅用手势表示，不算通过
22个月	亲人不在场能独自玩一会儿不闹	宝宝独自玩玩具，大人离去	亲人离开10分钟左右，不闹
23个月	喜欢听小故事	给宝宝讲一个小故事	能集中注意听3～5分钟
24个月	能控制情绪	观察宝宝在一种不愉快的情景中，经劝说能否不哭	在不高兴时，能控制感情不哭闹

此表选自：韩跃辉.2岁方案.北京：中国人口出版社，2002.

表3-4　25～36个月幼儿情绪与社会行为发展水平测试参考标准

月龄	情绪与社会行为		
	项目	测评方法	通过标准
25个月	找到自己的家	将宝宝带到离家约50～60米处，鼓励宝宝将你带回家	能正确找到家，3试2成即可
26个月	会使用声音表示喜怒	在适当场合，观察、倾听宝宝的情绪反应	在适当场合会用声音表示喜、怒等情绪
27个月	懂得批评、避免大人批评	在适当场合如宝宝要打人时用语言、手势、眼神批评宝宝	懂得批评(不继续这种行为)、知道避免批评(不做禁止过的行为)，有简单的是非观念
28个月	能和小朋友一起游戏	观察和小朋友游戏时的表现	游戏时愉快、合作
29个月	帮助成人干一点事，如分糖果、扫地、洗玩具等	当你做家务时，观察宝宝是否知道帮忙做点事，如扫地、洗玩具等	能帮忙干一点需要配合的家务活

续表

月龄	情绪与社会行为		
	项目	测评方法	通过标准
30 个月	能玩过家家，会表达意见，服从命令	让宝宝与其他小朋友在一起玩，引导他玩"过家家"游戏，观察其表现	乐意与小朋友在一起玩"过家家"之类的合作游戏，会服从命令，表达意见
31 个月	学会等待	观察宝宝在适当的场合，如排队买东西或玩耍需要等待时的表现	知道要排队，并耐心等待
32 个月	购物当助手	带宝宝到商店购物时，让他帮助购物取物，并介绍该物品的名称和用途，回家后让宝宝复述	喜欢帮助大人购物，能说出所购的两三种物品的用途
33 个月	能帮大人做家务，如收衣服	大人收拾晾干的衣服时，请宝宝帮忙，将每个人的衣服分别放在衣柜中一定位置，适当的时候让他取出自己的衣服	乐意帮助大人收拾衣服，能记住自己放衣服的地方
34 个月	做客有礼貌，懂得行为要有分寸	带宝宝去做客时，事先要求宝宝要有礼貌，如进门问人好，送给客人的礼物不能争着打开，客人给食品或玩具玩时，要表示感谢，不乱动客人家的东西等	懂得做客时要有礼貌、行为有分寸，能基本按照大人的要求做
35 个月	做完整自我介绍	鼓励宝宝以一问一答的形式向别人做完整的自我介绍，可问姓名、性别、父母姓名、工作单位、家庭住址（市区、胡同或小区、楼号、单元、门牌号等）	能正确回答问题
36 个月	帮成人做些力所能及的家务活	在适当的场合，如妈妈正忙着做家务时，观察宝宝是否主动帮着干些力所能及的家务活，如摘菜、扫垃圾等	主动并乐意帮助大人干一些家务活

此表选自：韩跃辉. 3 岁方案. 北京：中国人口出版社，2002.

（二）社会性对幼儿情绪能力发展的作用

幼儿自出生的那一天起就生活在社会之中，即幼儿一出生就预示着其社会性发展的开始。按照马斯洛的需要理论，幼儿除了基本的生理需要外，还有社会性需要，如安全需要、归属和爱的需要等。安全需要表明幼儿间接地需要情感支持及社会交往，如襁褓中的婴儿因为感到温暖、安全，进而产生与成人，主要是母亲的亲近需要。随着幼儿的发展，幼儿的社会性情感及社会交往的需要也越来越强烈。罗杰斯也指出：幼儿有"积极关注"的需要，即对诸如温暖、爱、同情、关怀、尊敬及获得别人承认的需要，而"积极关注"是幼儿在社会性情绪情感交流及社会交往过程中获得的。

哈佛大学心理学博士丹涅尔·戈尔曼的研究表明，孩子的未来 20％取决于智商，80％取决于情商。卡耐基也曾说过，一个人的成功，所学的专业知识所起的作用占 15％，与他人的交际能力却占 85％。放眼现实世界，我们确实可以感受到，成功的管理者或企业家都具有很高的情商。在生活中，我们也常常会遇到这样的现象：一些智商很高的人并不一定会成功，婚姻生活也并不一定美满；而情商很高的人则往往事业成功、家庭幸福。智商高的人一般来说是专家，情商高的人却具备一种综合与平衡的才能。而情商的核心就是与他人进行情感交流和社会交往的能力。

因此，好的教育并不单单只是智力的训练。相比较而言，社会性水平的高低更能决定幼儿未来生活中获取幸福和成功的能力，其中也包括家庭关系的成功与幸福。澳大利亚人史迪夫·比道夫说过："无论成人或儿童，不可能总是快乐无忧，但我们都希望能够帮助孩子学会控制自己的情绪，使之向快乐的方向转化。"也就是说，如果想让幼儿获得爱的情感、与人愉快相处，良好的社会性是必不可少的。

第二节　幼儿社会性情感教育活动设计与指导

一、幼儿社会性情感教育活动的设计

情绪情感能够促进和抑制幼儿社会性行为的产生，良好的社会性情感能够促进幼儿良好行为出现的频率。因此，有必要对幼儿社会性情感进行教育活动的组织与实施。

（一）幼儿社会性情感教育活动的培养目标

1. 培养幼儿的自信感

培养幼儿的自信感，使他们体验到自己对别人、对集体是重要的；知道

自己的长处与不足，并相信自己只要去做一件事就一定能够成功；经过自己的努力获得成功之后，心里感到快乐和自豪。

2. 培养幼儿的信赖感

培养幼儿的信赖感，使他们能喜欢并亲近父母和教师，乐意接受他们给予的爱抚；喜欢与小伙伴交流，并乐意将自己的事情告诉他们；有了不会做的事，主动请亲近的人帮助，并为此感到快乐。

3. 培养幼儿的合群感

培养幼儿的合群感，使他们感到与小伙伴一起玩游戏是件高兴的事；在活动和游戏中乐意遵守规则，并能宽容他人的无意过失，从中体验到相互合作、谅解的愉快。

4. 培养幼儿的惜物感

培养幼儿的惜物感，使他们从小养成保护周围环境和动植物的习惯，体验到优美环境带来的身心愉悦，爱惜劳动成果，对损坏的东西感到可惜，并对自己损坏物品的行为感到内疚。

5. 培养幼儿的移情能力

培养幼儿的移情能力，使他们学会当他人高兴时能表示快乐，为别人的进步而高兴；当别人伤心时能表示安慰；能同情周围较弱的同伴，并能主动地接近他们。

(二)幼儿社会性情感教育活动的类型

1. 专门的情感教育活动

专门的情感教育活动是以班级或小组的形式开展的情感培养活动，每周1～2次。开展这一活动的目的有两个：一是为了确保有目的、有计划的情感目标的落实；二是为幼儿萌发某一情感提供契机，为以后这一情感的发展做一个先导，如活动"我爱我的幼儿园""祖国山河多美好""我上小学了"等。

2. 渗透性的情感活动

在游戏或其他教育活动时间里，强化其中的情感因素。例如，两个小朋友为争一个角色互不相让，教师不是简单干预，而是提供一些方法让他们去协商，找到有效的解决方法。

在体育活动中，让幼儿体验到自己的成绩直接影响到小组的成绩，激发他们积极向上、与同伴紧密合作、为小组争先的愿望，以实现群体合作目标。

(三)幼儿社会性情感教育活动的实效

在实施了幼儿情感教育之后，无论是幼儿的情感素质，还是整体面貌都会有明显的变化。这是因为情感教育使幼儿积累的体验日趋丰富，符合社会期望的需要相对稳定，情感能力得到了有计划的训练，因而幼儿外在行为上就会表现出情感的感受性强，觉察敏锐，较易领悟他人的情感，能较快地激活自己的情绪，较好地表达自己的情感。同时，由于情感这一动力机制的促进，幼儿在认知、语言、品行、体质、艺术等各个领域的诸多素质都得到了整体、和谐的发展。

二、 幼儿社会性情感教育活动的组织与指导

生活中的许多实例表明，健康的情感能有力地促进一个人的个性得到和谐、健康的发展。相反，情感一旦受挫，往往导致气质不展、性格异常、行为偏激、能力受挫等，严重的还会造成人的心理扭曲。情感是在后天的不同环境下逐渐形成并稳定下来的，而幼儿期又是社会性情感培养的关键期，那么，应如何培养幼儿健康的社会性情感呢？

人都有一种先天的行为倾向——趋向积极的情感体验，回避消极的情感体验，幼儿尤其如此。在他们对教师选择的教育内容不感兴趣时，就很容易表现出注意力不集中、坐立不安等现象。自制力差的幼儿还可能会乱动、发出尖叫声、怪声，或者做一些调皮的动作。相反，如果是幼儿喜欢的教育活动，他们会表现得乐此不疲，很愿意参与，并根据教师组织活动的不同环节做适当的调整，甚至开始出现克服困难的倾向。

(一)小班幼儿社会性情感教育活动的组织与指导

3岁幼儿的行为大多易受情绪的影响，对周围环境充满着浓厚的兴趣，对新鲜事物具有强烈的好奇心。这个年龄阶段的幼儿移情能力已经有了较大的发展，他们开始学会站在他人的立场上感受、理解他人的情绪情感。看见生病的同伴会给予安慰和关心；看见摔倒的弟弟妹妹，也会上前去扶一把，甚至会表现出同情。在教师的启发下，还会表现出安慰、关心、帮助等亲社会行为。小班幼儿爱模仿的特点十分突出，模仿是在这一时期主要的学习方

式。此阶段幼儿更多的是通过模仿来学习他人的经验和行为习惯，社会性情感也是在学习他人经验和行为习惯时潜移默化地形成的。

3 岁左右的幼儿处在一个更多地依赖情感而不是理性生活的时期。他们对世界的认识以热爱大自然为基础，越是喜欢就会认知得越深刻。在小班幼儿眼中，一棵小草、一粒小石子、一根小棍都可能成为他们的玩伴。

因此，在小班社会性情感教育中教师应注重培养幼儿的这些品质：爱家人，喜欢上幼儿园，喜欢教师和小朋友，情绪较稳定、有安全感，不爱哭、不乱发脾气等积极的社会性情感。

★ 案例 1 ★

小花籽找快乐(小班)

设计意图

《纲要》指出：社会学习具有潜移默化的特点，尤其是社会态度和社会情感的学习，往往不是教师直接"教"的结果。幼儿主要是通过在实际生活和活动中积累有关的经验和体验而学习的。教师要注意用环境影响和感染幼儿。本活动以"小花籽找快乐"为线索，让幼儿扮演小花籽，在潜移默化中学习简单的文明礼貌用语"你好""谢谢""再见"，初步体验帮助他人的快乐。

活动目标

1. 使幼儿在情境中学习简单的文明礼貌用语"你好""谢谢""再见"
2. 使幼儿愿意帮助他人，初步体验帮助他人的快乐

活动准备

小花籽头饰、太阳头饰、小蜜蜂头饰、小青蛙头饰、雪山课件、快乐音乐

经验准备

1. 幼儿有初步的对快乐的体验，知道什么是快乐
2. 事先认识过花籽，有过玩小种子游戏的经验

活动过程

师：小花籽好。

幼：花籽妈妈好。

师：我的花籽宝宝，快到妈妈身边来，让妈妈抱一抱、亲一亲。

（和幼儿亲密接触）

分析：虽然是游戏，但对于小班幼儿来说，这正是他们最需要的情感体验。

师：我有这么多的花籽宝宝，我真快乐。

师：花籽宝宝，你们知道什么叫快乐吗？（开心、高兴）

师：小花籽们，你们想要快乐吗？（想）

师：那一起跟着妈妈去找快乐吧！

教师做两手上举飞的动作，放音乐《午后的旅行》。

教师带领幼儿来到教师或大班孩子饰演的太阳跟前。

师：花籽宝宝们，（两手放嘴边）这是谁呀？快和太阳公公打个招呼吧！
（太阳公公你好）

太阳：花籽宝宝好！

师：太阳公公你快乐吗？

太阳：快乐，快乐，我给大家阳光和温暖，我很快乐。

师：是的，因为有了太阳公公，我们才有了阳光和温暖，我们一起谢谢太阳公公吧！

师：太阳公公很快乐，我们也要去寻找快乐了，那我们可以怎么说呢？
（太阳公公再见）

继续放音乐，教师带领幼儿来到小蜜蜂跟前。

师：花籽宝宝们，走喽！这是谁呀？快和小蜜蜂打个招呼吧！（小蜜蜂你好）

小蜜蜂：花籽宝宝好！

师：花籽宝宝们，不知道小蜜蜂快不快乐，我们一起来问一问？

师和幼：小蜜蜂你快乐吗？

小蜜蜂：快乐，快乐，我给大家采蜜，我很快乐。

师：小蜜蜂帮助大家采蜜，我们一起谢谢小蜜蜂吧！小蜜蜂很快乐，我们也要去寻找快乐了，那我们可以怎么说呢？（小蜜蜂再见）

继续放音乐，教师带领幼儿来到小青蛙跟前。

师：花籽宝宝们，来吧，我们继续往前走！

师：这是谁呀，快和小青蛙打个招呼吧！（小青蛙你好）

师：花籽宝宝们，不知道小青蛙快不快乐？我们一起问问它吧？

师和幼：小青蛙你快乐吗？

小青蛙：快乐，快乐，我给大家捉害虫，我很快乐！

师：花籽宝宝们，小青蛙吃掉了很多的害虫，我们一起谢谢小青蛙吧。

（谢谢小青蛙）

师：我们要走了，那我们应该怎么说呢？（小青蛙再见）

分析：通过向路上遇到的太阳公公、小蜜蜂、小青蛙等角色问好、感谢、再见，潜移默化地渗透礼貌教育。

继续放音乐，教师带领幼儿来到雪山跟前。

师：花籽宝宝们，飞了好远的路，好累呀，我们找个地方休息会儿吧！花籽宝宝们，这是什么地方呀？（山、雪、雪山）

师：原来这是雪山爷爷呀，我们一起和雪山爷爷打个招呼吧！（雪山爷爷好）

师：花籽宝宝们，雪山爷爷一个人在这儿孤零零的，不知道他快不快乐，我们一起来问一问。

师和幼：雪山爷爷，你快乐吗？

雪山爷爷：我一个人孤孤单单的，一点也不快乐。

师：花籽宝宝们，雪山爷爷不快乐，你们说怎么办呢？

幼：我们唱歌给雪山爷爷听。（一起唱）

师：雪山爷爷，我们花籽宝宝的歌唱得好听吗？那你现在快不快乐？

师：花籽宝宝们，雪山爷爷不说话，说明他还是不快乐，这可怎么办呢？

幼儿自由讨论并尝试不同方法。

幼：我们跳舞给他看。（一起跳）

师：雪山爷爷，我们花籽宝宝的舞跳得好看吗？你现在快乐吗？

师：雪山爷爷还是不说话，说明他还是不快乐。我想，他肯定是太孤单了，希望我们花籽宝宝能够留下来和他天天在一起。

师：花籽宝宝们，那我们就留下来，把雪山爷爷这儿当作我们的家，好吗？

幼：好。

师：花籽宝宝们，我们钻到雪山爷爷怀里来吧！

分析：利用故事中的情节创造机会让幼儿想办法帮助他人。只教幼儿去帮助他人是不行的，有时候教师需要为幼儿提供一些自己想办法的机会。

教师出示鲜花的幻灯片。

师：美丽的春天来到了，花籽宝宝们都从泥土里钻出来，开出了最美的花。这儿一朵，那儿一朵，好美呀！

师：现在我们花籽宝宝都变成了什么呀？（花）那我们再来问问雪山爷爷快不快乐？雪山爷爷，你现在快乐吗？

雪山爷爷：快乐，快乐，有了你们我天天都很快乐，谢谢你们！（不用谢）

师：宝贝们，雪山爷爷现在很快乐，你们快乐吗？（快乐，快乐）

师：原来，帮助别人自己也很快乐呀！

师：那以后你们还会帮助别人吗？那你们怎样去帮助别人呢？（自由说）

分析：延伸开来，让幼儿思考在实际生活中如何帮助他人，学会真正的帮助他人，这才是教育的真谛。

师：我现在好累呀，你们会怎样帮助我呢？客人老师也好累呀，你们也去帮他们捶捶背吧！

师：我舒服多了。客人老师，你们呢？宝贝们，我们都很舒服，你们快乐吗？那我们继续去帮助别人寻找快乐吧！

🐦 活动延伸

在日常生活中引导幼儿帮助别人，从而获得快乐。

🐦 活动评析

活动开展得非常成功。孩子们带给教师很多的惊喜。由于活动准备充足，每个孩子都有头饰，孩子们已经完全融入了小小花籽这个角色。当"午后的旅行"音乐响起，孩子们翩翩起舞跟着教师来到"太阳""小蜜蜂""小青蛙"跟前，和他们打招呼，快乐地学说礼貌用语。当雪山爷爷不快乐时，孩子们争先恐后地想办法，在教师的引导下，伏下身来做雪山爷爷脚下的小花籽。当教师把头饰上的小花籽取掉，出现在孩子们眼前的是一朵朵的鲜花。孩子们感觉神奇极了，他们的身心得到了极大的满足。最后在谈话式的讨论中，孩子们结合自己身边的事说出了如何帮助他人，有的说："贝贝不会扣纽扣，我帮助他。"；有的说："萌萌跌倒了，我扶她起来。"

（案例来源：江苏省如皋市如城镇建设幼儿园　陆书银）

★ **案例2** ★

小积木找朋友(小班)

🕊 活动目标

1. 使幼儿知道玩完积木后要收拾好，不乱放积木

2. 使幼儿初步尝试与同伴合作给积木找朋友

3. 使幼儿愿意帮助他人，感受积极的情绪体验并愿意表达

🕊 活动准备

积木3篮子(3种积木)，音乐(轻柔的、娃娃哭声、笑声、找朋友)，活动单4张。

🕊 活动过程

1. 活动导入：幼儿玩积木场景

上课的音乐响起。

师：快上课了，收积木了。

幼儿收好积木坐下来。

①手指游戏：五门开开。

②游戏：找朋友。

师：老师要找好朋友，谁愿意跟我做好朋友？

师幼玩游戏《找朋友》。好朋友拉拉手、抱一抱。

2. 分析积木第一次哭的原因，激发幼儿愿意帮助积木的愿望

教师播放录音、娃娃哭声。

师：咦，谁在哭啊？

作寻找状。师幼一起寻找。找到哭泣的积木宝宝。

师：这里有一个积木宝宝在哭啊？它为什么哭呢？(出示活动单一)

师：小朋友们你知道吗？(幼儿猜测)

师：积木宝宝到底是为什么哭？我们来问问积木宝宝。

师幼一起问积木宝宝：小积木，你为什么哭啊？

积木与师耳语。

师：哦，积木的心思都藏在这儿呢，我们来看看就知道了。(出示活动单

二)积木要回家。

师：原来小朋友们在玩完积木时，忘了送它回家了。谁来送它回家。送时说："小积木，我送你回家。"

师嘱咐幼儿：小积木想回家，回不了家很伤心，以后小朋友们玩完积木一定要送积木回家哦。

3. 分析积木第二次哭的原因，再次激发幼儿去帮助小积木

教师播放录音、娃娃哭声。

师：咦，又是谁在哭呢？小积木，小朋友已经把你送回家了，你为什么还哭呢？

积木(录音)：这里不是我的家，我家里住着长得跟我一个模样的好朋友。

教师带领幼儿观察积木的混乱状况：这个跟它一样吗？这个跟它一样吗？都不一样。这里真乱，看来得重新给它们找家了。将3篮子积木重新倒在桌上。

师：小积木的家到底是哪个呢？(出示活动单三)

幼儿看单推想。——小积木的家门口贴着一张小积木的照片，大家一看就知道是谁的家。

教师跟幼儿一起找出贴有小积木照片的篮子。

接着帮积木找朋友。

师：小朋友，你认识跟小积木长得一个模样的好朋友吗？请你找到小积木的好朋友，送到小积木的家里来。

师：我们帮积木宝宝找到了好朋友，积木宝宝哭不哭了？听，它开心地笑呢。(放录音笑声)。

师：小朋友，那里还有好多积木没找到家呢，我们赶快去帮帮他们吧。

师：小朋友今天做了一件好事，帮助了这些小积木找到自己的好朋友，回到自己的家。(出示活动单四)

师：开不开心？让我看看你们开心的样子。

🐦 **活动结束**

师：小朋友们很开心，小积木找到朋友了，我们也来找找自己的好朋友吧。(听音乐玩游戏《找朋友》)

（案例来源：江苏省如皋师范附属小学幼儿园　姚秀美）

(二)中班幼儿社会性情感教育活动的组织与指导

中班幼儿经过小班的锻炼，情绪较小班幼儿稳定，注意力时间也更持久，他们的行为受情绪支配的比例在逐渐下降，开始学着控制自己的情绪。在商场，当他们看到喜爱的玩具时，已经不像 2～3 岁时那样吵着要买，能听从成人的要求，并用语言自我安慰"家里已经有许多玩具了"。在幼儿园，同伴间发生争执时，有时也能控制自己的情绪和行为。当然，他们并非对所有的事情都能调节好，情绪的自我调节能力还处于较低级的阶段，对特别感兴趣的事物仍然受情绪支配，甚至还会出现情绪失控现象，不顺心时仍会大发脾气。

因此，在中班社会性情感教育中教师应注重培养幼儿的这些品质：能关心他人的情绪、关心同伴；能用恰当的方式表达自己的情感和需要；体验父母及亲人对自己的爱；知道父母和亲人的兴趣、爱好；愿意表达对父母和亲人的爱。

★ 案例3 ★

爸爸的手(中班)

🐦 **活动目标**

1. 通过"爸爸调查表"，使幼儿知道爸爸的一些个人信息和爱好

2. 使幼儿进一步萌发爱爸爸的情感

🐦 **活动准备**

活动前请幼儿了解爸爸的基本信息，如爸爸的姓名、爱好、职业；邀请幼儿的爸爸前来幼儿园参观；颜料和白纸、散文录音《爸爸的手》、音乐《让爱住我家》、幻灯片。

🐦 **活动导入**

问候时光：教师与幼儿、幼儿与家长打招呼互相问候。

🐦 **活动过程**

1. 请幼儿介绍爸爸

师：你们喜欢爸爸吗？(喜欢)

师：说一说你们喜欢爸爸的理由。(爸爸会打字、爸爸会烧菜、爸爸会开车等)

师：你们都很喜欢自己的爸爸，老师也想认识一下你们的爸爸，谁愿意来介绍介绍自己的爸爸？（你的爸爸叫什么名字？是做什么工作的？并简单介绍个别家长的职业）

2. 帮助幼儿了解爸爸的兴趣爱好

师：你们知道爸爸最喜欢干什么吗？（爸爸喜欢打球、爸爸喜欢玩电脑、爸爸喜欢看书等）

教师请两位爸爸说一说自己的爱好。

3. 聆听《爸爸的手》，更深层次地了解爸爸

师：你们喜欢爸爸，爸爸也很爱你们，现在请你们和爸爸一起来听一听，一位小朋友是怎么夸爸爸的。（听录音《爸爸的手》）

师：小朋友在夸爸爸的什么？（手）

师：爸爸的手为他做了一些什么事情？（根据散文内容回答）

再次倾听《爸爸的手》。

师：爸爸的手还为他做了一些什么事情？（再次听录音《爸爸的手》）

🕊 **活动延伸**

师：散文中爸爸的手为小朋友做了那么多事，现在请你们想一想，你们爸爸的手为你们做过什么事情？（爸爸抱我、爸爸陪我玩等）

教师出示照片，请幼儿介绍照片，并请爸爸和孩子互动。

师：原来你们的爸爸为你们做过很多事，你想对爸爸说什么？（谢谢、爸爸辛苦了）

师：那么，你的小手想为爸爸做什么事呢？（请爸爸和孩子互动）

🕊 **活动结束**

师：今天老师还为你们准备了手印画"大手拉小手"。一会儿请宝贝们和爸爸上来印上你们幸福的手印，并签上你们的名字，好吗？（放音乐《让爱住我家》）

🕊 **活动评析**

《纲要》指出：教育内容的选择既要贴近幼儿生活，又要是幼儿感兴趣的问题。《指南》指出：长辈是可亲、可近的，可信赖的，感受到家庭的温暖，对养育自己的人要产生感激之情，而父亲正是孩子最需要亲近的，父亲比母亲有着不可替代的培育责任。现在的孩子大都认为家人对自己的付出是应该的，所以开设这样的活动是必要的。妈妈带孩子可以用"静"概括，而爸爸带孩子相应地可以用"动"来概括，唯有动静结合，才能让孩子达到"静如处子，

动如脱兔"的境界。开展这样的活动，主要是让爸爸也参与到孩子的教育中来，不要站在旁观者的角度。爸爸对孩子的非智力因素影响，是超过妈妈的。这些非智力因素包括意志力、勇敢的精神、坚强的品格、优良的习惯等。

（案例来源：江苏省扬州大学第三幼儿园　惠慧）

（三）大班幼儿社会性情感教育活动的组织与指导

处于学前晚期的大班幼儿，虽然情绪情感得到了较稳定的发展，但因其神经系统抑制和兴奋不平衡，兴奋仍占优势，易冲动。这些特点在幼儿同伴交往中尤为明显。在学习、游戏和生活中，很多男孩不能很好地控制自己的情绪，同伴之间经常会发生争执甚至攻击性行为。教师应帮助幼儿抑制情感冲动，学习调节自己的情绪，这些都是幼儿社会情感的重要内容。

此外，大多数幼儿在班级中有了相对稳定的好朋友，开始有意识地控制自己情感的外部表现。例如，亲人和同伴离开时能忍住不哭。同时，由社会需要而产生的情感也开始发展。当自己的良好表现被忽视时会失望、不安，而当让他们照顾比自己小的孩子时会表现得像"小大人"一样负责。

因此，对大班幼儿积极的社会性情感教育非常重要。在大班社会性情感教育中教师应注重培养幼儿的这些品质：抑制情绪冲动；学习调节自己的情绪；从同伴交往的角度出发，创设良好的交往氛围；学习适当的交往技能；在与同伴交往中体验到快乐；提高自我控制能力等。

★ 案例4 ★

笑脸娃娃找朋友(大班)

🐦 **活动目标**

1. 使幼儿尝试在集体面前介绍自己

2. 使幼儿调整自己的不良情绪，能高高兴兴地去上幼儿园

🐦 **活动准备**

材料准备：小兔、小猫、小狗、小鸭、山羊手偶各一只，所有幼儿的笑脸照片布置成的可爱的笑脸图，小镜子、笑脸贴、照相机。

环境准备：在"高高兴兴上幼儿园"主题墙上设一个"可爱的笑脸"板块。

幼儿经验准备：有初步辨别哭脸和笑脸表情的能力，能在提示下做出笑脸。

教师经验准备：了解幼儿入园焦虑的症状及对策，会运用教育智慧，采用多种方法，让幼儿尽快适应幼儿园的生活，使幼儿高高兴兴地去上幼儿园。

活动过程

1. 故事分享，引起幼儿参与活动的兴趣

①讲述故事《兔宝宝上幼儿园》。教师操作小兔、小猫、小狗、小鸭、山羊的手偶，根据故事的情节表演，引起幼儿的兴趣。

②根据故事内容，引导幼儿讨论：山羊老师为什么说兔宝宝、小猫、小狗、小鸭他们都是笑脸娃娃？

③启发幼儿用简短的语言描述自己上幼儿园的心情或做出表情动作。

2. 认真观察，鼓励幼儿大胆介绍自己

①播放背景歌曲《笑一个吧》。教师逐一出示幼儿的笑脸照片，启发幼儿观察照片上的表情，同时鼓励幼儿做出和照片上一样的"笑脸"的表情。

②请幼儿辨别自己的笑脸照片，鼓励每个幼儿向同伴介绍自己的名字和班级。用句型"我是……，我在……班"。

③帮助幼儿将自己的笑脸照片贴到主题墙"可爱的笑脸"板块。

3. 引导幼儿通过照镜子调整自己的表情

运用游戏"笑脸变变变"展开活动。教师一边说"笑脸变变变"，一边引导幼儿对着镜子里的自己做笑脸，可以以各种形式出现，如全体幼儿做笑脸、部分幼儿做笑脸、个别幼儿做笑脸。及时观察和鼓励，奖励每个幼儿一张笑脸贴。

4. 在音乐游戏中鼓励幼儿找朋友

①创设"兔宝宝找朋友"的情境。教师边操作手偶边模仿小动物说话的语气，鼓励幼儿主动和小兔拉拉手，并在同伴面前大胆说出自己的名字。

②播放背景音乐伴奏"找朋友"。在音乐伴唱下，教师引导幼儿随着教师的语言提示做动作，并向和自己拉手的伙伴介绍自己的名字。可随时变换歌词内容，反复游戏。

③游戏结束后，鼓励幼儿向同伴介绍自己好朋友的名字，以及喜欢和他

做好朋友的原因。

5. 活动小结，鼓励幼儿做笑脸娃娃

①教师和每个笑脸娃娃拥抱，启发幼儿要高高兴兴上幼儿园，做一个笑脸娃娃。

②在《笑一个吧》歌曲的背景下，教师操作动物手偶，鼓励幼儿和教师一起说出"笑脸变变变"，请配班教师为全班笑脸娃娃照笑脸合影。

活动延伸

将笑脸娃娃的合影照片贴到主题墙上，引导幼儿寻找自己。

在涂鸦墙上画笑脸。

在"家园宣传栏"内张贴"幼儿入园焦虑的症状及对策"方面的宣传教育内容，促进家园共育，引导幼儿高高兴兴上幼儿园。

请家长来幼儿园参加亲子活动，如亲子绘画、亲子游戏等，逐渐消除幼儿对幼儿园的陌生感，爱上幼儿园。

注意与其他领域的衔接。

语言领域：能用语言描述自己上幼儿园的心情；能理解故事内容，并能根据故事情节用语言简短描述。

艺术领域：感知歌曲节奏，喜欢在有节奏的音乐中进行音乐游戏。

（案例来源：河北省定兴县实验幼儿园　王美丽）

思考题

塞尔曼的道德两难故事

霍丽是一个8岁的女孩，喜欢爬树。她在自己的社区中爬树能力最强。有一天，她从一棵大树上爬下来时摔了下来，但没有受伤。她的父亲看到了很不安，警告她不能再爬树。她答应了。后来，霍丽正和她的朋友希恩玩时，希恩的小猫爬上树下不来了。霍丽是唯一会爬树并有能力把小猫救下来的人，但她想起了对父亲的承诺。

问题：

希恩知不知道霍丽为什么会犹豫要不要爬树？

霍丽的父亲会怎么想？如果霍丽爬树，父亲会理解她吗？

是不是霍丽认为她爬树会受惩罚？如果她爬树了，应不应该受惩罚？

塞尔曼换位思考的等级模式

等级	年龄段	描述	对霍丽两难处境的反应
0级：无显著特征	3~6岁	孩子认为自己和别人有不同的想法，但两者常常有混淆	孩子认为霍丽不想让小猫受伤害，因此她会去救小猫；父亲也会因此而高兴，因为他也喜欢小猫
1级：社会信息角度	4~9岁	孩子认为不同观念是有可能的，因为人们接受不同的社会信息	当问及霍丽父亲知道她爬树会怎样想时，孩子说："如果他不知道是为了小猫，他会生气。但如果告诉他是为了救小猫，他会改变主意。"
2级：自我反省角度	7~12岁	孩子能"踏着别人的脚印"寻思别人的想法、感情和行为，他们也认为别人能这么做	当问及霍丽是否会因此受惩罚时，孩子说："不会，因为父亲会理解她爬树的原因。"这说明霍丽的想法受父亲的影响，也认为父亲会站在她的角度思考问题
3级：第三者角度	10~15岁	孩子能站在两人之外想象，站在第三者（旁观者）的角度考虑自己和他人的想法	当问及霍丽该不该受到惩罚时，孩子说："不，因为霍丽认为救小猫很重要。她也知道父亲不准她爬树。但她知道如果能向父亲说明爬树的原因，父亲就不会惩罚她。"这说明能跳出霍丽和父亲的圈子，同时从第三者的角度考虑问题
4级：社会角度	14岁至成年	认识到旁观者的看法对社会角度、社会价值观的影响	当问及霍丽会不会受到惩罚时，回答是："对动物的人道主义原则会决定霍丽的行为。父亲对女儿这一行为的评价会影响他是否惩罚女儿。"

　　从上表可以看出，幼儿会根据大量的信息理解他人的行为。首先，他们理解他人想法和感觉的能力是有限的。其次，他们开始认识到人们可以从不同的角度来思考同一个问题。再次，幼儿能"站在别人的立场"上来思考别人的想法、感情和行为。最后，他们能分析两个不同的人思考同一问题的角度之间的关系。开始他们是站在旁观者客观的有利角度上看的，后来逐渐能以社会价值观为参照了。

　　（选自：吕炳君．学前儿童社会教育．武汉：华中师范大学出版社，2015.）

探究学习

一、试分析幼儿社会性情绪情感在不同发展阶段表现出的特点。

二、结合幼儿园实习，运用幼儿社会情绪情感发展程度的评价量表，对所在实习班级的幼儿进行社会情绪情感发展水平评价。

三、请选取自己所在见习班级的三名幼儿作为研究对象，运用幼儿情绪与社会行为发展水平测试参考标准量表，对研究对象进行社会行为反应与幼儿情绪是否能恰当匹配进行测试。

实操训练

一、请结合本章理论知识，为中班幼儿设计一篇以增强幼儿信赖感为目标的社会领域教育活动方案。

二、试分析案例《小花籽找快乐》中设计者如何体现和达成小班幼儿社会性情感教育中应贯彻的要点的。

三、试分析案例《爸爸的手》中教师引导幼儿体验与表达幼儿对父母的爱的方式与方法，并在案例基础上，设计一个延伸活动。

第四章
幼儿社会认知和交往态度
教育活动设计与指导

第一节　社会认知和交往态度发展与幼儿社会性发展的关系

　　社会认知是指在社会交往中，人们对复杂的社会对象所形成的看法、态度和评价，具体包括社会知觉、社会印象和社会判断三个不同的认知阶段。社会知觉是人们对社会对象的直接反映，如当人们被表面现象所迷惑产生的社会错觉。社会印象是人们对社会对象的间接反映，如"第一印象"等。社会判断是社会认知的高级阶段，是对某种社会对象做出推测与判断的过程。

　　研究社会交往中的社会认知时，有关交往态度的形成应当属于社会认知范畴。人们的交往态度不是与生俱来的，而是后天环境学习的结果。交往态度包含社会认知（建立在自身道德观和价值观基础上对交往对象的评价和内在感受）、社会情感、意向三个构成要素。人们在社会交往中表现出不同的交往态度，如个体对交往对象是肯定的态度，还是否定的态度；赞同的态度，还是反对的态度；接纳的态度，还是拒绝的态度；喜欢的态度，还是厌恶的态度等。

一、 幼儿社会认知和交往态度的发展

幼儿社会认知是幼儿对他人、自我、社会关系、社会规则等社会客体和社会现象及其关系的看法、态度和评价。研究幼儿社会认知的意义在于通过社会知觉，获得对交往对象的社会印象，并做出社会判断。社会认知是幼儿评价交往对象的基础和前提。社会认知有利于幼儿了解交往对象；有利于幼儿调整和改变交往态度；有利于幼儿人际关系的协调一致；有利于幼儿的社会适应。

幼儿交往态度通常是指幼儿对环境中的某一对象的看法，是喜欢还是厌恶，是接近还是疏远，以及由此所激发的一种特殊的反应倾向。国外学者研究表明：交往态度对幼儿的交往能力、学习能力，以及对长大成人后社会适应能力具有相当重要的影响，多与别人交往能有力地促进幼儿的发展，有利于培养幼儿的交往能力和社会性的发展，并且对幼儿个性、情绪情感、智力及语言的发展也有着重要的作用。所以我们必须十分重视幼儿的交往态度，培养幼儿的交往能力。

(一)幼儿社会认知的发展

幼儿社会认知的发展是一个逐步区分他人和自我、社会关系、社会群体、社会角色、社会规则和社会生活事件的认识过程，核心体现是观点采择能力等幼儿社会认知能力的发展。研究表明，幼儿社会认知各方面的发展是不同步、不等速的，发展具有认知发展的普遍规律，但不完全受认知发展的影响。幼儿社会认知的发展与幼儿的社会交往密切相关。

在借鉴以往研究成果的基础上，可以把幼儿社会认知能力的发展划分为非语言型和语言型两种类型。

1. 非语言型

非语言型幼儿社会认知能力有助于幼儿与交往对象之间的沟通与交流。如果发展不足，就会产生幼儿与同伴之间的沟通与交流障碍，容易造成误解或错觉。

(1)直觉和洞察力

直觉和洞察力表现为幼儿在人际交往中留意观察交往对象的话语和神情，揣摩他人的心意，并能有效地适应新环境。而缺乏这种心智技能的幼儿往往不能领会交往对象的意愿。

（2）非语言的交流

非语言的交流表现为幼儿主动与人交流的行为，愿意与人分享，乐于助人，使交往对象产生良好的社会印象，彼此建立起良好的人际关系。而缺乏这种能力的幼儿往往以自我为中心，不愿意与他人分享，在人际交往中缺乏助人行为。

（3）非语言的暗示

非语言的暗示表现为幼儿通过眼神交流，调节自己的身体姿势，表现出对同伴的友好，吸引同伴的注意，达到心理相容。

（4）合时宜的交往

合时宜的交往表现为幼儿礼貌友好的举止，知道如何发展与他人的关系。反之，则表现为在交友时冒昧失礼，或在社会交往中冒犯他人。

（5）社会反馈的敏感性

在社会情境中，反馈是很重要的。个体必须知道如何发展与他人的关系。有些幼儿难以处理社会性反馈，他们没有意识到自己会引起同伴的反感，或说了得罪同伴的话。

（6）觉察自身的影响力

觉察自身的影响力表现为幼儿能正确估计自己在群体中的影响。反之，则表现为在幼儿园、社区或其他环境中，幼儿对自己的社会性行为认识不足。

（7）冲突的解决

社会适应好的幼儿能较好地处理人际冲突。而社会适应不良的幼儿不能友好地解决人际冲突，面对社会应激情境，他们常常喜怒无常，表现出攻击性行为或自我伤害行为。

（8）社会控制水平

具有较好的社会认知能力的幼儿能够与他人保持良好的人际交往，表现为既不专制，也不胆小或被动。而缺乏社会认知能力的幼儿不能保持友好，在交往中过分地要求他人。

（9）恢复的策略

每个幼儿的早期生活经历都会遭遇挫折。具有较好的社会认知能力的幼儿能够从挫折中恢复而不过于忧虑，但有些幼儿则不能从挫折中恢复，留下心理阴影，产生退缩行为或过度焦虑。

（10）善于自我表现

具有较好的社会认知能力的幼儿能有意或无意地向外界展现自己。他们知道如何穿着、懂得个人卫生，发展个人的社会兴趣，知道以恰当的行为表现引起他人的注意。但有些幼儿则令人讨厌而自己又意识不到这一点，缺乏领悟能力。

2. 语言型

语言能力对幼儿社会认知能力的发展具有至关重要的作用。良好的语言能力使幼儿在与别人接触时恰当地表达自己的想法和愿望。而缺乏语言能力的幼儿常常在社会情境下出现交流问题。

(1)情绪的表达和解释

情绪的表达和解释表现为幼儿能驾驭情绪的表达。反之，则表现为不能用语言表达自己的情绪，情绪上有生气、敌意的反应，甚至与他人有摩擦。由于他们的语调、选择的词语及口气不当，常易引起他人的误解。这类幼儿也难以从他人的语言表达中理解其情绪，误以为他人生气或不赞成。

(2)幼儿交往专用语言的流利性

幼儿交往专用语言的流利性表现为幼儿能流利地使用幼儿交往专用语言，并很快获得同伴的认可和接纳。但有的幼儿在使用这些专门语言时感到有困难。例如，当他们试图表达时，声音难听、语调不自然，而有的幼儿则根本不会讲话。

(3)话题选择和保持

话题选择和保持表现为幼儿在社会交往中能够分清对象和场合，能选择适当的话题，懂得说什么，什么时候说，说多久等。而有些幼儿说话不分对象和场合，不懂得选择适当的话题。有些甚至不懂说什么，什么时候说，说多久等，以致某些幼儿说个不停，但不能围绕一个话题。

(4)幽默风趣的表达

幽默风趣的表达表现为幼儿的语言表达幽默风趣。反之，语言能力较差的幼儿缺乏幽默风趣的表达，他们讲的笑话或所做的评论没有趣味性。同时，这些幼儿也不能理解他人的幽默。

(5)语言表达方式的多样性

语言能力好的幼儿能在不同的场合、面对不同的交往对象运用不同的说话方式，表现为语言表达方式的多样性。而语言能力差的幼儿却难以掌握这样的规则。

(6)正确地观察

正确地观察表现为幼儿知道听者的理解水平及他们的需求。幼儿在表达时，不用别人不懂的术语或至少要解释一下。能够通过正确的观察，不会过多地提供听者显然已经知道的信息。反之，有些幼儿在与他人交流时，不能估计对方的需求。

（7）要求他人的方式

要求他人的方式表现为幼儿能够用恰当的方式要求他人；不冒犯他人是很重要的。而有些幼儿在这方面却存在问题。当他们要求他人时，由于方式不当可能会与他人产生摩擦，或冒失地采取某种行动，因此，很容易被他人否定或拒绝。

（8）交流补救的能力

交流补救的能力表现为幼儿偶尔说话不当而冒犯别人时，能认识到这种交流中的问题，并且能补救交流中所产生的隔阂，发展良好的社会交往。而缺乏这种能力的幼儿不能认识到交流中的问题，不能补救交流中所产生的隔阂。

（9）移情能力

移情能力表现为在社会情境中，如果他人说笑话，幼儿也能使用幽默的语言。如果两个人在对一件不幸的事表示同情，则第三个参与者也能产生同样的情绪并使用同情的语调。反之，则很难产生移情的能力或情感上的共鸣。当他人发怒时，却想和他人开玩笑。这类幼儿的语言不能与周围人的情绪相匹配。

（二）幼儿交往态度的发展

凯尔曼认为，态度形成与变化分为三个阶段：依从——人们为了获得奖励和避免惩罚而采取的与他人要求在表面上相一致的行为。认同——个体自愿地接受心目中榜样人物的观点、信念，使自己的态度与他们相一致。内化——态度形成中最重要的阶段。

幼儿交往态度形成是后天环境学习的结果。交往态度学习的主要方式是体验学习、模仿学习和强化。影响幼儿交往态度形成的因素主要有：交往需要的满足、社会情绪体验、社会认知因素、社会文化因素、遗传和性别因素等。幼儿期是交往态度形成的重要时期，教师要帮助幼儿建立积极的社会交往态度。

幼儿积极的交往态度主要表现为他们在社会交往中的积极主动性，以及对他人的主动交往所做出的积极反应。具体表现为以下几个方面。

1. 与教师的交往

①主动引发话题与教师交谈。

②积极寻求教师的注意和赞美。

③愿意把自己认为重要的事情告诉教师。

④愿意服从教师的要求和支配。

⑤愿意与教师一起快乐地做游戏。

⑥感到不安或有困难时寻求教师的安慰和帮助。

⑦邀请教师参加游戏。

2. 与同伴的交往

①主动引发话题与同伴交谈。

②主动加入到同伴的谈话中。

③发起游戏并得到同伴的响应。

④接受他人的邀请一起游戏。

⑤自由活动时喜欢坐在同伴旁边游戏。

⑥与同伴一起游戏时很快乐。

⑦对能力差或有缺陷的同伴不歧视、不嘲笑，并愿意与他们交往。

3. 与陌生人(客人)的交往

①见到客人主动打招呼。

②热情详细地回答客人的问题。

③主动与客人交谈。

④邀请客人参与活动。

⑤对客人的要求做出积极反应。

⑥客人在场时表现出适度的兴奋和快乐。

如果幼儿在社会交往中经常表现出上述行为，说明他与教师、同伴、陌生人的交往是积极主动的。

二、 社会认知和交往态度发展与幼儿社会性发展的关系

(一)社会认知与幼儿社会性发展的关系

社会认知是幼儿社会性发展的重要内容之一，是培养幼儿社会情感、形成社会行为的首要基础，对幼儿社会化具有重要意义。

1. 社会认知与亲社会行为的关系

第一，社会认知的核心体现的是幼儿观点采择能力的发展，包括情绪情

感认知、他人整体认知、社会关系认知与社会规则认知等。幼儿通过学习获得内化的行为准则，并用于自主调节社会行为，从而为其将来形成信念与行为品质奠定坚实的基础。第二，社会认知与亲社会行为培养的关系是一体两面、密不可分的，即社会认知教育侧重行为准则的认知与判断，亲社会行为培养侧重主动使用这些准则去建构和形成良好的人与人、人与社会之间的关系。社会认知与亲社会行为的培养有助于促进幼儿个体社会化的成功，为幼儿成长为"德、智、体、美"全面发展的合格人才做准备。

2. 幼儿社会认知发展与其社会化进程的关系

由于幼儿的社会认知发展与其社会化进程都是以幼儿自我发展为重要基础的，因此，二者之间有着紧密的联系。3～6岁是幼儿个性倾向开始萌芽的时期。在情绪情感认知方面，4岁幼儿经常用自己的情感需要代替他人的情感需要，而5～6岁幼儿已经能够从对方的角度较为客观地体验他人的情绪情感。可见，情绪情感认知的发展有助于促进幼儿的社会化进程。研究表明，4～5岁幼儿正处于思维的自我中心阶段，因此，其认知判断与推理是以"我"的需要是否满足为标准的。"我"的需要既包括身体需要和物质利益，也包括心理与情感需要，如获得奖赏与肯定。5～6岁幼儿则开始关注他人的物质利益与情感需要，在具有公正权威的重要他人的行为和语言指导下，他们能通过移情和体验习得社会公认的行为准则。这正是幼儿获得道德规则与习俗规则的认知发展基础。

总体来说，社会认知水平促进着幼儿的社会化进程，并遵循着幼儿与自身的关系、幼儿与他人的关系、幼儿与群体或集体的关系、幼儿与社会的关系这一基本的发展线索。

(二)交往态度与幼儿社会性发展的关系

交往态度是反映幼儿社会性发展的指标之一。研究表明，交往态度对幼儿的交往能力、学习能力和社会适应能力具有相当重要的影响。发展积极的交往态度能够有力地促进幼儿社会性发展，对幼儿个性品质、社会情感、智力、语言能力的发展起着重要的作用。如果幼儿缺乏积极的交往态度，会给自身的社会交往和建立良好和谐的人际关系带来不利影响。

可见，注重幼儿的交往态度，培养幼儿的交往能力是幼儿社会性发展的重要内容，它关系到幼儿的身心健康，并将影响其将来人际关系的好坏与事业的成败。

★ 案例1 ★

一起玩真快乐

活动目标

1. 使幼儿学会运用礼貌用语和商量的口吻与同伴交往

2. 使幼儿在交往中体验被拒绝、被接纳的感受

3. 使幼儿以积极的态度、友好的方式与他人合作

活动准备

1. 每个幼儿半个桃心小卡片

纸制立体交通工具：汽车4辆、轮船4艘、三轮车2辆以及图片各2份。

2. 录像片段

①在拼桃心游戏中，一个幼儿站在旁边不敢和同伴交往，没有找到朋友。

②一个幼儿用蛮横无理的态度去和别人拼桃心做朋友，没有成功。

3. 在日常生活中开展一些有关幼儿商量、协作方面的游戏活动

活动过程

1. 游戏"拼桃心，找朋友"，引起幼儿的交往兴趣

师：今天我们要去公园，请你找一个好朋友手拉手，好吗？

教师提出游戏规则：每名幼儿手拿半个桃心去和同伴拼。如果能拼成一个桃心，就可以成为好朋友。

师：你应该怎么说，才能让人家愿意和你拼桃心？

分析：幼儿尝试个别与个别之间的合作交往。合作目标明确，幼儿的兴趣很浓。教师在分发桃心时，注意突破幼儿原有的交往圈子，让活动目标真正落到每个幼儿身上。

幼儿合作操作，找朋友。

师：小朋友都找到好朋友了吗？你怎么找到的？你怎么说的？（我对他笑了笑；我对他说：能不能把桃心给我拼一下；让我们一起拼红心吧……）

师：跟同伴们一起做事时态度要友好，要有礼貌，这样同伴才会觉得你很客气，然后就愿意和你一起做事。

2. 观看录像片段，引导幼儿大胆表达自己的愿望，学习协商性语言

师：这边有几个小朋友，我们一起来看看他们之间发生了什么事。

观看录像片段1。

师：他们为什么没和他一起玩？（他胆子太小了，不敢和大家讲话……）

师：如果是你，你会怎么做？（我勇敢地说：我们可以一起玩吗；我参加你们的游戏好吗；我主动和他们打招呼……）

观看录像片段2。

师：他们为什么也没和他一起玩？（他很凶，没有礼貌；他态度不好……）

师：如果是你，你会怎么说？（说话时态度要友好，有礼貌；我轻轻地对他们说；笑嘻嘻地说……）

师：当我们和大家一起玩时，要态度友好，有礼貌；要勇敢地说出自己的想法；试着和同伴商量一下，说一些"行吗""好吗""行不行"这样的话，以获得同伴的同意，这样你才会玩得开心。

分析：通过对直观的、来自幼儿生活的录像进行观看，突破了教学难点，使教学目标得到落实。

3. 找朋友去公园

教师出示三种交通工具。

师：请小朋友商量一下，你们准备乘什么去公园。（讨论）

师：你们是怎么商量的？（原来我想乘轮船的，但我的好朋友想乘汽车，后来我们商量，好朋友应该一起玩，我和他就一起乘汽车；他要乘三轮车，我要乘汽车，我随了他……）

教师出示相应的数字并提出要求。

师：三轮车满4人能走，汽车满6人能开，轮船满8人能开。

师：一对好朋友只有两个人，不满人数怎么办？（再去找朋友和我们一起乘……）

教师提出活动要求。

师：在要求别人时，你应该怎么说，才会让更多的朋友和你一起玩？

幼儿根据游戏规则找朋友，听音乐开汽车、轮船、三轮车去公园。

师：你乘的是什么交通工具？你说了什么话？你是怎么找朋友的？（我们乘的是汽车，我们在找朋友时，先问他们：你们想乘什么？你们愿意和我们一起乘汽车吗？然后他们就同意了……）

师：和别人一起做事时，不仅要态度友好、有礼貌，而且和别人商量时，应该先了解别人的想法，然后再勇敢地说出自己的愿望，征询别人的意见，取得别人的同意，这样，别人就会喜欢你，愿意和你一起做游戏。

第二节 幼儿社会认知和交往态度活动设计与指导

一、幼儿社会认知和交往态度活动的设计要求

（一）根据幼儿认知能力的类型设计活动方案

教师应针对本地区幼儿社会性发展的实际情况，对幼儿认知能力的类型进行观察、分析与评价，及时发现和有效区分社会认知能力较弱的幼儿，并设计相应的活动方案，有效地帮助幼儿提高社会认知能力，形成积极的交往态度。教师应坚持从幼儿社会认知入手，以社会实践活动为突破口，设计社会实践方案等多种教育形式。例如，设计社会实践模式：社区活动（认知）—社会交往（态度、能力）—环境学习（观察、体验）

★ 案例2 ★

慰问解放军

🐦 活动目标

1. 增进幼儿对解放军的认识和了解，培养幼儿热爱解放军的情感

2. 激发幼儿主动与解放军交往的欲望，体验社会实践活动的快乐，培养幼儿的社会交往能力

🐦 活动准备

活动前，教师与部队取得联系，请他们安排一个班的战士与幼儿进行活动，让战士了解活动的目标、程序，并能积极协助配合活动。

活动前，教师组织幼儿谈话，收集幼儿感兴趣的话题，如解放军是怎样训练的？解放军平时都干些什么？……让幼儿带着问题去军营，鼓励幼儿主动向解放军了解情况，寻找问题的答案。

活动前，让幼儿自制两张贺卡，一张作为慰问礼物送给解放军，一张邀请解放军在上面签名作纪念。要求每个幼儿至少邀请一名解放军签名。

🐦 活动过程

1. 组织幼儿集体观看解放军操练

2. 解放军带领幼儿参观营房

3. 幼儿与解放军以小组形式活动

①互相介绍自己；

②幼儿送贺卡给解放军；

③幼儿请解放军签名；

④幼儿与解放军自由活动(讲故事、表演节目、谈话……)。

4. 活动结束，幼儿集体向解放军道别

🐦 活动延伸

围绕慰问活动组织幼儿谈话。

开展以解放军军营生活为主题的角色游戏活动。

🐦 活动评析

幼儿对整个活动总是高兴地期待着。教师在整个活动中的工作重点体现在事先事后的指导上，而不是活动过程中对幼儿交往行为的指导、干涉。教师为幼儿营造的是一个自由的、宽松的、愉悦的交往环境，使幼儿能走进社会，直接与他们平日里既陌生又感兴趣、更希望了解的人交流信息、交流情感，尝试进行平时只能由大人们完成的活动。社会实践活动缩短了幼儿与成人的距离，激发了幼儿交往的欲望和交往的积极性。由于事先的充分准备，幼儿带着问题，带着任务去军营。他们只有通过自己的交往才能弄明白问题，才能完成任务，这就促使幼儿必须主动地与他人进行交往。活动刚开始，幼儿的交往显得比较拘谨，有的幼儿还不好意思地低着头或躲在别人的后面。渐渐地，他们发现，这些解放军叔叔虽然陌生，却挺容易接近，和他们交往并不是那么可怕，交往的氛围也就变得宽松起来，幼儿在交往中也越发显得"老练"起来。

(执教：安徽省合肥市长江路幼儿园　刘乐珍)

(二)区分幼儿不同的交往态度，精心设计活动方案

教师应探索幼儿社会认知和交往态度教育模式，制订详细的活动方案，开展一系列有利于建立正确的交往态度的社会交往活动。帮助幼儿形成积极

的交往态度，使缺乏正确交往态度的幼儿在与教师交往、与同伴交往、与陌生人（客人）等的交往过程中克服消极的交往态度，形成积极的交往态度。设计混龄教育方案就是一项有意义的尝试。

混龄教育创设了一个使幼儿感受到接纳、关爱、支持的和谐环境，让不同年龄的幼儿在交往活动中学习与人友好相处的交往态度和技能。在混龄教育活动中，当一个幼儿与社会认知成熟水平不同的幼儿进行社会性交往互动时，他会产生社会认知冲突。社会认知冲突并不必然导致社会认知的发展。这种社会认知冲突有助于社会规则的学习。在社会规则理解上存在冲突的幼儿之间的互动，可以使"不懂规则"的幼儿以"社会认知重构"的形式内化新的理解与社会规则，而不是简单地接受并遵守规则。

混龄幼儿之间的交往与互动可以增强幼儿对公共事务的认识与责任感，提高他们的合作精神，对幼儿社会认知的发展、交往态度的形成和改变都有促进作用。研究表明，在混龄群体中，年长幼儿为年幼幼儿创造了复杂的游戏；年幼幼儿的社会性参与度得到提高；年幼幼儿给社会性不成熟的年长幼儿提供了练习社交技能的机会；混龄群体增强了年长幼儿的责任感和自控能力。

设计混龄教育方案对教师提出了更高的要求。要求教师要树立混龄教育理念，加强混龄教育的理论学习，灵活采用多种混龄教育的方法和策略，促进幼儿社会认知能力的提高，以及积极的交往态度的形成。

二、 幼儿社会认知和交往态度活动的基本类型

由于幼儿社会认知教育活动的对象是幼儿，而幼儿又是活泼好动的，所以，真正适合幼儿的教育活动类型也应该是灵活多样的。

（一）从形式上划分

从形式上来说，可以划分为集体活动、小组活动和个别活动。

1. 集体活动

一般是指由教师有计划、有目的地组织所有幼儿同时进行的教育活动。它的时间比较集中和固定，组织比较严密。如下几种适合幼儿园集体活动的社会教育组织类型比较常见。

（1）以实践活动开始的社会教育活动

幼儿园的社会教育集体活动往往是针对幼儿生活中容易出现的问题设计和

组织的。这时，最好的活动方式就是如实再现生活场景，让幼儿从中体会学习。

★ 案例3 ★

我们手拉手

"我是中国人"主题有条不紊地展开了。在进行到"首都，北京"二级分主题时，产生了新的区角活动，剪手拉手的剪纸作品。于是教师做好了剪纸的示范图放到区角中……

情境一：文博高兴地对朋友浩浩说："今天我们玩新的区角吧，剪手拉手的小人吧。"浩浩开心地说："好的，我们快去吧。"于是，两人马上把牌子插好，坐到相应的位置上。两人拿好了纸，看着示意图，却迟迟不下手，只听文博说："太难了，我画不出来，你呢？""我也剪不好。""算了，我们还是去玩拼图吧！"新的区角里座位空空，受到了冷落。

情境二：今天，文博路过剪纸区角，发现有画好的手拉手小人剪纸，说："咦，怎么有画好的小人啊，我来试一试。"于是，他坐下来。不一会儿，只听他兴奋地说："我剪出来了。他们真的是手拉手的。"浩浩在旁边说："我还能剪连起来的天安门呢，等会儿我们一起拿作品去装饰天安门吧。"

情境三：两人来到天安门前，把自己的作品放到了天安门前，自豪地笑了。

🕊 案例分析

为什么新区角倍受冷落呢？孩子们认为新区角活动太难了，手拉手的制作需要"折、画、剪"三个步骤。对于文博这种手工能力较差的孩子不适合，所以孩子起初兴趣很高，当看到不适合自己时退却了。在此活动中教师投放的材料只适合能力强的孩子，如何能面对不同层次的孩子呢？

🕊 反思评价

教师在材料投放时需要注意层次性，因人而异地提供活动材料，以适应不同能力层面和不同发展阶段的幼儿的需要，便于不同水平的幼儿按照自己的需要进行选择。剪纸练习可以遵循"教师画好剪→按示意图剪→创意剪"的过程，难易度不同，可以充分满足不同发展水平幼儿的需要。在选择、投放区角材料时，要预先思考，将所要投放的材料逐一与幼儿通过操作该材料可能达到的目标之间，按照由浅入深、由易到难的要求，分解出若干个能够与幼儿的认知发展相吻合的、可能的操作层次，使材料"细化"，并在幼儿活动时，给予他们必要的提示和引导，使幼儿在选择材料、进行操作时，能够根据自己的能力，选择适宜自己的材料，用自己的方法，较快地进入探索，向目标迈进。教师给幼儿提供了较多的动手动脑、自我表现的机会，能使幼儿通过积极主动的活动，激发自身探究的动机，产生自豪感、自信心。

以实践活动开始的社会教育活动一般流程如下。

第一，再现场景。

教师可以在活动开始时让幼儿自由表现，不加干涉，以便让幼儿将存在的问题充分暴露出来。在此基础上，教师可以提出问题，引发幼儿思考。例如，在小班规则教育活动"大家轮流玩"中，教师首先让幼儿自由拿玩具玩，然后提出问题："你们玩得开心吗？为什么？"教师可以有目的地让那些没有拿到玩具的幼儿来回答问题，从而更好地揭示问题。

第二，精心设计讨论题目。

教师在设计教育活动时要精心设计讨论题目，由浅入深地逐步提出 2～3 个问题，包括"为什么""怎么做"等。讨论问题的设计是影响教育活动效果的最重要因素之一。为了提出恰当的问题，有效引发讨论，教师在设计活动时要充分考虑教育目标，围绕目标设计出既符合教育目标又适合幼儿年龄特点的活动内容。例如，在"大家轮流玩"的活动中，教师针对小班幼儿规则意识差的特点，活动开始时让幼儿自由拿取玩具，导致争抢玩具的现象出现，从而让幼儿亲身感受到争抢的不良后果。教师随后提出的问题"应该怎样玩"可以有效引发幼儿讨论。

第三，引导幼儿实践—讨论—再实践—再讨论。

活动开始时的实践引发了讨论，但此时幼儿还不一定完全理解"为什么"的问题，对"怎么做"也不太明确。因此，讨论后的再实践环节是非常必要的。教师可以根据幼儿讨论时提出的建议安排幼儿再实践一次。通过再次实践，幼儿可以进一步掌握应该怎样做。例如，在"大家轮流玩"的活动中，通过实践、讨论、再实践、再讨论的过程，幼儿可以比较深入地理解轮流玩的规则。在整个活动过程中，教师的巡回指导很有必要。巡回指导可以让教师及时了解幼儿的最新情况，还可以及时引导幼儿解决问题。例如，在"大家轮流玩"的活动中，幼儿在活动时可能会出现排队等待时间过长等问题。教师巡回指导时可以及时引导幼儿解决问题。

第四，设计相应的延伸活动。

相应的延伸活动可以帮助幼儿强化良好的行为习惯。例如，"大家轮流玩"活动的延伸部分可以是组织幼儿到户外玩滑梯、荡秋千等，提醒幼儿要排好队伍轮流玩。这些活动可以进一步帮助幼儿掌握轮流玩的活动规则。

（2）以情境表演开始的社会教育活动

情境表演是幼儿园社会教育活动的一种重要组织形式。在幼儿不能亲身参与活动时，教师可以采用情境表演的方式来再现生活场景，引导幼儿思考和解决问题。

第一，情境表演。

情境表演可以是现场表演，也可以播放事先录制的情境表演录像让幼儿观看。表演内容要符合幼儿的兴趣需要，能调动幼儿的积极性。例如，在"学会倾听"的社会教育活动中，教师播放事先准备好的录像，让幼儿观看小兔子在两种不同情境中的表现：一种是插嘴，一种是不理他人自顾自地玩。角色表演夸张，情节生动有趣，充分调动了幼儿的参与兴趣。

第二，引发幼儿讨论。

情境表演后，教师可以提出有针对性的问题，引发幼儿的思考和讨论。例如，在"学会倾听"活动中，看完录像后教师提出了问题："爸爸妈妈在忙的时候小兔子做了什么？""爸爸为什么生气？""别人在说话，可是你也有话想说时，该怎么做？"这三个问题分别对应看到了什么、他人的情绪原因及在这种情况下应该怎么做。通过这种有针对性的讨论，幼儿可以学习辨别对错，了解他人的情绪及其产生的原因，掌握相应的社会行为规范。

第三，利用适当方式再现情境。

情境表演和后续讨论可以使幼儿了解某种情境中应该怎样做，但由于在教育活动中无法将生活中的很多类似情境一一再现，因此教师可以适当借助图片再现生活中各种类似的情境，引导幼儿利用刚刚掌握的社会知识去判断对错，以便幼儿将来在类似情境中可以表现出符合社会规范的行为。例如，在"学会倾听"活动中，教师准备了四幅相关图片，让幼儿判断图片中幼儿行为的对错。教师还要坚持在日常生活中引导幼儿表现出符合社会规范的行为，并对这些行为及时予以表扬。

（3）以游戏形式开始的社会教育活动

在社会教育中，教师经常要纠正幼儿的一些不良行为习惯，如不遵守活动规则等。这时教师可以有目的地创设游戏情境，借此发现幼儿的行为问题并予以纠正。

第一，讲解游戏规则。

教师先根据活动内容讲解游戏规则。例如，为了提高中班幼儿的规则意识和自我控制能力，教师可以设计一个"摸摸猜猜"的游戏。教师准备一个箱子，里面放上各种物品。箱子用布蒙上，以免幼儿看到箱子里的物品。游戏时，幼儿蒙上眼睛，然后把手伸进箱子中拿出一个物品，猜猜是什么。在游戏开始前教师首先要讲解游戏规则，提醒幼儿在别的幼儿去摸箱子里的东西时，自己要静静地看，不能发出声音，以免干扰到别人；也不要因为自己可以看清楚，就在摸的幼儿说出物品名称前抢先说出来。

第二，组织幼儿游戏。

因为教师设计的游戏有针对性，所以，在游戏过程中幼儿很可能会出现教师预先设想到的问题行为。例如，在"摸摸猜猜"游戏中，经常会有一个或者几个幼儿违反规则抢先说出物品的名称。

第三，针对问题进行讨论。

游戏结束后，教师可以组织幼儿针对游戏中出现的问题进行讨论。例如，在"摸摸猜猜"游戏中，教师首先让被干扰的幼儿(蒙着眼睛摸东西时，被另一个幼儿抢先说出物品名称)说说自己的感受(心里不舒服，讨厌抢先说出的行为等)，然后让那个抢先说出的幼儿去摸箱子里的物品，教师故意抢先说出物品名称，借此让抢先说出的幼儿体会这种情况下的心理感受，从而深刻理解遵守游戏规则的必要性。教师还可以在游戏结束后组织幼儿充分讨论，借此让幼儿进一步了解违反规则的坏处以及为什么要遵守规则等。

同样，活动结束后，教师在日常生活中要注意观察幼儿的行为，对幼儿的正确行为及时表扬强化。

除了上述三种形式外，教师还可以以讲故事开始的方式或是以参观开始的方式等组织社会教育活动。此外，各种活动组织形式的各个环节也是可以根据需要变化的。必须强调的是，不论是何种形式的教育活动，教师都要注意在教育活动的开始部分采用生动活泼的形式激发幼儿的参与兴趣，然后要有目的地提出事先设计好的问题，引发幼儿换位思考，帮助幼儿学会从他人的角度理解问题，从而知道该如何去做。教师在设计社会教育活动时，应该把幼儿社会认知、社会情感和社会行为的培养有机结合起来，借此有效促进幼儿社会性的发展。

小组活动一般指幼儿园的区域活动。在同一时间，幼儿可根据自己的需要自选不同的活动。教师则根据幼儿的活动状况，随时进行指导以及与幼儿互动。幼儿在与一定的环境、材料、教师的互动过程中获得不同的发展；小组活动相对比较自由和宽松，教师能够有更多机会关注个别幼儿。个别活动一般指针对个别幼儿的特殊需要开展的教育活动，如针对有特殊才能或特殊需求的幼儿的特殊教育，针对性、比较性比较强。

2. 小组活动

小组活动就是教师对由几位幼儿组成一个小集体进行的教育。社会教育活动中，幼儿小组的人员构成有三种状况。第一，按幼儿发展水平对班级幼儿进行分组，这其中有可能存在两种情况：一种是水平相差不大的幼儿集中在一个小组内，另一种是按能力强、中、弱将幼儿搭配组合。这类小组由教师掌握分级权。第二，让幼儿自由结伴形成小组，幼儿自主分组。第三，幼儿园班级本身就固定存在的小组，由幼儿较固定的座位决定。小组规模有大有小，这需要视社会教育活动的内容、教育方法而定。如果活动中需要讨论和口头表达，小组人数可以多一些，可以使幼儿各自掌握的知识、经验得到较多地交流。但人数不能过多，过多会使部分幼儿在组内丧失表达、表现自己的机会；也不能过少，过少会影响小组活动交流的气氛。一般在 6 人左右较好。

以小组教育形式开展社会教育活动的好处在于：①方便师幼交流。②便于教师有针对性地指导。按幼儿社会性发展水平进行分组教育还能使教师分类设计教育要求和教育内容，提供不同活动层次的材料，进行不同程度的指导。③便于教师观察幼儿、了解幼儿。在小组活动中，教师更能了解幼儿的参与情况、活动水平、活动兴趣指向、个性倾向等。④小组活动中，幼儿能以适应自身特点的方式与速度学习。⑤小组间的交流、评价、比赛有利于幼儿合作、竞争等社会性技能的培养，有利于幼儿社会性水平的提高。

3. 个别活动

个别活动是从幼儿发展的现实和当前实际的需要出发，对幼儿个体进行的教育形式。个别活动在社会领域教育中适用于那些幼儿社会性水平差异较大，无需固定上课时间的情形，或遇到特定情境等状况。个别教育中，教师可分别对幼儿进行不同内容的教育，其优越性在于适应幼儿差异，做到因材施教。其不足在于面对一个班级内的幼儿，教师个别教育只同一个幼儿接触，当教师个别教育时，其余幼儿基本处于放任自流的状态。因此，使用个别教育形式要把握好教育时机，既对个别幼儿进行教育，也要为班内其他幼儿安排恰当的活动。同时，要把握好教育的"度"，仔细观察了解幼儿的社会性发展水平，以便教育要求、内容能具有针对性。个别教育形式往往辅助班集体教育形式和小组教育形式进行。

★ 案例4 ★

幼儿个别活动教育指导方案

小一班教师　谢舫

姓名		贞贞	性别	男	年龄	4岁
班级		小一	爱好			绘画、阅读
幼儿基本情况	优势	贞贞小朋友思维敏捷，性格活泼可爱，喜欢上幼儿园；对教师亲切，愿意向教师表达内心的想法；喜欢美术类活动，动手能力较强。				
	需加强	1. 情绪不稳定，开心的时候对感兴趣的事能用心去做，如画画；心情不好时，怎么鼓励其尝试，都很困难。 2. 规则意识缺乏，经常会凭借自己的喜好耍小性子，如做些恶作剧，搞点小破坏；擅自离开教室，游离在外。 3. 和同伴之间交往容易发生摩擦，导致对方受伤。大部分幼儿不太喜欢跟他一起玩。 4. 行为习惯较差，教师反复强调的操作要求都马虎对待，用通俗的话说，就是"油腔滑调"；不能按照教师的要求去做。				
家庭背景		1. 贞贞家庭完整，父母从事医学方面的工作，都属于知识分子。但因工作十分忙碌，教育孩子的时间缺乏，孩子大部分时间由保姆替代。孩子在保姆的教养习惯中没有养成稳定的好习惯，相反形成了散漫、霸道、任性的性格。 2. 当父母意识到自己孩子的现状后，也在家庭中采取了教育措施，但方式过于单一，谈不通就打一顿，因此，教育的收效甚微。更由于孩子屡屡抓人，引得其他家长群起攻之，故父母在孩子的教育方面十分困惑，无可奈何，甚至出现自卑、消极情绪。				
教育目标		1. 日常生活中关注不良行为，鼓励其按照教师的要求来操作。 2. 引导其学会用商量的口气和同伴交流，不用武力解决问题。 3. 逐步改变其任性、散漫的行为，增强其自控能力，学习约束自己，使其能够融入集体而不游离。				
教育实施						
时间		3月		教师关注点		进餐习惯
具体表现		进餐时间到了，看到香喷喷的饭菜，小朋友都开吃起来。贞贞则一会儿东看看，一会儿西看看，迟迟不肯动手，甚至离开位置在教室内跑来跑去。于是教师把他带回位置，他很不乐意，教师说："来，贞贞是个大老虎，今天的排骨真好吃！"教师喂时他就张大嘴巴。当教师走开后，他又玩了起来。几次离开位置被教师拉回来后，他嘟哝着："我不开心，我不喜欢你。"				

✍ 情况分析

第一，贞贞的家长工作忙，孩子基本上是由保姆负责照料。在家中进餐，已经养成了边吃边玩，保姆追着喂的坏习惯。保姆任意迁就孩子，一味地从物质、行为上满足孩子的要求，致使孩子不懂得行为规则，不能制约自我意愿，产生任性、蛮横的不良品质。

第二，由于家长忙于工作，和孩子一起活动的时间明显减少，无疑会对孩子的身心发展产生不利影响。

第三，当教师的指导方法与家庭不一致时，孩子接受不了，产生不良的情绪反应。

✍ 采取措施

从贞贞的问题着手，教师决定通过培养其良好的进餐行为。通过促进其认知发展，引发情感体验来改善其行为问题是一条切实可行的有效途径。

1. 加强行为训练

在行为训练法中，教师强调观察、模仿、强化。引导贞贞向其他吃得好的幼儿观察学习，模仿别人的行为。有意识地让其坐在行为良好的幼儿身边，接受感染。

通过故事、儿歌，激发贞贞好好进餐的愿望。

有小进步马上给予表扬，增强其改变的主动性。

2. 加强家园一致性

通过家长指导，改善家庭教育方式、保姆教养态度等，从根本上去除导致问题行为产生的根源，达到标本兼治的效果。然而，任何一种方法都不是万能的，还需要教师、家长及贞贞的共同努力。

✍ 效果记录

贞贞的进餐习惯其实是其个人的行为问题。对于幼儿行为问题的干预，目标主要是改善其情绪状况和主观不适，纠正不良个性心理特征和消除行为问题反应，使其乐意接受并健康发展。

通过以上措施的干预，贞贞基本认识到进餐是不能随便跑来跑去的。虽然有时候他还是会东张西望，但其行为已经在慢慢转变，主观上已经有了一定的认知经验，关键是其自控能力的提高。

另外，贞贞的家庭也开始有意识地配合教师的教育要求，对其生活中的自由散漫、毫无章法进行一定的约束。虽然这样做可能会比较困难，但是家庭的作用是巨大的，孩子的进步离不开家庭教育的配合。这需要一个漫长的过程，大家一起为之努力。

（案例来源：上海市卢湾区汇龙幼儿园 汇龙）

（二）从性质上划分

从性质上来说，可以划分为教师预设的教育活动和自主生成的教育活动。

教师预设主要是指由教师根据教育目标和幼儿的兴趣、学习需求以及已有经验，以多种形式有目的、有计划地设计的教育活动。强调在活动过程中进行有效的动态性调整，以引导幼儿生动、活泼、主动地活动。

自主生成是指幼儿依据自己的兴趣、经验和需要，在与环境交互作用中自主产生的活动。教师为幼儿创设良好的心理和物质环境，关注、支持、引发幼儿的主动探索和交往，满足幼儿自主活动、自发学习的需要。

在幼儿园实际的教育活动中，应加强"预设"与"生成"的相互渗透，有机结合。大量成功的活动案例表明：教师的预设要建立在幼儿的兴趣、需求的基础上；教师对幼儿关注的话题、兴趣需求进行教育价值判断，要立足于教育目标和幼儿的基本经验。所形成的预设活动要整合三个基本条件：①幼儿成长中必须具备的关键经验，即教育目标；②幼儿当前的学习需要、兴趣；③从幼儿生成活动中转化而来的内容。值得关注的是，教师的预设可以在教育动态中进行调整，教师要善于运用同等教育价值的内容来实现预设活动。

幼儿的生成更多地接受来自周围环境的各种教育暗示，特别是有价值的教育情景；而生成活动的延续、学习兴趣的持久，需要凭借教师的教育资源支持，特别是周围教育资源的加入，以及对活动的扶持关注才得以保证。所形成的生成活动要整合三个基本条件：①幼儿对某种现象的兴趣和爱好所致；②实际生活情景与幼儿生活经验、认知经验发生冲突所致；③幼儿受身边环境和特殊事件激发，受同伴、教师的兴趣爱好所致。值得关注的是，教师要善于将幼儿的个别经验转化为集体需求，有效地将幼儿的需求与教育目标整合。

教师在思考组织各类幼儿活动时，要从幼儿的不同年龄、生活经验的差异性、兴趣关注点入手，结合不同年龄幼儿的学习特点，有效处理预设活动与生成活动的有机整合。小班、中班、大班各个不同年龄段的幼儿活动，体现不同的框架特征，即所谓的"点""线""面"的活动框架。

下面以不同年龄阶段围绕同一主题活动"我们的足球世界杯"所呈现的主

题框架为例，跟随教师与幼儿共同生成主题活动的思路，理解不同年龄阶段幼儿生成活动的不同框架特征。

1. 以"点"的形式呈现的小班幼儿主题活动框架

小班幼儿由于生活经验的缺乏与不足，他们所关注的事件和话题的表象为多，因而在进行活动框架的构建时，通常以单个的活动形式进行生成。它有别于传统的随机教育，其出发点是幼儿的学习需求，落脚点是丰富幼儿的认知体验过程。

★ 案例5 ★

我们的足球世界杯

🐦 背景介绍

随着世界杯足球赛的临近，人们越来越聚焦于有关世界杯的话题，小班的幼儿也感受到身边的情景暗示，在不断与同伴、教师进行"足球世界杯"新闻的交流，于是教师借势编织了主题活动网络。

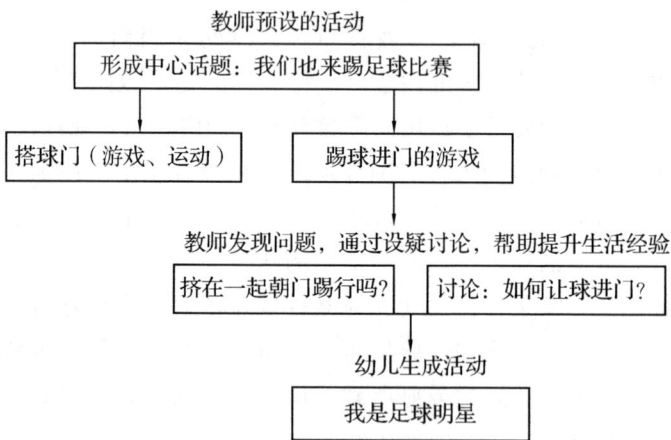

图4-1 小班教师预设的教育活动

🐦 案例分析

如图4-1所示，教师始终围绕踢球进门的话题，与幼儿一起生成相关"踢球进门"的活动，最终达成的目标是：学习踢球进门（遵守游戏规则——一个一个踢球，不能大家挤在一起踢）；学做守门员（遵守游戏规则——守门员只有一个，守门时要把球接住）。在整个活动网络中，每一个活动内容都是独立的，但目标是综合的，包含运动、游戏、学习等领域的要求。活动以发现问题、解决问题为主，最终满足幼儿"踢球进门"这一兴趣点。每个活动呈"点"状分布，具有点到为止的活动特点。

2. 以"线"的形式呈现的中班幼儿主题活动框架

随着中班幼儿生活经验不断增多，求知欲不断扩大，他们表现出爱模仿、爱问为什么、喜欢将感兴趣的事情转述给别人听等活泼好动、积极动用感官的年龄特点，因而主题中的每一个活动都是围绕目标顺延下去的。

★ 案例6 ★

我们的足球世界杯

🕊 **背景介绍**

当整个社会掀起世界杯足球赛热潮时，教师利用社会背景以及班级中部分幼儿的热情，运用综合性组织形式，以幼儿情感体验为主线，围绕中心话题编织了"我们的足球世界杯"主题活动框架。

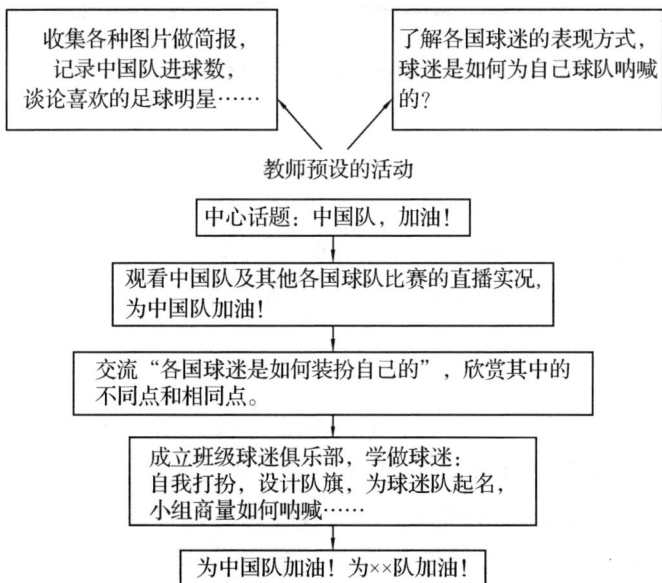

图4-2　中班教师预设的教育活动

🐦 案例分析

如图 4-2 所示，中班幼儿的活动内容更加丰富多样，既有对赛事的关注，特别关注中国队的胜负，又有个体角色装扮及小组集体讨论起名、呐喊话语等活动，进而渗透在每天的运动活动中，为自己加油鼓劲、学做运动员不怕累、坚持锻炼等。整个活动积聚了多层次的教育目标，始终围绕中心话题，只在活动内容的分布上表现内容的重叠和交叉，以线串联。

3. 以"面"的形式呈现的大班幼儿主题活动框架

大班幼儿主题活动框架以"面"的形式呈现，是由"自我评价能力逐步发展、初步理解周围世界中比较隐蔽的因果关系"的年龄特点所决定的。大班幼儿对事物的关注面和关注内容具有独特性和客观性，因而在主题活动过程中，会出现许多相互交叉重叠的内容（是他们发展所需的）。这就使教师在建构主题活动框架时，既要考虑不同的活动目标，内容的有所重叠和交叉，又要兼顾其中每个活动应保持的独立性内容，每个活动为幼儿积累的不同经验，最终使活动框架出现纵横交错的、网络状分布态势。

★ 案例 7 ★

我们的足球世界杯

🐦 背景介绍

在世界杯开始时，幼儿的关注热情高涨，在学习区域中的各种活动都会围绕着世界杯的内容。随着比赛白热化进程，幼儿却开始受成人影响，表现出"中国队总归是输的"情绪，教师为此生成"中国队为什么会输球""中国队赢球靠我们""从小锻炼""小小足球赛"等一系列活动，帮助幼儿从价值判断上形成基本经验。

（框架图略）

课程的生成方式是有机整合、彼此联系、彼此制约的。教师要充分体现教育综合思想，参照幼儿发展的基本经验，融合生活、游戏、运动、学习，融合幼儿当前情境中认知结构发生冲突后所需的各种经验，制订涉及各个领域、各种知识点、各种能力发展的活动方案；同时要遵循活动方案制订的两个指导思想。

第一，教师事先预设计划，但不能固定不变，要在动态的活动中将教育目标内隐在心中，根据幼儿的需求及时进行计划的调整和活动后的反思，并辅以情感体验、直接感受等组织方法，思考活动内容的选择。

第二，教师要追随幼儿需求，但不能过于随意和随机，要把握幼儿的年龄特点、学习方法，考虑幼儿的最近发展区，要注重将对幼儿发展有促进作用的、有教育价值的内容纳入计划，整合实施。

* * * * * * * * * * *

📝 探究学习

一、幼儿社会认知能力有哪两种类型？

二、幼儿积极的交往态度表现在哪些方面？

三、请简述幼儿社会认知和交往态度教育活动的设计要求。

四、《我们手拉手》的案例属于哪种幼儿社会教育组织类型？请说明该类型的社会教育活动的一般流程。

📝 实操训练

一、请到幼儿园观摩一节专门的幼儿社会认知和交往态度教育活动，并指出教师的组织与指导方法是否体现了幼儿社会认知教育活动的设计要求。

二、下面这篇是美国的幼儿社会认知和交往态度教育活动设计。请为中国的小朋友也设计一篇"四季树"社会认知教育活动，然后比较一下中美幼儿社会教育活动设计有哪些相同的地方？

四季树

🕊 活动准备

幼儿园附近的树木，便于观察

🕊 活动过程

请幼儿讨论室外的天气，并回答一个问题：天气是永恒不变的还是变化多端的？

请幼儿回答天气都会发生哪些变化。然后告诉大家，天气会变热、变冷、下雨和下雪等。在春、夏、秋、冬四个不同的季节里，天气也会相应地发生变化。

在幼儿园附近找到一棵树，在一年四季里定期观察一下。

每当新的季节来临时，大家要一起去看一看这棵树，并记录下它的季节变化。

🐦 活动延伸

艺术：在纸上画出一棵大树的轮廓，并为每个幼儿复印 4 份。每当新的季节来临时，就要把蜡笔和其中一张图画发给幼儿，请幼儿在纸上画出大树在这个季节里的样子。请幼儿说一说什么颜色会让自己联想到春、夏、秋、冬四个季节。在牛皮纸上画出一棵大树的轮廓，然后请幼儿把大树在各个季节里的模样装点出来。

第五章
幼儿社会交往兴趣教育活动设计与指导

第一节　社会交往兴趣与幼儿社会性发展

一、　幼儿社会交往兴趣的产生

阿德勒认为，社会兴趣也称"社会关心"，是指人具有一种为他人、为社会的先天思想准备或自然倾向。他认为，人是社会性生物，在本性上具有社会兴趣的潜能，如助人为乐、同情他人的处境等。有无社会兴趣是衡量个体是否健康的主要标准，社会兴趣的水平决定一个人生活意义的大小及其对社会贡献的程度。

人的兴趣不是天生的，而是在后天的生活过程中逐渐形成和发展起来的。兴趣也是以需要为基础的，虽然不是所有的需要都会产生兴趣，但是符合需要的事物，都可以引起人的兴趣。幼儿从小就表现出与人交往的需要：当妈妈喂婴儿吃奶时，用"呵呵"的声音与婴儿交往，孩子会用眼睛看着妈妈或以笑作答，这是亲子之情的流露和表现；孩子也非常喜欢跟小伙伴交往，即使不认识，只要碰在一起，八九个月大的婴儿便会互相摸抓，以表示亲热，年龄大一点的则因为有共同的乐趣、相互能懂的语言，很自然地在一起玩耍。

而且当孩子的这种交往需要得到满足时，往往会特别高兴。2～6岁是人际交往智能成长的关键时期。这个年龄阶段的幼儿，当妈妈生病时，能理解、感受妈妈难受的心情，并且说一些关心的话语；对游戏过程中出现的矛盾和纠纷，能学会克制独占、利己的想法，能与他人共同协商等。随着年龄的增长，幼儿期的主导需要不仅有生理的需要与安全的需要，而且有交往的需要、尊重的需要等社会性需要，并且各种需要的水平在不断地提高。

交往兴趣源自内部动机愿望，并在行动中获得满足而巩固、加深。只有交往的动机和愿望而没有交往的行动，很难产生交往兴趣；有愿望也有行动，但行动结果不令人满意，也难以产生兴趣，即使产生兴趣也不能维持长久。幼儿渴望认识世界，喜欢与人交往，对周围的事物和各种活动表现出了广泛兴趣。例如，幼儿一般喜欢小动物和各种花草树木，对雨、露、雾、雪等自然现象也很有兴趣；喜欢观看成人的劳动和交往等社会活动；特别爱好游戏和玩具，也喜欢参加简单的劳动及音乐、美术、体育等活动。幼儿期的主导兴趣是游戏，他们特别喜欢问为什么，喜欢摆弄、操作物体，进行探究活动。

幼儿期是社会交往初步形成和发展的重要时期，幼儿社会交往兴趣的有效引导，关系到幼儿的一生发展。教师应正确认识幼儿与人交往的需要，有意识地创设交往的条件，满足幼儿情感上的需要。

研究表明，幼儿社会交往兴趣最初是在亲子交往过程中产生的。父母的一项重要任务就是唤起和培养幼儿的社会交往兴趣，而对幼儿的溺爱和漠视，则是影响幼儿社会交往兴趣发展的两个重要原因。积极的社会交往兴趣反映的是个体对交往对象的友好态度和倾向，拥有积极社会交往兴趣的个体在社会性发展过程中，需要得到社会的认可，并从社会的接纳和认可中获得满足，获得对自我的肯定。同时，消极的社会交往兴趣会让个体表现出对外界的拒绝与排斥，或是害怕与退缩，从而出现适应不良的问题。

★ 案例1 ★

奉献爱心

活动领域：社会　适宜对象：大班

授课教师：金英　幼儿园：吉林省延吉市新苗幼儿园

❧ 学情分析

由于大多数家庭为"四二一"的结构，幼儿得到全家人的关注和爱，久而久之，他们将更多的精力集中于买零食、买玩具，而忽视了对身边生活的人和事的关注。为培养幼儿的爱心和同情心，让幼儿体验爱心活动的意义和乐趣，结合幼儿的年龄特点，设计了这一活动。

❧ 活动目标

1. 学会与人交往，提高口语表达能力
2. 体验爱心活动的意义和乐趣，培养其爱心和同情心
3. 学会提出问题、思考问题、解决问题

❧ 活动准备

材料准备：积攒的零用钱、爱心箱。

经验准备：课前请家长和幼儿搜集汶川地震的救援资料，雷锋帮助他人的资料，让幼儿知道关爱他人是一种美德。

❧ 活动过程

（活动前教师联系市红十字会的工作人员，请他们届时来接收教师和幼儿的捐款）

1. 引导幼儿了解汶川地震的相关情况，引起幼儿对灾区的关注和关心

师：知道汶川大地震吗？

师：怎么知道的？（看电视，网络……）

师：发生地震后，那里的小朋友怎么样了呢？（失去了家人，没有了家，不能上学……）

师：发生地震后，很多好心人做了什么呢？（伸出援助之手，奉献爱心）

师：那我们可以帮助他们吗？

分析：教师把搜集的地震资料给幼儿看，激发幼儿的活动兴趣，让他们想说、敢说、有机会说。

2. 给幼儿讲述雷锋的故事

教师讲述雷锋的故事。

师：雷锋见到别人有困难时，是怎么做的？（主动帮助别人）

师：雷锋帮助别人之后，留姓名了吗？雷锋是一个什么样的人？（没有留姓名、助人为乐的人、省吃俭用的人……）

3.引导幼儿把节约下来的零钱放到爱心箱里

(1)培养幼儿的节约意识

师：我们平时应该怎样花钱？为什么？（应该少买零食、玩具，要节约）

师：节约下来的零用钱该怎么花呢？（捐到爱心箱里）

(2)捐零用钱，表达自己的情感

我们为什么要捐零用钱呢？（让灾区小朋友生活得好一些，让他们上学，给他们买衣服穿，买好吃的……）

师：那我们跟爸爸妈妈一起表达我们的爱心，好吗？

4.教师和幼儿一起卖废旧物品

请家长把与幼儿共同搜集的废旧物品带到幼儿园，教师和幼儿一起把搜集的废旧物品卖给垃圾回收站。

5.将卖废品的钱捐给市红十字会

请市红十字会的人员前来接收教师和幼儿的捐款。

6.活动延伸

(1)请幼儿谈谈自己在献爱心活动中的感受

师：你们在活动中有什么值得和大家分享的高兴事？有没有遇到什么困难和问题？你是怎样解决的？

(2)引导幼儿学写感谢信

师：我们的义卖活动得到很多班级的小朋友和他们的爸爸妈妈的支持，我们应该表示感谢，写一封感谢信，那怎样写感谢信呢？

🐦 教师评析

这是一个由教师和幼儿共同生成的系列主题活动。教师创设相关教育情境，引起幼儿的兴趣，适时抓住教育契机，与幼儿共同商量和策划了一个以"学雷锋献爱心"为主线的活动。活动整合了语言、社会、情感等各领域内容，使幼儿在参与搜集、策划、讨论、买卖等活动中，学会了提出问题、思考问题、解决问题，语言能力、交往能力得到进一步提高。更重要的是，幼儿从中了解了周围生活中的人和事，学会了关心爱护他人，也感受到参与献爱心活动的意义和乐趣。

🐦 专家评析

此活动由教师和幼儿共同生成。教师通过活动对幼儿进行了情感方面的教育，培养了幼儿的情商，同时，社会组织和家长参与到活动中可以共同促进幼儿的全面发展。活动实践性强，参与面广，有始有终，基本实现了教学目标。通过活动，幼儿学会了提出问题、思考问题、解决问题，这也使得幼儿的语言和交往能力得到进一步提高。更让人欣慰的是，幼儿从中学会了关注周围的人和事。从目标的达成方面来说，活动非常成功。建议活动的第一环节与第二环节对调一下，教师对活动展开的过程记录和分析应更详细一些。

（选自：教育部教育管理信息中心．全国优秀幼儿社会教育活动课例评析．重庆：西南师范大学出版社，2011.）

二、 社会交往兴趣与幼儿社会性发展

社会交往兴趣在幼儿社会性发展过程中扮演了重要的角色。幼儿社会交往兴趣影响着个体的社会交往能力。它对幼儿社会性发展的价值体现在以下几个方面。

（一）良好的社会交往兴趣促进幼儿社会性发展

随着人类生活质量的不断提高，社会交往成为人类生存的一项基本需要。幼儿期是个体社会性发展的关键时期，而幼儿社会性发展是在社会交往中实现的。幼儿的社会交往是从社会交往兴趣开始的。幼儿从有一点点的好奇心发展到可以深入其中，从而可以进行良好的社交活动，充分发挥幼儿的积极性、主动性、创造性，进而体现自己的才能，获得健全的人格，为以后的生活打下坚实的基础。

要使幼儿建立良好的交往兴趣，教师和家长必须通过以下几点来使幼儿在未来的人际交往中有更强的兴趣和沟通能力。

第一，提高幼儿的语言表达能力，完善自我表达方式，使幼儿正确的理解他人的意图，教师在这一过程中进行正确的指导。

第二，促进幼儿的表情动作、口述能力的提高，使其以不同的方式展示自己。

第三，帮助幼儿理解换位思考的重要性，使幼儿在与同伴的交往过程中可以彼此商量、谦让合作，从而体验到更多的快乐。

（二）良好的社会交往兴趣是幼儿重要的社会支持

艾立克·费罗姆曾说过："人类只有在与其同胞们携手并肩、休戚与共中才能找到快乐和满足。"这正是社会对个体情感发展的期待。例如，在某幼儿园有两个小女孩，慧慧和然然。她们都是很内向的小朋友，平时很难看到她

们开心地玩耍、嬉戏和大胆交流。然而在幼儿园组织的一次远足活动中，教师发现她俩是好朋友，而且两人在一起的时候很活泼、很开朗，语言交流很多，一点都不像一个人独处时的样子。由此可见，社会交往兴趣对获得社会支持、增进友谊大有好处。幼儿在与同伴的竞赛性交往中获胜而感到自豪，这是同伴所能接受的；但是继而产生骄傲的情绪，同伴群体在言行上会表现出反感，这导致幼儿不得不对自己的交往行为进行改变，否则将受到群体的排斥。

★ 案例2 ★

激发幼儿的交往兴趣

教师跟幼儿交往时，首先要注意沟通方式。沟通需要的是亲和的态度。教师可以多在镜子面前做表情练习，学习怎样的表情才能让幼儿感觉到是很亲和的。学会用亲和的态度和幼儿沟通只是第一步，接下来要注意肢体动作示范。小班幼儿不听话的主要原因是听不懂教师的语言指令，这个年龄的幼儿学习方式以模仿为主，所以教师的语言最好能配合肢体动作。例如，边表扬边拥抱幼儿就比只用语言的表扬有效，边吩咐边和幼儿一起收拾玩具就比只吩咐有效，告诉幼儿"和老师一起喝水"就比说"赶快喝水"有效。另外，教师要注意说话应直接、明确，不要话里有话。例如，说"你还在厕所玩水"就不如说"赶快出来"直接有效。

教师要注意与幼儿建立感情。要让幼儿喜欢自己，首先是不要吓到幼儿。如果是很内向的幼儿，刚开始时不要用过分热情的动作去拥抱他或跟他打招呼，要让幼儿看到你对他的态度是在意不在意之间，这样他就不会觉得教师会对他造成威胁。等幼儿对你产生好奇，主动和你交往了——交往兴趣的产生，教师就容易建立与幼儿之间的初步关系了。有些教师会用奖励小红花或者小糖果等方式让幼儿喜欢他，但有时这是不可取的。建立感情真正有效的方法是"同理心"，即让幼儿知道你明白他的感受，让他知道教师理解他、支持他。假如幼儿想找妈妈或者有事不开心，教师就可以说"我知道，你心里想妈妈，老师让你在这里好好想妈妈，你想完妈妈就过来和老师做活动"。教师一定不要强硬地对他说"没什么好想的，妈妈很快就会来接你，过来做活动"。

这样说只会让幼儿觉得教师在支配他，不理解他，这种感觉很不好。所以，教师要学会建立感情的技巧，让幼儿觉得你是可以依赖的。教师应该在开始时多花些时间跟幼儿建立感情，有了感情以后再进行教育就容易多了。

此外，教师还要注意以正面的引导方法引导幼儿，即不要用"不能够""不要""不准"等负面的命令式语气词。幼儿在活动中没有坐好，教师说"你们还不坐好"，这就是负面的指令，是不对的；教师应该说"老师已经坐好了，老师相信你们都能够像老师一样坐好"，这才是正面的引导。千万不要给幼儿"贴"上负面标签，更不能几个教师同时给幼儿"贴"负面标签。要记住，一个吃饭吃得慢的幼儿不会因为教师说他是班里吃饭最慢的而改变，相反，他会越来越慢。而正面的引导，才会有事半功倍的效果。

（选自：[美]蔡伟忠. 跳出传统思维的幼儿园教师实用手册. 北京：农村读物出版社，2010.）

第二节 幼儿社会交往兴趣教育活动设计与指导

一、 幼儿社会交往兴趣教育活动的设计要求

（一）创设温暖、关爱和平等的集体生活氛围，建立良好的师幼关系和同伴关系

幼儿社会交往兴趣是在日常生活和游戏中，通过观察和模仿潜移默化地发展起来的，成人的榜样示范作用至关重要。幼儿社会交往兴趣的发展有赖于成人的帮助与指导，也有赖于良好的环境与充分的练习机会。因此，教师可根据幼儿的实际设计有效的、可操作的教育活动方案。

教师在幼儿心目中有很高的威信。在社会交往兴趣培养的活动中，教师的每一句话、每一个动作都是幼儿模仿学习的榜样。教师应掌握和幼儿建立感情的技巧，加强和幼儿的沟通、交流。例如，教师通过观察发现，幼儿在与同伴交往时，常常会因为一点小事闹别扭。当同伴遇到不开心的事情时，幼儿也缺少安慰、关心的举动。于是，教师设计了"开心小人"的活动。教师通过讲述亲身经历，引导幼儿明白每个人都有不开心的时候，心情的房间里

有个黑色小人在生气，如果我们把不开心的原因说出来，就可以把黑色小人放出来，使他们变成开心小人。当我们开心时，心情的房间里就会有个红色小人在高兴，如果我们把开心的事说出来，就可以把红色小人放出来，让别人跟着一起开心。在教师的细心引导下，幼儿纷纷讲起了自己和同伴闹别扭，心里不开心的原因，幼儿听后逐渐理解了他人的情感，明白保持快乐情绪的重要性，知道当同伴之间发生冲突时，要用正确的方法解决问题。

(二)关注幼儿的年龄差异，精心设计活动方案

小班主要是培养幼儿的交往意识。在成人的引导下学习主动与成人交往，与同伴共同游戏。中班、大班主要是培养幼儿与人交往的、与人交往的乐趣，增强合作意识、集体意识。在活动中注意少讲多做，活动过程设计简单明了，增加练习的次数和难度，多给幼儿提供支持和帮助。

在日常生活中，应积极创设幼儿交往的机会，让幼儿学习交往的基本规则和技能，体会交往的乐趣。例如，多为幼儿提供自由交往和游戏的机会，鼓励他们自主选择、自由结伴开展活动；利用相关的图书、故事，结合幼儿的交往经验，与他们讨论什么样的行为受大家欢迎；当幼儿与同伴发生矛盾或冲突时，指导他们尝试协商、交换、轮流、合作等。

(三)加强语言能力的训练，鼓励幼儿大胆用语言与他人交往

在许多矛盾冲突中，绝大多数是由于幼儿不会运用交往语言而引发的。因此，教师如何在日常活动的各个环节中加强语言能力的训练，显得尤为重要。在日常活动中，要注重从幼儿感兴趣的事情入手，委托幼儿去办事传话，鼓励幼儿主动说话，和周围的人交谈。例如，可以把"每天与家长、教师、小伙伴说一句悄悄话"作为任务交给幼儿。一句话是小事，但却培养了幼儿大胆用语言交往的能力。

(四)注重教师"教"的学问和幼儿"学"的兴趣

幼儿之间有种天然的亲和力，他们喜欢在一起游戏，但在游戏中常常出现各自游戏、互不干扰的局面，或互相攻击、争抢玩具的现象，这都是由于幼儿年龄小，缺乏社会交往经验造成的。因此，教给幼儿一些友好交往的技能是非常必要的。

在活动中可以使用移情训练、角色扮演等行之有效的方法培养幼儿良好

的交往技能和交往兴趣，如分享、合作、谦让、助人、抚慰等。通过社会活动"赢得朋友"，鼓励幼儿之间找朋友，开展小小辩论会"你觉得什么好？"，测一测"谁最受欢迎？"引导幼儿尝试表达和控制自己的情绪，掌握一些表达情感与交往合作的技能；让幼儿经常保持好心情，感受集体生活的愉快；使幼儿在与人、事、物的相互作用中激发浓厚的交往兴趣，逐步提高交往能力。

在幼儿活动中，教师常以"伙伴"的身份加入到幼儿中去。当幼儿间发生争执时，尽量不充当"裁决者"，而是参与到幼儿中寻找争执的原因，商量协调的方法，帮助幼儿掌握正确的交往技能。例如，一次户外活动时，宁宁正在玩皮球，这时泽泽跑过来就抢，宁宁急得大哭起来，委屈地说："你为什么抢我的皮球？"泽泽回答道："老师说了，好玩的玩具，大家要轮着玩。"宁宁不服气地说："我还没玩够呢！你为什么抢？"泽泽说："我也要玩！"两人就吵了起来。其实，教师早就看在眼里，只是为了锻炼他们的交往能力，有意让他们多争吵一会儿。看他俩争执不下，才决定去处理。教师走到他们面前，心平气和地说："泽泽，你为什么抢宁宁的玩具？"泽泽说："老师，宁宁玩了很长时间了，还不让我玩？"教师接着问："你和她商量了吗？"泽泽低下头，声音很低地说："没有。"教师说："你应该好好跟宁宁说。宁宁姐姐，皮球借我玩一会儿，好不好？"并顺势问宁宁："如果泽泽和你商量，你同不同意啊？"宁宁点了点头。就这样，两个孩子都消了气，一块玩了起来。

（五）通过游戏活动学习不同角色之间的交往方式

游戏是幼儿最喜爱的活动，在游戏活动中培养幼儿的交往兴趣是一条重要的途径。游戏中，幼儿以愉快的心情，兴趣盎然的再现现实生活，对教师的启发、引导很容易接受。结构游戏、角色游戏等创造性游戏具有群体性，是幼儿对社会生活的一种再现。幼儿通过自己的或与同伴的共同活动，把最感兴趣的事情反映出来，学习不同角色之间的交往方式，从中学会和谐共处，学会合作。

例如，组织角色游戏娃娃家、医院、菜市场等，让幼儿在扮演不同的社会角色中，不但

图 5-1 小朋友扮演理发师和顾客
东北师范大学附属幼儿园

能掌握社会行为规范，摆脱自我中心，而且能学习不同角色之间的交往方式，学习"娃娃"与"长辈"的交往、"医生"与"病人"的交往、"营业员"与顾客的交往等。孩子们你来我往，能保持愉快的情绪，更增添了幼儿交往的兴趣。另外，幼儿在游戏角色中活动，扮演着各种角色，逐渐认识和理解角色的义务、职责，不断学习着社会经验和行为准则，进而使同情心、责任心得到发展，并逐步养成互相帮助的良好品德。例如，"公交汽车"的售票员会把娃娃家长的爷爷、奶奶扶下车等。因此，游戏是培养幼儿合作、促进交往的最佳活动。

图 5-2　小朋友扮演营业员和顾客
东北师范大学附属幼儿园

图 5-3　小朋友扮演服务员和客人
东北师范大学附属幼儿园

图 5-4　小朋友扮演医生和病人
东北师范大学附属幼儿园

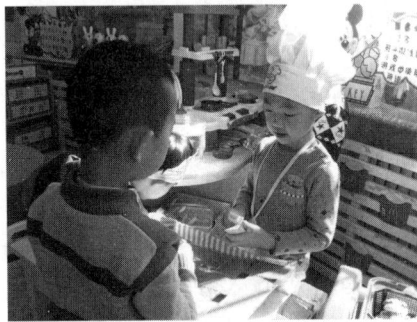

图 5-5　小朋友扮演厨师和客人
东北师范大学附属幼儿园

二、幼儿社会交往兴趣教育活动的基本类型

（一）亲子交往活动

亲子交往活动是指父母与子女的交往活动。亲子交往活动主要有：一起

阅读，一起游戏(运动、棋类)，一起游玩，一起唱歌、跳舞，一起制作作品等。幼儿园可以组织亲子交往活动。例如，过儿童节、母亲节、父亲节的时候，将幼儿父母请到幼儿园参加活动，组织幼儿和家长一起外出参观游玩，组织亲子运动会，以及各类演出等。

★ 案例3 ★

亲子游戏"点点豆豆"

🐦 活动目标

1. 使幼儿运用身体的动作，熟练掌握儿歌内容

2. 发展使幼儿听觉空间智能、身体运动智能

3. 通过亲子游戏，增进亲子关系，感受亲子合作的乐趣

🐦 活动准备

1. 幼儿已经学过手指操"点点豆豆"、童谣《拉大锯，扯大锯》

2. 地毯、幼儿坐在妈妈身边

3. 音乐《找朋友》

🐦 活动过程

教师带领幼儿朗诵童谣《拉大锯，扯大锯》，并进入活动场地。

师：你们看，谁来了？

幼：妈妈。

师：你们高兴吗？我们今天要和自己的妈妈做游戏。现在我们一边唱歌一边去找自己的妈妈。

教师播放音乐《找朋友》，和幼儿一起有感情地进行表演唱《找妈妈》。幼儿一边唱歌一边找到自己的妈妈，坐在妈妈身边。

师：小朋友们，你们还记得《点点豆豆》的儿歌吗？我们边说儿歌边玩一个手指操游戏吧。

师：请把你们的小手手心向上伸出来，准备。

幼儿和教师一同做手指操"点点豆豆"。

师：你们的小手做得真好看。

师：我请一位小朋友到前面给大家表演，谁愿意来？

选择一位小朋友到前面和大家一起做手指操。

师：现在你们来当妈妈的老师，和妈妈一起玩"点点豆豆"游戏，好不好？

幼儿和家长一起玩亲子游戏"点点豆豆"。

师：我想请一位小朋友到我这来，做我的宝宝，给大家表演"点点豆豆"。（请妈妈手心向上，幼儿的食指点妈妈的手心）开花石榴（请妈妈和幼儿五指相扣），小狗搬家（请妈妈和幼儿双手握拳，推手腕），咔嚓一锁（妈妈与幼儿拇指相扣）。

师："妈妈们！你们学会了吗？现在我们再来一次。"

教师带领幼儿和家长重复进行游戏。

教师选择一名幼儿示范表演亲子游戏"拉大锯，扯大锯"。请妈妈们将腿伸平坐在地上，幼儿坐在妈妈的腿上，脸朝向妈妈，进行游戏。拉大锯，扯大锯（妈妈与幼儿双手相牵，来回推拉），姥姥家看大戏（妈妈与幼儿双手相牵，双腿上下颤动），你也去，我也去（妈妈与幼儿双手相牵，来回推拉），就是不让二妞去（妈妈与幼儿双手相牵，双腿上下颤动）。嗯……（妈妈与幼儿拥抱，幼儿撒娇动作）反复做几遍。

师：小老师们，你们今天表现得棒极了！把妈妈都教会了！老师想请你们今天回家后再把"拉大锯，扯大锯"的游戏教给爸爸，下一次，我们邀请爸爸来和我们一起玩游戏，好不好？

幼：好！

教师和幼儿搭火车唱着儿歌离开活动场。

🐦 活动材料

儿歌《点点豆豆》

点点豆豆，

开花石榴，

小狗搬家，

咔嚓一锁。

童谣《拉大锯，扯大锯》

拉大锯，扯大锯，

姥姥家看大戏，

你也去，我也去，

就是不让二妞去。

嗯……

🕊 **操作提示**

本次活动以徒手操为主，以童谣《拉大锯，扯大锯》导入。幼儿欢快地唱着儿歌与父母打招呼，进入本次活动。

通过亲子间的相互合作，增强幼儿与父母间的默契度，进一步增进亲子之间的感情。

在活动中教师，鼓励幼儿积极主动到前面表演，并给予一定的表扬，从而增强了幼儿的自信心与表演欲望。

教师在组织亲子活动前，幼儿应已掌握童谣内容并能背诵童谣；在进行亲子活动时，教师为家长逐句展示规范动作和活动意图，教师应关注到全体幼儿，尊重个体差异，控制好亲子活动进行的环节，保证活动能顺利进行。

（执教：吉林省长春市翰思幼教集团　薛双双　指导教师：徐瑀擎）

（二）同伴交往活动

同伴交往活动是指以同伴交往为对象的活动。影响同伴交往的因素有社会行为特征、性格特征、外貌特征和社会认知能力。幼儿与幼儿之间良好的交往关系，能和良好的亲子关系一样，使幼儿产生安全感和归宿感，从而心情轻松、愉快。通过观察发现，幼儿在同伴交往中通常表现出更多的、更明显的愉快和无拘无束的交谈，并能更放松、更自主地投入活动。

研究表明，幼儿交往的需要是与生俱来的。人也正是在社会交往中从自然人成长为社会人的。幼儿也只有在与同伴的交往中，才能真正得到孩子式的兴趣和欢乐，他们的社会性才能得到逐步发展。

（三）教师和幼儿的交往活动

幼儿教育的过程是教师与幼儿相互作用的过程。在这个过程中，教师起着引导、启发、询问、建议的作用，而幼儿则有选择地观察、模仿、尝试、操作并把信息内化。教师主导作用的发挥必须通过与幼儿的相互交往来实现。这就需要每位教师和幼儿建立一种新型的师幼关系。学会与幼儿正确交往，才能让幼儿在快乐中健康成长。

1. 直接指导

直接指导是指教师直接对幼儿提出要求，交接和示范某些知识技能或给予一定的帮助。直接指导可以使幼儿尽快地明确应该怎么做。例如，洗手之前让幼儿把袖子卷起来，先把手淋湿，再擦上肥皂，然后仔细搓洗手心手背，最后用清水冲洗干净。在这一指导过程中，教师用亲切、简洁的语言，清楚明了的要求，让幼儿明确行动的步骤、方法和结果。但是在对某种危险行为进行直接指导时，教师的语气就要非常坚决，使幼儿明辨是非。例如，上攀登架时让幼儿手抓紧再挪脚，脚踩踏实再移动手。

2. 聊天

聊天，即幼儿在一种无拘无束的氛围中与教师直接进行面对面的交流。幼儿感到自然就会畅所欲言，师幼关系也就更融洽。例如，某个幼儿一到吃饭时间就要掉眼泪，教师在与家长的交谈中了解到该幼儿在家也是如此。为此，教师主动与她聊天，了解到在家里，爸爸妈妈为了让她多吃饭，每次都给她盛较多的饭菜，她总是害怕吃不了，所以一到吃饭就掉眼泪。教师对她说："以后吃饭的时候老师给你盛少点儿好吗？"她点点头，笑了。第二天吃饭，教师给她少盛了一点儿，她很高兴地吃完了。以后几天教师都给她少盛一点儿，她也都高兴地吃完了。这天，教师对她说："你前几天都吃得很好，今天吃完一碗后添一点儿好吗？"她低下头，不作声了。教师就对她说："你一定行的。"在教师的鼓励下，她又添了一点点饭菜，教师马上在班上表扬了她。从那以后，她每天都主动来添饭。可见，聊天能使教师获得许多意料之外的重要信息，对有的放矢地引导和教育幼儿很有好处。

3. 参与活动

教师参与幼儿的活动也是教师与幼儿交往的一种方式。通过参与幼儿的活动，教师可以更好地促进幼儿的发展。例如，中班幼儿对拼图兴趣不大，每次游戏时，选择拼图的幼儿很少。游戏时，教师就和几个幼儿一起玩拼图。开始时，教师让他们按图示帮助找某一块拼图；渐渐地，教师就让两个幼儿一起拼；再后来，当他们拼得比较熟练的时候，教师就和他们用同样的两盒拼图比赛，看谁在规定的时间内先拼完整。这样就调动了幼儿拼图的积极性，提高了他们的拼图能力。

4. 委托任务

教师通过委托任务的方式与幼儿交往，可以使幼儿的独立性、责任感和办事能力得到较好的发展。例如，每天早晨，幼儿擦好小椅子和窗台后，教师可以委托一名值日生负责检查是否合格；餐前洗手时，委托一名值日生检查是否洗干净、擦干；有时还可以委托幼儿到办公室拿东西，以及分发学习用具等。

长期坚持，可以增强幼儿的集体意识和乐于为集体做事的良好行为习惯。

5. 询问、启发和建议

在交往过程中，教师有时不必把答案直接告诉幼儿，可以通过询问、启发和建议的方法提高幼儿主动解决问题的能力。例如，大班的几个幼儿争论着这样一个问题：青蛙到底先长前腿还是先长后腿。当他们来问教师时，教师就对他们说："这几天你们要注意观察，一定会有所发现。"果然，几天后，他们就来告诉教师，青蛙先长出了后腿。

6. 积极反馈和评价

对于幼儿的进步，哪怕是点滴进步，教师都要做出积极的反馈，如点头、微笑、亲切的抚摸、拥抱、语言肯定和赞扬等。这种强化可以帮助幼儿建立自尊、自信，给他们带来精神上的愉悦、自豪和满足。例如，小班幼儿第一次爬攀登架，中班幼儿第一次会系鞋带、会用筷子吃饭等，都应得到教师积极的反馈和评价。反之，当幼儿出现问题行为时，适度的批评也是必要的。

教师与幼儿的交往中也常常存在一些问题，需要特别注意以下几点。

第一，集体交往与个别交往并重。尤其不能只和少数幼儿亲密交往，要让每一个幼儿都感到教师的爱心和关注。个别交往与集体交往的教育作用是不一样的，教师要区别使用。

第二，教师不要总是以"教育者"的身份出现在幼儿面前，不要处处指示、命令、批评、限制，而要经常以"幼儿的伙伴、朋友"的身份出现在幼儿面前，要在参与幼儿的活动中多向幼儿询问，给予启发和建议，多与幼儿平等地协商。

第三，教师要善于运用静态的交往方式，注意用表情、目光和体态语言等比较含蓄的方式与幼儿进行交流，并及时给予肯定和赞扬。对值得推广的良好行为，还可以运用文字、绘画、实物加以强化，给幼儿留下深刻的印象。

在培养幼儿交往时，注重对幼儿交往兴趣的培养，帮助幼儿建立、产生积极的交往态度。这是幼儿进一步学习的基础。幼儿交往能力的提高取决于幼儿交往技能和基本规则的掌握。而这对于幼儿个体社会化进程来讲，是一个高层次的目标要求。幼儿需要不断地实践、学习，才能形成稳定、内化的特质。因此，幼儿社会交往的培养不是一个短期的过程，需要社会、家庭、幼儿园持续为幼儿个体社会化发展提供条件与机会。

探究学习

一、幼儿最初的社会交往兴趣是如何产生的？

二、结合案例《奉献爱心》，说明一下社会交往兴趣对个体会产生怎样的影响。

三、结合案例《激发幼儿的交往兴趣》，请谈谈如何激发小班幼儿的交往兴趣。

四、请简述幼儿社会交往兴趣教育活动的设计要求。

五、《点点豆豆》的案例属于哪种幼儿社会教育活动组织类型？请说明幼儿社会交往兴趣教育活动具体包括哪几种类型。

实操训练

一、请到幼儿园观摩一节专门的幼儿社会交往兴趣教育活动，并指出教师的组织与指导方法是否体现了幼儿社会交往兴趣教育活动的设计要求。

二、请在实习指导教师的帮助下，为小班、中班、大班幼儿各设计一篇社会交往兴趣活动方案，并说明在具体指导方法上有什么差异。

第六章
幼儿同伴交往教育活动设计与指导

第一节 幼儿同伴交往与幼儿社会性发展

幼儿入园后，同伴交往作为一种自由、平等的交往，逐渐成为他们社会性发展的主要途径。同伴交往不仅能满足幼儿的交往需要、发展幼儿的社会交往能力，而且成为幼儿获得社会支持和安全感的重要源泉，并使他们在快乐的童年生活中获得有益的交往经验，帮助他们形成健全的人格。

一、 幼儿同伴关系的建立

同伴是指彼此地位平等的人。幼儿同伴关系是指年龄相同或相近的幼儿之间的共同活动以及相互协作的关系。与亲子关系、师幼关系相比，在幼儿同伴关系中，幼儿之间的地位是平等互惠的。同伴关系对发展幼儿社会交往能力有着不可替代的作用。

(一)幼儿同伴接纳的类型

根据幼儿在同伴群体中彼此喜欢或接纳的程度，可将同伴关系划分为以下五种类型。

1. 受欢迎幼儿

这类幼儿通常擅长交往、友好，支持同伴，能够发动和维持相互交往，能够和平地解决争端，具有较多的亲社会行为，较少表现攻击性行为。

2. 被拒绝幼儿

这类幼儿通常具有较强的攻击性、破坏性和学习困难，是不被大多数同伴喜欢的幼儿。

3. 被忽视幼儿

这类幼儿通常具有羞怯性、焦虑性，缺乏同伴之间的亲密感。不善交谈，很少主动参与群体活动，也极少引起他人的注意。他们的攻击性行为少，对他人的攻击表现出退缩。

4. 矛盾的幼儿

这类幼儿通常被某些同伴所喜爱，因其消极的行为品质而不被另外的同伴所喜欢。

5. 一般的幼儿

这类幼儿具有积极和消极行为品质的两重性，同伴接纳程度处于一般情况。

同伴接纳的类型不同表明幼儿在同伴中的地位不同。研究表明，幼儿的社会行为与其在同伴心目中的地位有显著的相关性。亲社会行为与同伴接纳有关，攻击或破坏行为与同伴拒绝有关。例如，幼儿的攻击性行为、社会退缩行为以及社会交往能力的缺乏，可能导致其同伴关系较差；相反，幼儿的礼貌、领导等亲社会行为以及良好的社会交往能力，则有助于良好的同伴关系的形成。

★ 案例1 ★

性格孤僻的霍华德·休斯

霍华德·休斯的名字在美国可谓家喻户晓。据说电影《钢铁侠》《飞行家》就是根据他的原型塑造的人物形象。人们把他称为"将神话与怪异集于一身的天才人物"。

休斯从小性格内向、害羞、不擅长交往，他的童年生活几乎没有任何朋友。为了改变他孤僻的性格，老休斯让小休斯参加童子军夏令营，跟小伙伴们在野外一起游玩，锻炼小休斯的社交能力。可是，小休斯总喜欢单独行动，远远地避开小伙伴，人们很难寻找到他的踪影。小休斯经常表现出这种社交退缩行为，对其成年后的个性以及社会交往产生了极其严重的负面影响。20世纪50年代末，霍华德·休斯彻底从公众的视线中消失，从此不在公开场合抛头露面。

值得一提的是，小休斯的性格具有坚韧执着的优秀品质，一旦确定了目标，他就会锲而不舍，甚至不顾一切地完成，直到满意为止，这正是他长大后在事业上取得惊人成就的重要因素。

这个案例是令人深思的。让幼儿健康成长是每个家长和教师的重要责任。幼儿社会性发展有其规律可循：如果幼儿的同伴关系是和谐的，那么，他的成长就会顺利；如果幼儿和同伴关系紧张，那么，他的成长就可能不顺利，甚至可能产生严重的心理危机。

（二）幼儿同伴关系的建立

幼儿能否与同伴建立良好关系，一方面受其成长环境、教养态度等外在因素的影响；另一方面又受其行为特征、社会认知、情绪情感等自身因素的影响。《指南》明确指出：幼儿在社会领域学习与发展的目标是能与同伴友好相处。

在实践中可以遵循如下教育建议。

第一，结合具体情境，指导幼儿学习交往的基本规则和技能。例如，当幼儿不知怎样加入同伴游戏，或提出请求不被接受时，建议他拿出玩具邀请大家一起玩；或者扮成某个角色加入同伴的游戏。对幼儿与同伴分享玩具、图书等行为给予肯定，让他对自己的表现感到高兴和满足。当幼儿与同伴发生矛盾或冲突时，指导他尝试用协商、交换、轮流、合作等方式解决冲突。利用相关的图书、故事，结合幼儿的交往经验，和他讨论什么样的行为受大家欢迎，想要得到他人的接纳应该怎样做。幼儿园应多为幼儿提供需要大家齐心协力才能完成的活动，让幼儿在具体活动中体会合作的重要性，学习分工合作。

第二，结合具体情境，引导幼儿换位思考，学习理解他人。例如，幼儿有争抢玩具等不友好的行为时，引导他们思考"假如你是那个小朋友，你有什么感受？"让幼儿学习理解他人的想法和感受。

第三，和幼儿一起谈谈他的好朋友，说说喜欢这个朋友的原因，引导他多发现同伴的优点、长处。

★ 案例2 ★

任性的小女孩荣荣(中班)

荣荣是一个非常任性的小女孩，在小朋友玩玩具、看书的过程中总是把许多玩具、书籍抢到自己的手中，表现得非常不友好。如果有哪位小朋友不小心碰到她，她就会与其吵架、发脾气。教师认为应该改变她这种以自我为中心、不友善、不团结的行为表现。当教师想与她沟通，找她谈话时，她便大哭大闹，甚至要离开幼儿园，并且以威胁的口吻对教师说："如果你再找我谈话，我就回家告诉爸爸妈妈(或幼儿最喜欢的人)，说你不但骂我，而且还打我!"

对待任性的荣荣，教师采取了积极暗示的方法。教师对荣荣说："你看宋佳和小朋友们玩得多好，说话有礼貌，老师非常喜欢。老师知道荣荣也是懂事的乖孩子，只不过碰到不顺心的事了，忍不住乱发脾气。好啦，先坐在小椅子上，静下心来想一想，自己该怎么做?"荣荣不说话了，低下了头。

下班的时候，教师和荣荣妈妈进行了一次重要的谈话，建议家长不要溺爱孩子，要注意培养孩子的健康人格，使荣荣成为一个活泼开朗、积极参与活动、愿意与同伴交往，富有同情心、做事自信，勇敢而有坚持性，诚实、有错就改，不再任性的孩子。荣荣妈妈对荣荣在幼儿园的表现深感歉疚，表示一定配合教师的工作，为荣荣创造良好的教育环境，塑造健全的人格。

荣荣很爱吃水果，每天中午都是由教师分发水果，而今天中午，教师却让荣荣去发，因此她感到十分自豪。教师对她说："荣荣，老师相信你会把水果一个不少地分给小朋友，你能做到，对吗?"荣荣肯定地点点头。在发水果的过程中，她也学会了把大的让给其他的小朋友，小的留给自己。从此以后，荣荣无论玩玩具还是做其他事情，首先都会想到其他的小朋友。荣荣真的转变了!

🐦 教师评析

从这个案例可以看出，幼儿由于年龄小，会出现诸如任性、淘气、处处以自我为中心等问题，教师对任性的荣荣没有采取批评的方法，而是积极暗示荣荣也是一个懂事的孩子，是以一种积极的态度给幼儿指出良好的行为方向，提供适当的机会，以此来培养荣荣团结友爱的精神和健全的人格。

同时，家长应当明白，幼儿任性也好、反抗也好，原因应当从家庭教养方式中去分析。幼儿许多不良的个性，都是由于家长的溺爱造成的。所以，应当了解幼儿的心理特点，针对具体情况，采取适当的教育方式，使幼儿的不良个性特点得以克服。对于幼儿的进步要及时表扬，鼓励他们不断进步，从而增强他们的自信心，使早期教育取得实效。

（选自：徐慧．幼儿教育心理实践活动案例．北京：高等教育出版社，2008.）

二、　幼儿同伴交往与幼儿社会性发展

（一）主要研究方法

国内外有关同伴交往与幼儿社会性发展的相关研究最早可以追溯到 20 世纪 30 年代。心理学家运用社交测量法等方法对同伴关系进行研究。社交测量法是莫里诺(J. L. Moreno)于 1934 年提出的一种研究方法。比较经典的社交测量法有配对比较法、同伴提名法和同伴行为描述法三种。

（二）同伴交往对幼儿社会性发展的价值

大量研究表明，自由的同伴交往活动比成人设计或规划的活动更能强化幼儿积极的社会性情感，使其摆脱以自我为中心的困扰，促进其社会认知能力的发展。同伴交往在幼儿人际交往能力的发展中扮演了重要角色。幼儿同伴交往技能会影响个体的社会适应能力。同伴交往对幼儿社会性发展的价值体现在以下几个方面。

1. 良好的同伴关系能够促进幼儿社会性的发展

随着生活范围的不断扩大，3 岁左右的幼儿开始产生同伴交往的强烈愿望。他们对同龄伙伴产生了浓厚的兴趣，渴望与同伴一起嬉戏玩耍，参加同伴交往活动成为幼儿期的主要活动。皮亚杰认为，幼儿在同伴互动中，能有机会更好地认知自己和他人观点之间的差异，因此，幼儿的互动过程能促进幼儿去自我中心和观点采择能力的发展。观点采择能力是幼儿社会认知发展的核心。观点采择是一种社会视角转换，即转换观察问题的角度。它被形象地比喻为"能够从他人眼中看世界"或"站在他人的角度看问题"。

图 6-1　小朋友一起玩走迷宫　东北师范大学附属幼儿园

要建立良好的同伴关系，幼儿必须具备一定的观点采择能力，学会转变思维视角，能够站在他人的角度看问题，摆脱自我中心，能够和同伴友好相处，学会分享与合作。因此，观点采择和同伴关系密切相关。通过干预训练可以提高幼儿的观点采择能力，从而推动幼儿社会性的迅速发展。

而那些难与同伴建立良好关系的幼儿，由于缺乏良好的早期教育环境，会出现很多心理和行为问题，如生活环境过于单调，简单粗暴的教育方式都容易造成幼儿社会情感淡漠、自私、性格孤僻、不愿与人交往、不合群等。不良的同伴关系会导致一系列的适应不良，如焦虑、沮丧和入园适应困难等，阻碍了幼儿社会性发展，需要及时加以矫正。

2. 良好的同伴关系是幼儿重要的社会支持

对于幼儿来讲，同伴关系提供了更加平等、自由和彼此包容的环境。弗曼认为，幼儿从一般的同伴群体和亲密的友谊关系中获得不同的社会需求。同伴群体会给幼儿一种归属感和安全感，幼儿在同伴群体中能够得到帮助、克服心理障碍、消除情绪困扰、获得陪伴和肯定自我价值；而在友谊关系中，幼儿还获得了爱、亲密和可靠的同盟。研究表明，即使是低接纳的幼儿，因为有较高质量的友谊，他们所体验到的孤独感也会因此得到显著减轻(Schwartz et al.，2000)。

因此，同伴交往可以使幼儿获得平等、友爱、尊重、协商、肯定与认可等内心体验，满足了幼儿的交往需要，促进了幼儿积极的社会情感发展，增强了幼儿的社会交往能力与合作能力。

教师要为幼儿创造适宜的社会支持环境，给他们充分的自由活动的空间、游戏伙伴、活动材料等，根据幼儿社会学习的特点，潜移默化地促进其情感体验、态度倾向、合作能力、社会知识、社会交往技能等方面的发展。例如，根据幼儿社会学习的主要方式——行动学习法，教师在进行幼儿社会教育时，要让幼儿在行动中学习。通过同伴交往、合作与分享来完成社会学习的任务，而不是在"静"的状态下被动地接受教师的说教。

为什么幼儿要在行动中学习呢？一方面是由于社会领域教育活动具有行动性。例如，一日生活、区角活动和角色游戏等随机渗透的教育活动，以及参观活动、谈话活动、实践活动、讲述活动、情境教育活动和综合主题教育活动等专门的社会教育活动都具有行动性。因此，在进行幼儿社会教育时，教师不是简单地告诉幼儿是什么和为什么，而是让幼儿实际动手干点什么，让幼儿在行动中获得社会经验。另一方面是由于社会教育方法具有行动性。例如，参观法、榜样学习法、游戏化法、语言法、角色扮演法和行为练习法等，幼儿只有在实际行动中去观察模仿、角色扮演和操作练习，才能进行有效学习，而处于静止状态的幼儿是无法进行有效学习的。因此，教师要将静态的知识、能力、情感、态度行动化，这是幼儿社会教育活动设计的关键所在。

3. 幼儿在与同伴交往过程中能够获得大量的交往经验

同伴交往经验有利于自我概念和人格的发展。研究发现，人类有被关注、被欣赏的本能倾向，当自己没有受到太多关注的时候，可能会对自我的价值产生怀疑。长期的同伴关系不良会导致幼儿消极的自我概念，并导致问题行为的产生，而良好的同伴关系能帮助幼儿获得大量的交往经验，形成积极的自我概念和健全的人格特征。

沙利文的人际关系理论指出：在漫长的童年时期，幼儿经历了各种焦虑的经验和满足需要的模式，这种经验模式形成了人格化的相对固定的自我系统或自我意识，具有过滤器和选择器的功能。在后来的生活中，每当遇到与自我相冲突的、有损于自我概念的经验时，自我就有选择地忽略掉、或者曲解其伤害意义。自我系统消化吸收与自己有利的经验，排斥和忽略与自己有害的经验。沙利文认为，自我系统是幼儿与环境交互作用中形成的一种自我知觉系统，由亲身经验和他人对自己的评价构成。如果童年生活不幸、人际关系发生障碍，那么，从他人身上折射的自我概念就是歪曲的、变型的。

第二节　幼儿同伴交往教育活动设计与指导

同伴交往对幼儿的发展非常重要。教师要注重幼儿同伴交往技能的培养，帮助其发展社会交往能力，减少同伴交往中出现的各种失误。幼儿同伴交往技能具体包括礼貌问候、获得注意、处理冲突、关爱他人、共同游戏与玩耍、分享与合作、参与讨论、遵从教师指令等具体技能。

同伴交往教育活动设计与指导是同伴交往教育活动组织与实施的前提，它是活动能否取得成效的重要因素之一。下面将从活动的设计要求、活动设计的基本类型这两个方面进行介绍。

一、　幼儿同伴交往教育活动的设计要求

（一）充分发挥教师的引领作用

幼儿同伴交往教育活动设计是教师为了实现一定的教育活动目标，即引导幼儿学习同伴交往技能，获得同伴接纳并建立良好的同伴关系和友谊，对"教什么"和"怎么教"进行设计的过程。活动设计要符合幼儿的年龄特点和社会性发展的需要，目标明确，层次清晰。

在幼儿同伴交往教育活动设计中，要充分发挥教师的引领作用。教师对幼儿的接纳和支持，能够帮助幼儿获得同伴接纳和保持友谊。教师自身的态度及言行是幼儿模仿学习的榜样，会对幼儿同伴关系产生间接的、潜移默化的影响。教师应避免充当说教者的角色，要做一个真正的实践者和引导者。教师应引导幼儿处理好个人与幼儿集体的关系，正确处理同伴交往过程中出

现的友好与攻击、接受与拒绝、对抗与合作、援助与剥夺、轮流分享与自私独占、热情与冷漠的关系，优化幼儿积极的心理品质，矫正消极的心理品质。

（二）符合幼儿社会学习的特点

教师在确定教育活动目标时，要将静态的知识、能力、情感、态度行动化和生活化，以符合幼儿行动学习的特点。在教育活动资源的准备方面，应考虑环境材料要和幼儿的生活紧密联系在一起，能最大限度地支持和满足幼儿交往的需要。活动材料和区域材料的准备、环境创设等方面，均符合实现教育活动目标的要求。幼儿在活动前已具备一定的社会知识和交往经验。

在教育活动内容的选择上，应贴近幼儿的现实生活环境，能引发幼儿的有效学习，以符合幼儿"环境学习"的特点；在教育活动内容的的处理上，应重视挖掘活动内容潜在的教育价值，对活动内容的重难点处理得当。

（三）体现幼儿社会性教育活动的特点

幼儿同伴交往教育活动具有综合性，这是幼儿社会性教育的重要特点之一。它体现了以发展幼儿的同伴交往能力为核心的目标取向，旨在促使幼儿社会知识、交往经验、亲社会行为等方面的不断完善和发展，其核心是"做人教育"。幼儿园作为基础教育的重要组成部分，应引导幼儿"学会做人、学会做事、学会学习、学会与人共同生活，这是幼儿社会性教育的四大目标。

因此，要把幼儿同伴交往教育目标随机渗透在各领域的教育活动当中，即各领域的教育活动目标应体现幼儿同伴交往能力的发展。例如，《请你和我跳个舞》的活动目标设计，应当考虑促进幼儿以下几个方面的发展：①能熟练地跟随音乐及歌词变化跳舞。②能主动邀请他人与自己跳舞，培养与同伴交往的能力。

幼儿同伴交往教育活动的综合性，不仅体现在教育目标的综合性，而且体现在教育内容和教育方法的综合性。教育内容的综合性表现为在同伴交往过程中，幼儿能够养成良好的社会行为、社会情感、社会认知以及相应的人格特征。例如，帮助幼儿形成帮助、分享、合作、轮流、协商等亲社会行为，引导幼儿获得积极快乐的情绪体验，学会认识和调节自己的情绪；在活动过程中，增强对社会规则的认知，学会自律；同时，避免形成攻击性和破坏性等反社会行为，利用一定的教育情境，帮助幼儿摆脱消极情绪的不良影响，避免因社会认知水平低而导致幼儿同伴交往障碍。

教育方法的综合性表现是指教师的教育方法可以采用榜样学习法、积极暗示法、游戏化法、幼儿戏剧表演等多种方法的综合。教育方法设计不能脱离幼儿的生活环境，要善于利用一定的教育情境，增强幼儿同伴交往的兴趣，促进幼儿社会性的不断发展和人格的不断完善。教师可为幼儿提供实践的机会，安排充分的游戏表演和实践探索时间。突出活动的社会领域特点，有意识地整合其他领域。另外，还应预测同伴交往教育活动中可能出现的问题，并设计相应的活动指导策略。特别是对于有同伴交往障碍的幼儿，教师应采取措施进行有效的教育干预。

此外，教师要明确幼儿同伴交往教育活动的生态取向。这种生态取向的思想强调在情境中研究幼儿的发展，教育的对象不再是孤立的、抽象意义的幼儿，而是"一定环境下的具体的幼儿"。教师要研究具体的幼儿在某个特定环境下发生的同伴交往过程和社会化发展过程，积极地寻找社会环境和文化背景所产生的意义和影响，指导幼儿在真实的、与社会要求相适应的生活环境中不断学习同伴交往技能，引导幼儿发现自身行为的不足之处。

★ 资料链接 ★

香港地区的幼儿公民教育目标

香港从幼儿园开始推行公民教育的宗旨是使幼儿了解将来成为"公民"的权利和义务，使其具有批判性思维素质和公民意识，成为有理性、有政治觉悟而又负责任的公民，并能在民族、国家、世界的使命中担当起一个建设性的公民角色。为此，香港为幼儿园和小学规定的公民教育目标是：①帮助儿童认识他们在学校、家庭及社区等社群中的职责；②使儿童对香港的生活方式有所了解，明白维持社会和谐的生活及确保香港繁荣发展的重要性；③引导儿童关注国家及世界大事；④使儿童对中华民族及其文化有基本的认识；⑤使儿童对民主、自由、平等、人权、法制等精神有基本的认识，并能在生活中体现出来；⑥培养儿童基本的学习技能和生活技能，使他们有探究精神从而做出深思熟虑的判断，并学习如何有效地与人相处及沟通；⑦引导儿童认识公民权利和义务，关心社区事务，从而提高他们的公民意识；⑧帮助儿童认识接纳他人和尊重不同意见的重要性，并了解合作精神在群体生活中的价值；⑨教导儿童掌握合理公平的处事方法，并且明了维系社群生活的基本原则。

二、 幼儿同伴交往教育活动的基本类型

幼儿同伴交往教育活动的组织需根据教育目标合理安排，通常有随机渗透的教育活动、专门组织的教育活动和家园同步的教育活动三种基本类型。

(一)随机渗透的幼儿同伴交往教育活动

随机渗透的幼儿同伴交往教育是指教师利用日常生活、区角活动和游戏活动、节假日等对幼儿进行同伴交往技能训练，以及良好的社会行为习惯培养的过程。

1. 利用一日生活环节进行随机教育

指导要点：随机渗透的教育要求教师具有较高水平的教育能力；要有随机教育策略和方法意识，如调查法、实践练习法、参观法等；要有明确的教育目的；要善于捕捉并积极寻找和创造教育机会。主要抓住以下几个关键环节。

(1)入园环节

①教师应在规定的时间到岗，面带笑容地迎接幼儿。接待幼儿时先行鞠躬礼，向幼儿和家长问好。从家长手里接过幼儿。幼儿应衣着整洁，愉快入园，有礼貌地和教师、小朋友见面问好，会说："老师，早上好！""某某小朋友，早上好！"

②教师在晨检过程中和幼儿做简单沟通时要蹲下来，眼睛平视幼儿，让幼儿感觉到亲切，让家长感觉到教师对幼儿的关爱和尊重。教师可以和家长进行简短的沟通，沟通结束后教师要和家长行鞠躬礼说再见，并引导幼儿有礼貌地和家长告别，和小朋友们一起积极地、愉快地投入晨间活动。

(2)值日生工作

在中班、大班每天可以设几个值日生，教师应提前做好值日生的交接工作，叮嘱其第二天提前到园。值日生的主要职责有：

①清点出席人数，报告本班缺席小朋友。

②入园时协助教师检查小朋友的书包，防止小朋友把危险品带入幼儿园。

③一起收拾整理室内环境卫生，如擦桌椅、整理和修补图书、整理玩具柜和活动区角等。带动全体小朋友养成热爱整理玩具的好习惯。

④几个值日生与教师一起根据活动要求共同摆放好桌椅，准备好教学用具。

⑤几个值日生与保育员一起准备、整理，归放体育锻炼用品。

⑥几个值日生一起细心做好自然角工作，如给植物浇水、给小动物喂食以及清洁工作。大班幼儿还应做简单的观察记录，每天坚持写观察日记。

（3）劳动工作

①可以安排在晨间、教育活动后和午后进行，也可以在散步、观察自然的过程中随机进行。

②指导幼儿一起饲养小动物、给植物浇水、菜圃的种植劳动、整理活动室等。

（4）盥洗如厕环节

指导幼儿掌握正确的洗手方法，互相检查洗的是否干净；不互相打闹、推搡、争抢，要按照秩序盥洗、如厕、排队喝水、良好的卫生习惯。培养幼儿的生活自理能力，养成饭前便后洗手，养成文明如厕的习惯。

（5）进餐环节

①指导幼儿爱惜粮食，不偏食、不挑食，养成良好的饮食习惯。

②指导幼儿遵守进餐纪律，如吃饭时，不允许交头接耳，边吃边说话，或者嬉笑打闹。

（6）午睡环节

指导幼儿穿脱衣服的顺序和方法，快速地、安静地入睡，养成良好的午睡习惯。不干扰其他幼儿午睡。

（7）离园环节

①幼儿离园前，教师要做好准备工作，等待家长的到来，认真检查每一个幼儿的个人形象，整理好个人物品，教师与幼儿进行简短谈话，同他们一起回顾一天的生活，表扬好人好事。

②当看到家长时，教师要行鞠躬礼，主动与家长打招呼，提醒幼儿和家长打招呼，和教师、同伴说再见。

2. 利用社会性区角游戏活动进行随机教育

指导要点：利用社会性区角游戏活动进行随机教育主要包括社会性区角的创设、社会性区角游戏活动的展开、活动区的整理三个环节。教师可以采

取的教育策略和方法有角色扮演法、观察学习法和行动学习法等。教师应充
分考虑到幼儿学习和交往的情境，要把"环境和幼儿"作为观察研究的具体对
象，引导幼儿在人际互动中形成积极的社会性情感、正确的交往态度和良好
的社交行为，发展幼儿的主体性，让幼儿真正成为区角活动的主人。具体应
注意以下几个环节。

（1）社会性区角的创设

①教师要发动幼儿一起搜集区角游戏活动的材料，一起布置区角，让幼
儿懂得好东西要和大家一起分享的道理。

②科学地设置社会性区角。常见的活动区角主要分为认知区角和社会性
区角两类。认知区角包括语言类、生活类、益智类、美术类、表演类和建构
类等；社会性区角包括角色类，如区角活动娃娃家、理发店、商场等。这些
区角活动应充分利用活动室、睡眠室、走廊、门厅及室外场地，提供并投放
相应的设施和材料，为幼儿创设区角游戏活动的场所。例如，大班创设医院、
邮局这些社区服务的区角游戏活动能够促进幼儿社会性发展。因此，教师应
支持幼儿在生活经验的基础上创造性地开展区角游戏活动。

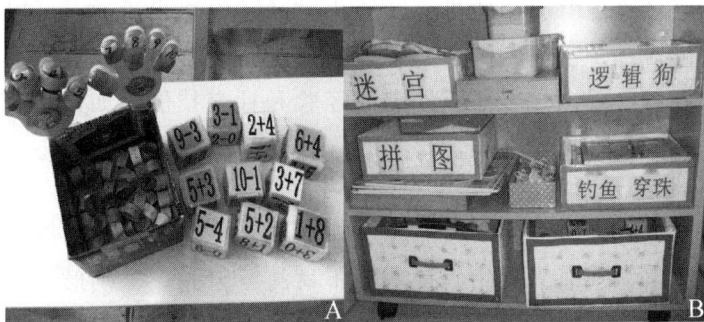

图 6-2　思维活动区域　东北师范大学附属幼儿园

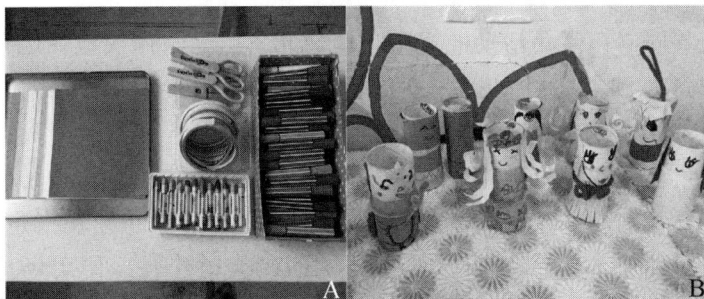

图 6-3　美工区域　东北师范大学附属幼儿园

图 6-4　语言区域　东北师范大学附属幼儿园

③区角的创设要符合幼儿的年龄特点和交往需要，让幼儿真正参与、体验学习和生活的乐趣，形成正确的交往态度，发展幼儿的独立自主和主人翁态度。

④根据幼儿的兴趣点和发展水平设置社会性区角。区角游戏活动是一种以幼儿为主体，教师的组织、引导、支持为辅助的活动。在区角游戏活动中，幼儿之间有更多的自由交往的机会。幼儿通过区角游戏活动，可以获得的社会学习经验包括：通过角色扮演和观察学习，提高幼儿的观点采择能力，形成良好的社会角色意识，丰富同伴交往经验和社交技能，如沟通、接纳、合作、互助、尊重、协商等。

(2)社会性区角游戏活动的展开

①关于游戏材料的投放，教师应广开思路、家园齐动手，还应遵循就近取材、废物利用的原则。幼儿的智慧源于材料。因此，提供形式多样、内容丰富的活动材料，促进幼儿多元智能的发展，特别是人际交往智能的发展是非常重要的。

②师幼共同制订区角活动的规则，让幼儿自由地、愉快地在区角活动中，按照自己的意愿和能力，以操作摆弄为主，并自由地选择游戏材料和活动伙伴。

③利用角色游戏进行随机教育。

第一，要帮助幼儿主动与其他同伴接触。悉心指导幼儿在指定的场地内游戏；游戏时不乱跑，不喊叫；在室内说话轻、动作轻；使用场地要协商，互相照顾。

图 6-5　教师和幼儿一起制订区域游戏规则　东北师范大学附属幼儿园

第二，要帮助幼儿维持与同伴积极的关系。选择一种游戏后要认真地玩，可以变换游戏，但不能妨碍他人，不经同意不得插手他人的游戏。在游戏中对同伴友爱、谦让并能互相帮助。

第三，要帮助幼儿合理解决冲突。教师应把握时机，适时介入游戏，通过角色扮演进行有效指导。当教师经过观察，发现幼儿在游戏过程中出现了问题时，要适时介入游戏，特别是要找准介入幼儿活动的最佳时机。

（3）活动区的整理

活动结束后，教师应提供充分的时间让全体幼儿参与整理材料。运用榜样学习法带动全体幼儿又快又整齐地整理材料，培养幼儿自己管理区角材料的能力，让幼儿发自内心地喜欢劳动，并体验到成功的喜悦。

★ 案例3 ★

米奇文具店开张日(大班)

"米奇系列"主题游戏活动已进行了一段时间。今天,大班的米奇文具店就要开张了。早晨孩子们来到幼儿园的第一件事,就是和小组的其他幼儿一起研究设计图纸,做好开张前的准备工作。因为教师曾带领孩子们一起参观过步行一条街的米奇用品专卖店,所以,积累了关于店面装修等感性经验。

活动的开始环节是装修组、加工组、进货组组长分别介绍各组的设计图纸,大家一起讨论并完善计划。对于装修设计图,有的幼儿提出相同的货架应摆在一起,有的幼儿提出空间小的地方应摆放小货架,空间大的地方应摆放大货架。教师根据大家的意见,用箭头在货架上标出移动的方向,米奇玩具店装修计划初步形成了。于是,各组幼儿分别按计划开始了行动。

教师将装修设计图贴在文具店的墙上,小组长娜娜一边看着图,一边指挥,几位小朋友热火朝天地忙活起来。涛涛说:"我是大力士,我来搬这个大家伙。"可是,大货架太重,只好请小勇来帮忙。两人将大货架搬到了指定位置。娜娜拿着一串鞭炮想要挂到门上,她请小燕牵着绳子的一头,她站在小椅子上,试图用双面胶把绳子粘到门上,可是鞭炮太重粘不住。她又从工具箱里找来了铁夹子,把绳子缠绕在弓形门上,然后用夹子夹住。装修组的工作很快就完成了。

这时,进货组的孩子们正忙着把从家里带来的米奇文具盒、米奇书包、米奇卷笔刀等文具分门别类地摆放好。朝晖在贴价格签,小勇赶过来帮着摆文具,教师表扬了他。涛涛听见了马上说:"朝晖,我来帮你贴价格签。"

加工组的小朋友任务比较明确。他们在加工区选择所需要的工具和材料,在店门口开始装饰花篮。小燕会叠各种造型的纸花,在她的热心帮助下,一个漂亮的纸花篮很快就弄好了。

教师笑着说:"今天是米奇文具店开张日,让我们一起来欣赏一下吧!"教师和孩子们一起欣赏着店里的布置。孩子们对亲手装修米奇文具店真是太感兴趣了,看到自己的劳动成果感到非常兴奋。他们高兴得在店门口跳起了舞蹈,互相祝贺着,个个都沉浸在成功的喜悦中,米奇文具店终于开张了。

☙ 教师评析

随着幼儿年龄的不断增长，他们的知识经验越来越丰富，游戏的主题不断深化，游戏的情节从简单的模仿发展为富有创造性的想象活动。大班幼儿在开展米奇文具店的游戏活动时，具有较强的责任感和合作意识，能主动寻求同伴的帮助，能利用环境材料和儿童工具尝试解决问题。这个活动给予了幼儿充分自主活动的自由、实际操作的自由、交流合作的自由，并且能根据自身的生活经验来解决问题。

在活动过程中，师幼之间、幼儿之间、幼儿与环境之间的互动体现得非常明显。教师从知识的传授者转变为幼儿的合作者、引导者和支持者，实现了真正意义上的角色转换。《纲要》指出：教师要提供给幼儿自由活动的机会，支持幼儿自主地选择、计划活动，鼓励他们通过多方面的努力解决问题，不轻易放弃克服困难的尝试，提倡幼儿与教师、同伴共同交流合作。

需要指出的是，在游戏活动的开始环节，教师和幼儿一起讨论并完善装修计划是很必要的，它保证了活动的顺利开展。如果教师能够以店长这个支持者的身份介入游戏，把教师的意图转化为幼儿自己的愿望，通过集体讨论去发现问题，让幼儿感受到集体的智慧和力量，这样处理的效果会更好。在游戏活动的结束环节，教师同样要引导幼儿评价游戏，讨论一下店里文具的摆放是否合理，还有哪些地方需要改进，今后需要注意的问题等，这样处理的效果会更好。

（选自：徐慧．幼儿教育心理实践活动案例．北京：高等教育出版社，2008.）

★ 资料链接 ★

通过游戏活动扩展幼儿的社会兴趣

阿德勒认为，幼儿的游戏与幼儿社会兴趣的发展有着密切的联系。在阿德勒看来，游戏对于所有幼儿都极其重要，它是幼儿生活中一个重要的现象，它对于幼儿来说是一种职业。幼儿对待游戏的态度、在游戏中所选择的角色以及对游戏的重视程度，意味着他们对生活环境的态度、各种关系以及他们将与同伴如何产生关联。在观察正在做游戏的幼儿时，我们能够看到他们对生活的整体态度以及他们社会兴趣的发展程度。幼儿集体游戏能力的强弱反映了幼儿社会兴趣的强弱。如果幼儿的社会兴趣没有得到发展，幼儿缺乏与他人合作的重要兴趣，这些幼儿在游戏中将会对其他幼儿冷漠或者与其他幼儿争吵、攻击其他幼儿，长此下去，他们会成为集体游戏中的不受欢迎者，很少有人愿意和他们一起游戏。进而这些幼儿干脆从游戏中撤退，避开所有需要与他人合作的集体游戏。

在游戏中不仅能显示出幼儿社会兴趣的发展程度，还能促进幼儿社会兴趣的进一步发展。阿德勒认为，游戏，特别是集体游戏，是一种社会练习。它能使幼儿满足并实现其社会感，幼儿在游戏中模仿社会中成人的工作，练习与他人协商、合作完成某项任务，并发展起与他人的友谊，找到自己在群体中的位置。游戏可以说是幼儿对未来社会生活的准备。阿德勒认为，幼儿到了3岁时，就应该鼓励他们与其他幼儿一起做游戏，应该训练他们不害怕陌生人。这样，幼儿在以后与人交往时就不会脸红、胆怯。

由此，阿德勒认为，游戏是学校教师发展幼儿社会兴趣的重要方法之一。教师应该鼓励幼儿与同伴游戏，并通过观察幼儿的游戏活动来发现幼儿错误的生活目标和社会兴趣的发展水平。在此基础上，教师还可以通过对游戏中的幼儿进行引导来进一步更正幼儿错误的目标，发展幼儿更高水平的社会兴趣。比如，教师如果观察到一个幼儿在游戏活动中总想成为领导者，那么教师不能任由该幼儿一直扮演领导者的角色，要让他学会扮演普通成员的角色，让他在游戏中学会服从。

玩具是幼儿游戏中必不可少的材料。阿德勒从游戏促进幼儿的社会兴趣出发，建议家长和教师"应该挑选那些能够激励孩子的合作意识、建设性精神和能力的玩具"。阿德勒还建议教师应鼓励幼儿自己制作玩具，这比玩现成的玩具更有意义和价值。教师还应教育幼儿不要把动物当作玩具，要尊重动物，视他们为人类的朋友。把幼儿学会与动物游戏视为他们与人进行社会合作的准备阶段。

总之，阿德勒认为，教师与父母应正确地看待游戏在促进幼儿社会性发展方面的重要价值，鼓励幼儿多与他人一起游戏，并在幼儿游戏过程中进行一些适当的引导。此外，教师还可以有目的性地设计一些促进幼儿社会兴趣的游戏活动让幼儿来参与，让幼儿通过游戏将他们的社会兴趣由家庭扩展到学校，由父母扩展到教师、学校的同伴，从而使他们逐步适应学校和更广阔的社会生活。

（作者：冯芳）

(二)专门组织的幼儿同伴交往教育活动

专门组织的幼儿同伴交往教育活动是指教师利用参观活动、谈话活动、专题实践活动、综合主题活动等专门组织的教育活动，有目的、有计划地对幼儿进行同伴交往技能训练，以及良好的社会行为习惯培养的过程。无论进行何种教育活动，教师都应关注社会教育资源的两个重要因素，即"生活中的人"和"生活中的地方"，结合参观活动、综合主题活动等多种教育形式，创新思路，采取"走出去、请进来"的新模式，充分挖掘社区资源、家长资源、社会文化资源的教育价值，促进幼儿社会性发展。大自然、大社会应当成为幼儿学习的第二课堂，社会实践活动是实现幼儿到大自然、大社会中进行探究学习的有效途径。

1. 利用参观活动进行社会教育

指导要点：参观活动是一种重要的幼儿园社会实践活动。在参观过程中，教师要善于提问，启发幼儿观察和思考，帮助幼儿理解社会生活，丰富幼儿的社会经验，培养幼儿积极的社会情感和态度。

(1)参观前

①制订科学而周密的参观计划，预测参观活动可达到的预期效果。

②应考虑到安全第一，避免危险情况的发生。

③激发幼儿的参观兴趣，向幼儿说明参观活动的注意事项，做好出行前的各项准备。

(2)参观时

①教师要组织幼儿进行有序观察，启发引导幼儿进行细致观察和思考，丰富其早期社会经验，体验不同社会角色的社会责任。重点指导幼儿礼貌的交往态度、良好的交往习惯，发展幼儿的协商、合作能力和语言交往能力。

②请参观地的工作人员带领大家参观并进行详细的解说和介绍，顺利完成参观任务，实现预期的参观目的。

③教师要经常清点人数，避免意外情况的发生，做好安全保卫工作，保证幼儿的健康和生命安全。

(3)参观后

①教师可组织幼儿讨论对参观地的印象，以及所获得的内心感受。

②开展有关的主题教育活动，激发幼儿的社会性情感，促进幼儿社会性

的进一步发展。

③反思和评价参观活动。

★ 案例4 ★

牛妈妈吃饼干吗？（小班）

在主题活动"牛奶"的实施过程中，幼儿对"奶牛"产生了浓厚的兴趣，都想去养牛场看看奶牛。在参观的过程中，由技术人员或教师向幼儿介绍有关奶牛的知识，但是，由于小班幼儿年龄小，尽管教师费力地引导幼儿注意观察，仍效果欠佳。

回到幼儿园后，教师为了激发幼儿的求知欲，发现新问题，提出了这样一个问题："我们到养牛场去参观，都知道了关于奶牛的哪些知识呢？看谁最会动脑筋！"在教师的鼓励下，欣欣举起小手说："去看看牛妈妈。""去看牛妈妈什么呢？""看看牛妈妈是怎么吃草的。"教师又问了几个幼儿，回答的情况基本雷同，教师只好匆匆结束了这个主题活动。

但是，孩子们回答问题时那愣愣的眼神就像一块石头沉沉地压在教师的心里。教师反复琢磨：为什么孩子们对我的鼓励和启发无动于衷呢？难道是因为孩子年龄小，不具备思考问题的能力吗？

一天，在进行区角活动时，教师对孩子们进行了随机教育。几个孩子拿着牛的图片自由地交谈着，齐齐拿着饼干对图片中的一头奶牛说："牛妈妈，我送饼干给你吃。"豆豆说："牛是吃草的，它不吃饼干。""牛妈妈喜欢吃我的饼干。"齐齐急了。"它是吃草长大的，这是我妈妈说的。""它也吃饼干。"齐齐理直气壮地说。豆豆走到教师跟前告状："老师，齐齐说牛妈妈吃饼干。""哦，牛妈妈吃饼干吗？"孩子们都摇摇头："不知道。""老师也不知道，下次我们去参观养牛场时仔细地看看，好吗？"经教师这样一说，孩子们之间的紧张气氛消失了。"我还想知道牛妈妈是怎么叫的？"豆豆说道。"你们还想知道些什么？"教师启发道。"我想知道牛妈妈喝不喝水？"欣欣略带沉思地问。还有的孩子问道："牛妈妈要睡觉吗？""它的宝宝和她在一起吗？""它是不是和我们一样用杯子喝水呢？""牛宝宝和我们一样也会生病吗？"孩子们叽叽呱呱地议论开了。

教师在这次的随机教育过程中，获得了意想不到的教育效果。

🕊 **教师评析**

教师在教育活动中，应善于反思自己的教育行为。首先，要启发幼儿的好奇心，激发幼儿不断探索世界的欲望，激发幼儿不断地提出新问题，这应当是幼儿科学教育的重要目标之一。所以，教师应善于创设问题情境，提出的问题能够引起幼儿的思考，但是，注意问题不宜太简单或者太难，要符合幼儿的思维水平。像"我们到养牛场去参观，都知道了关于奶牛的哪些知识呢？"这样的问题太笼统，不易引起幼儿积极的思考，因而，也就不能成为幼儿的问题情境。这会导致去养牛场看奶牛的参观活动，没有达到预期的教育效果。

从三四岁开始，幼儿经常会问"是什么"或"为什么"的问题，好奇、爱问是幼儿思维活动的具体表现。当幼儿遇到不理解的事物时，就会提出问题。这说明幼儿想知道问题的答案，更重要的是说明幼儿的思维在积极地活动。

由于提问是幼儿思维活动的积极表现。我们应该以积极的态度鼓励幼儿提问，对幼儿的提问"闻问则喜"，为幼儿的思维活动创造宽松的气氛，培养幼儿积极思维的热情。

（选自：徐慧. 幼儿教育心理实践活动案例. 北京：高等教育出版社，2008.）

2. 利用谈话活动进行社会教育

指导要点：教师要明确集体谈话活动不是简单的道德说教，要善于运用谈话法和讨论法对幼儿感兴趣的话题进行指导，充分调动幼儿参与谈话、讨论的热情，帮助幼儿分清什么是对的、什么是错的，什么是应该做的、什么是不应该做的。

阿德勒指出：幼儿通过集体谈话可以学会遵守以下的规则。第一，不要中途打断别人的发言；第二，别人说话的时候要保持安静；第三，别人发言时每个人都应该认真倾听；第四，只有说话的人站起来，其他人都坐着；第五，想发言应先举手；第六，下一个发言者应继续前一个人所说的话题发表看法。第七，每个人都必须发言一次。

因此，教师要善于指导幼儿从互相争抢发言的无序状态逐渐转化为有序谈话状态，通过集体谈话活动，潜移默化地对幼儿进行社会性教育，帮助幼儿掌握行为规则，并内化为自身良好的个性品质。

3. 利用专题实践活动进行社会教育

指导要点：专题实践活动是幼儿园生活化教育的重要组成内容。教师围绕特定的幼儿社会性教育主题，有针对性地开展丰富多彩的社会实践活动是非常必要的。

"大带小"作为社会实践活动的一种方式，能弥补课堂教育及独生子女家庭教育造成的幼儿交往受限的问题。"大带小"的社会实践活动，可以促进班与班之间的交流，使幼儿的同伴交往水平不断提高。

充分利用社区资源，建立幼儿园社会实践活动基地，聘请园外辅导员，在实践基地专业人员的协助和指导下有条不紊地开展专题实践活动，帮助幼儿和教师了解更多领域的专业知识与技能，提高专题实践活动的有效性和持续性。

★ 案例 5 ★

"大带小"制作彩米

🐦 设计意图

"制作彩米"这一活动内容来源于生成活动《多彩世界》中一个亲子制作项目。孩子们告诉教师说：他们在"智慧树"节目中学会了制作彩米的方法。随后，他们陆续带来了和爸爸妈妈共同制作的彩米。陈列在区角中的色彩缤纷的彩米吸引了全班孩子的注意力。最早学会彩米制作的孩子率先担任起了小老师，教师和伙伴们制作彩米。几天后，孩子们提议：要教中班的弟弟妹妹制作。他们花了将近一周的时间做准备：设计制作图、自制图书；和教师一起布置彩米展示厅；商量教弟弟妹妹制作彩米的方法等。

今天进行的这一集体活动，只是系列生成活动中的一个片段。教师选择这一活动，基于两个原因：①它能体现幼儿的主体性价值。活动内容源自幼儿的兴趣，由幼儿主动提出设想、主动参与准备、幼儿在活动中能有自己的想法；并能为实现自己预设的目标勇于实践。②有助于培养幼儿终身受益的品质。关心弟弟妹妹的情感态度；为实现"教会"弟弟妹妹做彩米而采取相应策略的能力，如示范、讲解、向不同对象学习等。

"大带小"作为社会实践活动的一种方式，已在相关班级扎扎实实开展了两年的实践探索。它最大的功效在于能促进幼儿社会性的发展。首先，它能解决班级授课制及独生子女家庭所带来的幼儿交往局限性的问题；其次，能增强幼儿社会适应性，形成良好的社会态度、情感，促进幼儿社会化进程和社会化发展；再次，它顺应了幼儿发展不平衡性的特点，使群体发展中的低层次者及个体发展中的弱项，在更多、更丰富的活动环境中，寻求到适合自身发展的依托性、支持性环境，促进其发展；最后，它能促进教师的专业成长，提高课程的开发、实施和研究能力。

本次活动不可能全面体现"大带小"社会实践活动的教育功能。同时，由于参与本次活动的幼儿尝试"大带小"社会实践活动的机会还不是很多，因此在活动过程中仍会存在一些问题。

☙ **活动目标**

1. 使幼儿乐意参加本次社会实践活动，共同享受合作的快乐

2. 使大班幼儿能运用以往积累的经验，以适当的方式教弟弟妹妹制作彩米；使中班幼儿能以自己喜欢的方式在哥哥姐姐的指导下学会制作彩米

3. 使幼儿遇到困难能主动设法解决

合作班级：大班、中班

☙ **活动准备**

布置彩米展示台；自制制作图、图书；制作材料（彩纸、喷壶、塑料盒、筷子、抹布、垃圾桶）；数码相机、电视机、记录纸、笔。

☙ **活动过程**

1. 带领弟弟妹妹欣赏彩米成品

这一环节调动起大班幼儿的参与热情。他们在带领弟弟妹妹欣赏自己的彩米作品时，会主动向弟弟妹妹提问：彩米像什么？彩米是怎么做成的？还会让弟弟妹妹摸一摸、闻一闻。中班幼儿会很好奇，他们急于了解彩米的制作方法。

2. 介绍今天的活动内容

师：今天我们有一个重要的任务，教弟弟妹妹制作彩米。

引导幼儿明确活动目标：下面所进行的每一个活动环节都是为"教"会弟弟妹妹而服务的。

3. 大班幼儿用自制的制作图和自制的图书为弟弟妹妹讲解制作方法

师：谁来做个小老师，用咱们设计的制作图向弟弟妹妹介绍一下制作彩米的方法？

师：除了制作图，我们还为弟弟妹妹设计了小图书，谁来教弟弟妹妹看书学本领？

制作图、图书是用不同的方式完成的：制作图是由 6 个幼儿共同设计完成，而图书是每个幼儿根据自己的制经验，以及如何"教"弟弟妹妹尽快学会本领为目标自行设计的。教师应尊重每一个幼儿的能力差异，给予其相当的自我展示、实现自我的空间。

这一活动环节最初是由孩子们提出的，他们觉得应该像教师一样先为弟弟妹妹讲解，然后再带他们学本领。教师可以从中体会到，大班幼儿能主动地将自己从教师那里学习的教学方式用于自己的"教学"。教师及时满足了幼儿的这一心理需求。

师：你们觉得在教弟弟妹妹制作彩米的过程中会遇到什么困难？

就大班幼儿自身来说，他们存在能力差异：语言表达能力、动作示范、处理意外情况能力；中班幼儿的能力也存在差异：语言理解能力、动作模仿、合作能力。这些因素都有可能影响活动的顺利进行。大班幼儿有这样的担忧：弟弟妹妹不想跟我学本领怎么办，他们不会用电吹风怎么办，等等。

师："没关系，相信你们会有解决困难的好办法的！"

教师没有告诉幼儿解决困难的方法，而是希望他们在实践中尝试解决。教师的关注点是幼儿解决困难的能力。

4. 第一次"教"弟弟妹妹制作

教师留意幼儿的指导方式，及时拍摄下幼儿活动的典型性场面，用以点评、指导。

师：老师把咱们刚才教弟弟妹妹做彩米的事拍了下来，咱们一起来看看。

随着镜头，一对对姐弟、姐妹、兄弟上前。

师：来，首先让大家认识一下你们。请哥哥（姐姐）说说，你是怎么教弟弟（妹妹）学习本领的？

不同的幼儿所运用的指导方式是不同的，如示范讲解型——边讲解，边示范，弟弟（妹妹）在一旁观看；手把手教型——让弟弟（妹妹）一步一步跟自己学；放手型——弟弟妹妹主动要求自己干，就让他们干，自己在一旁做语言提示。

大班幼儿如何根据弟弟妹妹的要求及学习能力的差异来确定自己的指导方式是个关键。教师设计这一环节的目的不是为了评价哪一种指导方式是正确的，而是让幼儿相互学习，明确有不同的指导方式，自己考虑哪一种方式适用。

教师的关注点还应放在大班幼儿如何对待弟弟妹妹的"过错"：弟弟妹妹加了太多的水怎么办？水洒了一桌怎么办？弟弟妹妹手脏了怎么办？幼儿关心弟弟妹妹情感态度的培养是与具体事件、特定环境相联系的，教师通过让幼儿说说自己是如何对待弟弟妹妹的"过错"的，让幼儿懂得真正的"大"对"小"的关心、宽容以便在今后的活动中迁移和运用。

师：你们在教弟弟妹妹学本领的时候遇到了哪些困难？你们是怎么做的？

这是对活动开始前一个问题的反馈。幼儿先前的疑问都顺利解决了。但是他们又遇到了新问题：为什么弟弟妹妹的彩米颜色那么淡？为什么有些米没有染上颜色？为什么有些弟弟妹妹还没有学会本领？

师：我们用了不同的方法教弟弟妹妹制作彩米，弟弟妹妹有没有真正学会这个本领呢？

5. 第二次"教"弟弟妹妹制作

教师关注幼儿是如何解决刚才所说的一些困难的：他们有的向同伴请教；有的根据自己的想法多放些彩纸，让颜色变深；有的利用制作图和图书再向弟弟妹妹讲解一次制作步骤，以便让弟弟妹妹学会。

共同关注幼儿的新发现。不少大班幼儿和弟弟妹妹用不同颜色的彩纸制作出了咖啡色、橙色、绿色的彩米。他们根据以往积累的经验进行大胆的设想尝试，他们告诉弟弟妹妹用什么颜色的彩纸混合会变出什么颜色，中班幼儿的兴趣又一次被调动起来。

6. 共同欣赏制作成果

师：为什么有些弟弟妹妹没有学会？

给"失败者"一次反思的机会。若是弟弟妹妹不愿意和你一起活动，你可以先和弟弟妹妹做好朋友，和他们一起散步、看电影、品尝水果，让弟弟妹妹信任你、喜欢你。若是弟弟妹妹本领没有学好，你可以请教教师和同伴，看看你"教"的方法妥当。

图 6-6　大班幼儿帮助弟弟妹妹穿衣服、叠被子
东北师范大学附属幼儿园

师：怎么能做出咖啡色的、绿色的……彩米？（讨论新问题——颜色的混合会发生变化）

不难看出，两次"教"的过程教师分别确立了不同的关注重点。第一次教师注重让幼儿相互学习不同的指导方式，第二次注重让幼儿反思和重新发现。

师：今天大家都特别快乐，为什么？

哥哥姐姐因为"教会"了弟弟妹妹新本领而快乐；弟弟妹妹因为在哥哥姐姐帮助下学会本领而高兴；教师则因为大家的新发现而欣喜。

7. 带弟弟妹妹收拾场地

"大带小"是一种集体教学活动方式，它的教育目标是在日常生活中培养与体现的。

（案例来源：小精灵网　王晓燕）

4. 利用大型教育实践活动进行社会教育

幼儿园应组织开展各种大型教育实践活动，如幼儿戏剧表演活动、节日庆祝活动等。教师应制订切实可行的活动方案，以保证在整个活动中，幼儿能够积极参与、主动交往、互相帮助、愉悦身心，最终达到预期的教育效果。

5. 利用综合教育活动进行社会教育

指导要点：幼儿园综合教育活动的实施，仅仅从社会领域来考虑是远远不够的，必须将社会领域的教育与其他领域的教育整合起来，将社会教育、艺术教育、健康教育、语言教育、科学教育融合为有机的整体。活动形式可通过设计一个个社会性教育主题，再围绕主题选择五大领域的系列教育活动，并运用各种教学手段开展综合性教育，即通过主题活动实施综合教育，潜移默化地引导幼儿学习有益的社会交往经验，提高幼儿社会交往技能。

在设计活动方案时，具体应包括以下几个方面，以案例"玩具分享日"为例。

★ 案例 6 ★

玩具分享日(小班)

☙ **活动目标**

1. 引导幼儿愿意与同伴交往，体验与同伴分享玩具的快乐

2. 让幼儿学会用征询的语言与同伴交换玩具

3. 让幼儿懂得礼貌交往能给他人带来快乐的道理

🕊 活动准备

材料准备：幼儿选择一件或两件自己最喜欢的玩具带到幼儿园来。教师撰写一封"给家长的信"，请家长知晓并融入这个活动中来。

经验准备：幼儿对自己的玩具有一定的了解，能进行简单的介绍。

🕊 活动过程

1. 开始部分

(1)体验交往

幼儿自由地玩自己带来的玩具，并与同桌小朋友自由交换玩具。

教师不作任何提示，让小朋友随意交换玩具。

师：看到小伙伴有这么多好玩的玩具，你们想玩一玩吗？现在你们去找小伙伴交换玩具吧！如果成功的交换到别人的玩具，就取一个"笑脸"小贴片贴在自己的身上。

2. 基本部分

(2)说说想想(玩具放在凳子下)

让幼儿说说自己交换到的玩具，说说是如何交换的，并向小伙伴演示。

师：你换了几件玩具？(数数身上的小贴片)你是怎样换到这么多的玩具的呢？

分析：在这个过程中，有的幼儿身上小贴片的数量不少，但通过交流和演示发现，有的幼儿是用语言交流来达到交换的目的，而有的幼儿是用肢体语言来达到交换的目的，如用玩具去碰碰同伴，或直接向同伴展示玩具等。因而在演示的过程中，教师应指导幼儿努力用语言来表达自己的想法。

师：你身上的小贴片很少，遇到了什么困难吗？你是怎样做的呢？谁能帮助他？(请能干的幼儿来与他合作演示)

分析：小贴片数量少的幼儿，大多是性格比较内向或胆子比较小的幼儿，在此环节中要考虑幼儿的心理特点，教师的语言评价要多体现鼓励性和帮助性，保护幼儿与同伴交往的积极性。

师幼讨论：想与别人分享玩具时，应该怎么做呢？

师：与别人分享玩具时，先要有礼貌地向对方借，征得对方同意后才能拿，并要有礼貌地说谢谢。

分析：师生共同归纳出这样几句征询语。

我玩你的玩具，好吗？

我和你换着玩，可以吗？

我想玩你的玩具，你同意吗？

你的玩具是怎么玩的，你教我好吗？

我们一起玩，好不好？

你想不想玩我的玩具，我们换着玩吧？

（2）分享时光

幼儿练习用新经验去获得分享玩具的机会。教师告诉幼儿，如果别人使用的礼貌语让你觉得很快乐，你就奖励他一个小贴片（另一种颜色的贴片，与前一种有区别）。

教师也参与到分享游戏中，在游戏中给个别幼儿以隐性指导和鼓励性评价。

集体交流，让幼儿说说分享游戏给自己带来的感受，以后是否还想玩这样的游戏。共同商定下一次"玩具分享日"的时间。

分析：讨论中，教师参考了幼儿提出的不同建议，确定了"玩具分享日"的时间：周一、周三的早餐后，周五的晚餐后，周五可带回家，更换玩具后再带来。

3. 结束部分：爱护玩具

师：带来的玩具能否整天带在自己身上？为什么？

教师引导幼儿看4张照片，说说照片中的小朋友是怎样放置玩具的？（分类放置、轻拿轻放）

请幼儿按照片的标志（毛绒玩具、小船玩具、其他玩具），将自己带来的玩具分类放到不同的篮子中。

🐦 **活动延伸**

园内延伸：在"玩具分享日"里进一步引导幼儿尝试与同伴合作玩玩具，体验一起玩的快乐。

家庭延伸：在家庭生活中，继续关注幼儿分享意识的培养，帮助幼儿积累与周围人礼貌交往的经验。

🐦 **教师评析**

第一，努力为幼儿创设交往的空间，支持幼儿间的交往。

《纲要》指出：幼儿与成人、同伴之间的共同生活、交往、探索、游戏等，是其社会学习的重要途径。教育者应为幼儿提供人际间相互交往和共同活动的机会和条件，并加以指导。因而教师根据幼儿的兴趣和发展的需求，以玩具为媒介，为幼儿提供了与同伴相互交往的平台，让幼儿在玩具分享的活动中体验、培养与同伴交往的技能。

第二，让幼儿在体验中获得交往的经验，避免对幼儿呆板的言语说教。

《纲要》指出：幼儿社会态度和社会情感的培养应渗透在多种活动和一日生活的各个环节之中，要创设一个能使幼儿感受到接纳、关爱和支持的良好环境，避免单一呆板的言语说教。活动中，教师在开始不给幼儿们任何提示，让他们尝试交换玩具，互相交往。当幼儿有了一定的成功或失败的体验后，再进行分析和总结，帮助幼儿形成正确的交往经验和交往方法，然后鼓励幼儿们用获得的新经验再次尝试，获得成功的体验。教师在活动中始终是幼儿们平等的对话者，没有居高临下的说教和批判，通过分析与回应幼儿的需求和疑问，给予幼儿必要的帮助，使得幼儿对同伴交往的认知得以保持、延续、发展和提升。

第三，运用动态评价元素，培养幼儿的内省意识。

《纲要》指出：动态评价是在真实的教学情境中进行的，也就是把评价与教学连接在一起。动态评价关注的是幼儿个体能做到的以及借助成人或同伴之间的互动所能实现的潜能成长。因而在活动中教师设置了两次动态评价的环节，一是对自我评价的环节，当幼儿初次成功交换到玩具时，就粘贴"笑脸图片"让幼儿明白，原来这样就能交换成功，做出肯定的自我评价。同时教师也能通过"笑脸图片"的数量发现幼儿遇到的不同问题。二是对他人评价的环节，面对同伴有礼貌的行为，通过奖励别人"笑脸图片"让同伴明白，这样的行为是大家喜欢的，同时也让自己明白，别人做得好的地方也是自己应该做到的。两次的评价环节都很好地实现了不同的教育目的，促进了幼儿对自己交往行为的内省。他们通过同伴的行为和态度，不断得到反馈，从而使自己积极的社会情感得到了保持、延续、发展和提升。

总之，幼儿的社会学习是一个漫长的积累过程。幼儿的交往、合作、争议、妥协和分享等社会行为和技能主要是幼儿在活动中自己建构的，而不是被迫接受的。因而对幼儿进行社会性的培养要在日常生活和游戏情境中开展，"玩具分享日"就是为幼儿搭建的促进、幼儿社会化的平台。在这个平台上，幼儿良好的社会性品格得到了持续性的发展。

❧ 专家评析

幼儿社会性方面的学习常需要在具体情境中进行，并在实际生活中进一步运用，以使幼儿社会性得到良好发展。在这个活动中，教师充分践行了这个教学理念，为幼儿创设了一个很好的交往体验空间。通过师幼之间、幼幼之间的互相学习、互相评价，让幼儿获得了与他人交往的经验和技能。

同时，教师在对活动的组织中，充分体现了"心中有目标，眼里有孩子"的教育特点。灵活机智的指导体现了教师是幼儿的学习合作者、观察者、引导者。教师教态亲切、温情，让幼儿如沐春风。

活动设计符合幼儿的年龄特点和社会性发展的需要，目标明确，层次清晰，尤其是小贴片这个小道具的运用非常巧妙。教学过程流畅自然，体现了"教者有心，学者无意"的教育境界。

（选自：教育部教育管理信息中心组．全国优秀幼儿社会教育活动课例评析．重庆：西南师范大学出版社，2011.）

★ 案例7 ★

怎样做才好（中班）

❧ 活动目标

1. 使幼儿正确认识自己与同伴交往中的言行，知道自己怎样做才对
2. 使幼儿增强群体意识，学习大胆主动地与同伴友好交往

核心要素：自我认识 学习交往

❧ 活动准备

挂图：《大胖熊和小老鼠》。

情景设置与表演录像：谁做得好。

桌面玩具若干：幼儿用书。

❧ 活动过程

出示挂图，讲述《大胖熊和小老鼠》的故事。

教师有感情地讲述故事。通过提问了解幼儿是否理解了故事内容。

师：大胖熊和小老鼠为什么总爱在一起呢？

师：大胖熊的帽子被吹到洞里，小老鼠是怎么做的？

师：小老鼠的帽子又怎么啦？大胖熊是怎么做的呢？

师：后来又出现了什么问题？他们又是怎样解决的？

师：在生活中，你和谁交往得比较好？当你们遇到困难时，你们是怎么做的？

小结：在与同伴的交往中，要正确认识到自己的不足，知道该怎么做。

看情境设置与表演录像，判断谁做得好。

情境（一）提问指导：朵朵想参加游戏吗？为什么自己不跟小朋友说呢？这样做好吗？

情境（二）提问指导：力力看见小朋友在摆弄电视机，他是怎么做的？你觉得这样做对吗？为什么？

情境（三）提问指导：小朋友在玩什么游戏？西西心里是怎么想的？最后说了什么？

提问引导幼儿想一想：如果你是他们或是正在玩游戏中的小朋友，你会怎么做？

游戏活动：《桌面游戏》。

（选自：陈远铭，郑三元. 多元智能活动开放课程. 北京：农村读物出版社，2009.）

（三）家园同步的幼儿同伴交往教育活动

家园同步的幼儿同伴交往教育活动是指幼儿园和家庭密切沟通与合作，使家园双方保持对幼儿的社会教育的一致性。教师通过随机交谈、个别谈话、家长开放日、亲子活动、家长委员会、家园联系手册等多种方式，了解幼儿的家庭状况和家庭教养方式，帮助家长树立正确的教育观念。在家长和教师的共同引导下，促进幼儿同伴交往能力的发展。

＊＊＊＊＊＊＊＊＊＊

📝探究学习

一、同伴交往和其他类型交往形式有何不同？同伴交往可分为哪几种类型？

二、以霍华德·休斯为例，分析同伴交往对幼儿社会性发展的价值。

三、请举例说明幼儿同伴交往教育活动有怎样的设计要求。

四、《米奇文具店开张日》的活动设计属于幼儿同伴交往教育活动的哪种类型？请归纳案例中教师的指导策略和方法。

📝实操训练

一、请到幼儿园观摩一节专门组织的幼儿同伴交往教育活动，并指出教师的组织活动步骤及指导方法。

二、下面这篇是美国的幼儿人际交往教育活动设计。请你为中国的小朋友也设计一篇"组合的力量"人际交往教育活动，然后比较一下中美幼儿教育活动设计有哪些相通的地方？有哪些东西方文化上的差异？

组合的力量

🕊 所需材料

对半剪开的杂志图片，成对的信封（每只信封里都装有相同的物品）。

🕊 活动过程

把一半杂志图片或一对信封中的一只发到幼儿手中。

请幼儿找出持有另一半图片或另一只信封的小伙伴。

等幼儿找到各自的搭档后，请他们两人一组，一起做一些动作。例如，坐到对方的面前或后面，或是面对面、肩并肩、背对背地坐在一起。发给大家看一看镜子中的画面，并讨论一下看到的情境。然后与自己的搭档比较一下手与脚的大小。请每个小组成员谈一谈搭档与自己之间的相同点和不同点。

🕊 活动延伸

在这一天里，请幼儿不断地更换自己的搭档。这种方法能够有效地把幼儿介绍进新的朋友圈子里，促使幼儿与自己同伴以外的小伙伴们互动。

三、请在实习指导教师的帮助下，为小班、中班、大班幼儿各设计一篇同伴交往活动方案，并说明在具体指导方法上有什么差异。

第七章
幼儿社会适应能力教育活动设计与指导

第一节　社会适应性与幼儿社会性发展

幼儿社会适应能力的培养和提高，是现代教育面临的新课题，也是大健康观和新医学模式的客观要求。1948 年世界卫生组织（WHO）对健康的定义是："健康不仅是没有疾病或虚弱，而且应该包括体格、心理和社会适应能力的完美状态。"可见，良好的社会适应能力是幼儿健康的重要内容。这对幼儿社会适应能力的培养是非常重要的内容。

社会适应能力是指幼儿个人对其周围的自然环境和社会需要的应对能力，是当今国际公认的诊断和评估幼儿身心健康的重要辅助手段。联合国教科文组织提出的 21 世纪人才的培养目标为"学会生存、学会做人、学会求知、学会共处"。这一目标首次提出"生存、共处"的要求，使我们进一步明确了社会适应能力对未来人才发展的重要性。

一、 幼儿社会适应性的发展

（一）幼儿适应环境的方式

1. 积极的应对方式

采用积极应对方式的幼儿往往通过协商、合作、建议、寻求帮助等方式

来解决日常生活中所遇到的难题，敢于说"老师，我想上厕所""我能和你一起玩吗""帮帮我好吗"之类的话。这类幼儿一般具有良好的适应能力，能在有压力的情境下改变环境，消除紧张心理，减少行为问题的产生。

★ 案例 1 ★

铅笔尖摔断了

大班的数学课上，教师要求小朋友拿出铅笔来练习写数字。小花不小心把铅笔盒掉在地上，笔尖摔断了。她就试着用铅笔刀来削，费了好大的劲也没成功，便请旁边的贝贝帮忙。贝贝毫不犹豫地接过铅笔和铅笔刀，试了几次，也都削断了，嘴里还不停地念叨："爸爸也是这样削的，怎么就不断呢？"过了一会儿，贝贝对小花说："还是找老师帮帮忙吧！"在教师的帮助下，小花终于可以和其他小朋友一样练习写数字了。

2. 消极的应对方式

采用消极应对方式的幼儿往往通过自我隔离、行为退缩、被动接受、言语攻击、身体攻击等方式来解决日常生活中所遇到的难题。例如，小朋友欺负"我"，"我"就"以牙还牙"；小朋友不带"我"玩，"我"就暗自伤心，偷偷抹眼泪。长此以往，将不利于幼儿心理的健康发展。

★ 案例 2 ★

欺负人的小霸王

妈妈给天天新买了一个洋娃娃，天天爱不释手，就带着娃娃一起来到幼儿园。班里的"小霸王"小雨看到后，就冲大家嚷道："天天生小孩了！天天生小孩了！"还趁天天不注意的时候，在娃娃的脸上涂了一层橡皮泥。天天不敢告诉教师，只是抱着娃娃躲在角落里哭。这时，天天的好朋友强强非常气愤地走过来，"狠狠"地推了小雨一下，威胁道："你再欺负天天，我就让我爸爸来揍你，哼……"

(二)幼儿社会适应能力发展的一般特点

1. 与幼儿身心发展水平相吻合

幼儿期是人生发展的初始阶段，身心发育尚未成熟，独立适应环境变化的能力差。随着年龄的增长，认知水平不断提高，情绪的感受、表达、调节和控制能力不断增强，适应能力也将随之增强。例如，在幼儿园小班经常会看到这样一幕：入园不久的幼儿，在妈妈离开后，便号啕大哭，鼻涕一把、眼泪一把，那"惨叫"声真可谓撕心裂肺，但是到了中班、大班后，就很难看到这么"壮观"的场面了。随着年龄的增长，幼儿的生活经验不断丰富，适应能力也有所增强。

2. 从生理反应到心理反应

幼儿面对压力情境会产生各种不同的反应。年龄较小的幼儿只会存在生理上的不适，如哭泣、呕吐、肚子疼、胃口欠佳等。稍大些的幼儿就会闹情绪，还会发生各种退化行为，包括吮吸手指、夜尿、缠着父母等。再大一些的幼儿，则会出现破坏东西、欺负同伴、反抗成人等一系列行为问题。

(三)幼儿社会适应能力发展的年龄阶段目标

根据《指南》的要求，幼儿社会性发展的年龄阶段目标主要表现在：喜欢并适应群体生活、遵守基本的行为规范和具有初步的归属感三方面。

在实践中可以遵循如下教育建议。

第一，经常和幼儿一起参加一些群体性的活动，让幼儿体会群体活动的乐趣，如参加亲戚、朋友和同事间的聚会以及适合幼儿参加的社区活动等，支持幼儿和不同群体的同伴一起游戏，丰富其群体活动的经验。

第二，幼儿园组织活动时，可以经常打破班级的界限，让幼儿有更多机会参加不同群体的活动。

第三，带领大班幼儿参观小学，讲讲小学有趣的活动，唤起他们对小学生活的好奇和向往，为入学做好心理准备。

★ 资料链接 ★

幼儿社会适应评价量表

幼儿社会适应能力评价量表如下表所示，对于表中有关行为描述完全符合的计 5 分，基本符合的计 4 分，有些符合的计 3 分，不太符合的计 2 分，极不符合的计 1 分。

幼儿社会适应能力量表

行为描述	得分				
情绪不稳定，起伏周期明显，其行为也会因相应的情绪变化而变化	5	4	3	2	1
经常遇到尴尬场合，并且不知道如何寻找转机	5	4	3	2	1
很少主动与小朋友交往，更希望别人主动接近自己	5	4	3	2	1
尽量忍让克制，但一旦爆发出来便不可收拾	5	4	3	2	1
相信一切问题都是别人的错	5	4	3	2	1
有一种不可抑制的对家庭的眷恋感。只要回到家中，一切都感到顺心如意	5	4	3	2	1
做事缺乏果断，更希望依赖别人来解决自己在日常生活中遇到的各种矛盾，如与小朋友相处或生活自理方面的问题	5	4	3	2	1
对于各种人际关系总觉得稀里糊涂，不能像同龄儿童那样去认识清楚	5	4	3	2	1
总是担心自己，对于自己胜任人际关系、学习或其他事情缺乏必要的自信，有不踏实或不安全感	5	4	3	2	1

注：得分低于 20 分，表明社会适应能力较好；在 20～26 分，属于社会适应能力一般；高于 26 分，则表示幼儿可能存在某些适应困难。

（选自：周世华，耿志涛．学前儿童社会教育．北京：高等教育出版社，2011.）

二、 社会适应性与幼儿社会性发展

(一)幼儿对新环境的适应能力

幼儿从上幼儿园起，就要开始学会适应一些新的环境，作为家长毕竟不可能永远陪着幼儿。但是，一个习惯了自由自在的家庭环境的幼儿，进入一个到处可能受到限制和管束的环境中，肯定会感到浑身不自在和难以忍受，这就会导致幼儿在幼儿园与其他小伙伴之间发生争执、打闹等不良的社会行为，造成的后果不堪设想。因此，为了让幼儿适应全新的环境，父母最好提前做好准备工作。

1. 训练幼儿对新环境的适应能力

家长最好不要把幼儿限制在家里，只和家里人来往，缺乏与外界环境和外界他人之间的交往与互动。家长应多带幼儿去别人家里串门，让幼儿与其他小朋友一起玩，或者多将幼儿带出去进行户外活动、参加社会活动等，以训练幼儿的生活自理能力，尤其是一些体育活动更能够训练幼儿的胆量。例如，蹦床游戏、钻爬游戏、荡秋千、旋转游戏、攀爬游戏等都可以增加幼儿的胆量，加大幼儿与外界环境的接触，以提高幼儿的社会适应能力。

2. 训练幼儿的自控能力

幼儿良好的自控能力能促使他们在与人交往中产生良好的亲社会行为，并能表现出更高的移情能力，这将帮助幼儿更好地适应社会交往中可能出现的各种问题。如果幼儿自控能力较差，就会在社会交往中表现出焦躁、发脾气、摔东西、打架等攻击性行为，这将影响同伴间的关系，使幼儿成为容易被同伴拒绝类型的孩子。幼儿的自控能力主要是通过爬行、垫上运动、手眼协调运动等方式进行，尤其对于那些早产、剖宫产、难产、早期缺乏爬行训练的幼儿都需要尽早进行强化训练。

（二）幼儿对陌生人的适应能力

一般 6 个月大的婴儿就能分辨父母、家人和陌生人。当他处在陌生的环境中，面对陌生人或有新的没有经历过的事物出现的时候，往往会不知所措，于是会通过哭泣和躲避来发泄自己害羞的情绪。

在幼儿接触陌生人之前，应该给他们一些适应的时间。如果家里要来客人，家长应该在客人到来之前让幼儿做好心理准备，并提前跟幼儿说明要来的客人是父母的好朋友，来缓解幼儿怕生的现象。也可以告诉幼儿要来多少客人，幼儿应该有哪些理解，父母与幼儿预先通过模拟演练等方式来降低孩子的恐惧心理。父母一定要采取比较平静的态度面对孩子的怕生。幼儿因害羞而不愿和客人说话时，父母千万不要勉强他们，更不要说一些伤害他们的

话，尤其是不要当着很多人的面指责。

（三）幼儿对同伴的适应能力

研究发现，处于幼儿阶段的孩子就已经表现出交往能力的差异。主要分三种类型：受欢迎型、攻击型、忽略型。

受欢迎型幼儿：性格开朗，愿意分享，有一定的交往技能，并能坚持交往，高水平地合作游戏，善于解决问题等。

攻击型幼儿：有许多破坏行为，好争论和反社会，说话过多，合作游戏少，不愿意分享等。

忽略型幼儿：害羞、胆小、怯弱，不愿意参加其他小朋友的活动，攻击少，不敢自我表现，喜欢单独活动，避免双向交往等。

后两种交往类型的幼儿就是对同伴适应较差的幼儿。幼儿由于受自身发展因素的影响，其经验和认知能力都不完善，因此在生活中难免会遇到这样那样的困难。成人应使幼儿在日常生活中锻炼独立解决困难的能力。

第二节　幼儿社会适应能力教育活动设计与指导

一、幼儿社会适应能力教育活动的设计要求

国内外不少心理卫生专家认为，培养幼儿良好的环境适应心理和能力是保护其心理健康的关键。

一般来说，幼儿的生活环境在他们各个年龄阶段具有相对的稳定性。在这相对的稳定阶段，他们在衣、食、住、行、游戏、求知、社交等方面都会产生相应的需要，形成相应的习惯。然而，幼儿所处的环境是不可能一成不变的。他们的家庭环境会发生变化，进入托儿所、幼儿园、小学后，环境的变化更大。新的环境必然会对幼儿提出新的要求，于是，原有的需要和习惯与新的环境产生了矛盾和冲突。这种矛盾和冲突反映在心理上，必然是不满和不愉快，甚至一些很细小的变化都会引发幼儿心理和行为的异常表现。

★ 案例3 ★

幼儿入园的行为问题

有一个4岁的男孩，进入幼儿园中班的第二天就不断哭闹，拒绝参加任何活动，整整折腾了五天。令人奇怪的是，这个幼儿在原来的托儿所表现却很好，活泼能干。按理说，托儿所的小朋友进入幼儿园，其适应能力应该比不入托的幼儿强，那么，这幼儿是什么缘故呢？

经过教师的了解、分析发现，这个男孩在托儿所时属于年龄较大的幼儿，所以，各方面的能力都比较强，经常得到教师的赞扬，小朋友们也很佩服他。可进入幼儿园的第一天，他就发现自己画画、搭积木都比不上别的小朋友，于是，当生活的环境发生变化时，他的自尊心受到了伤害，心理便失去了平衡，只得以哭闹来表示他的极度不满。他的心理健康受到了影响。由于气质、性格的不同，在遇到环境变化时，幼儿表现内心矛盾和不满的方式也不同，有的以暴怒、哭闹、拒食、摔东西来发泄，有的则是抑郁、恐惧、不安，还有的甚至会自我伤害，抓破自己的脸皮，严重影响幼儿的身心健康。

（一）满足幼儿的合理需要，不迁就其不合理的需要

幼儿的需要是多种多样的。除了饮食、排泄、睡眠等生理上的需要外，还有各种心理的需要，如安全、爱抚、求知、独立、自尊、好奇等。对于幼儿正常的、合理的需求，应尽可能使他们得到满足。无论是在家庭里，还是在家庭以外的各个环境都应创造条件满足幼儿的各种合理需要，使他们心情愉快，活泼开朗。这样的幼儿就不容易产生不健康的心理。

但是，过分溺爱幼儿或者对幼儿教育不当，也会使幼儿长期处在不正常的特殊环境里，产生种种不合理的特殊需要，养成不良习惯，如挑食，饮食起居随心所欲，一切以自我为中心，不愿意服从别人的合理要求等。一旦环境发生变化，这样的幼儿就难以适应。受家庭溺爱的幼儿不在少数，有的长时间不肯上托儿所、幼儿园，有的逃学，有的仅仅因为受到同伴的嘲笑就产生强烈的对抗情绪，难以与同伴友好相处，在集体生活里很孤独，等等。

(二)鼓励引导幼儿多参加社会集体活动

幼儿不仅是家庭的一员，也是社会的一员。他们长大后要与其他社会成员一起和谐地生活、劳动，因此，家长应该让幼儿从小多接触社会，多参加集体活动，鼓励他们多和其他幼儿玩耍。幼儿在一起，有共同的愿望和兴趣，知识水平、能力高低也基本相当，相互之间容易培养互助互爱的感情。他们一起活动时相互制约，对培养自制力很有效。

不少家庭主张让幼儿闭门读书，或让幼儿唯唯诺诺地围着大人转，幼儿积极活动的愿望受到抑制，性格也变得内向、敏感。据上海精神卫生中心研究室调查，在追求升学率比较突出、鼓励学生埋头读书的学校和家庭中，孩子出现"适应不良"方面的精神问题的比例较高。

(三)细心引导幼儿顺利渡过生活的转折点

父母和教师要明确，幼儿一时不能适应新环境是难免的。幼儿进入托儿所、幼儿园是他们生活环境的一大转折。托儿所、幼儿园里的一切都是陌生的，教师、同伴是陌生的，教室是陌生的，甚至碗筷桌椅都是陌生的。幼儿突然得不到父母对他独自一人的关怀，也不能像在家里一样一人独占所有的玩具。对幼儿因此而产生的种种异常行为，父母和教师不能简单粗暴对待，或流露出厌烦的情绪，甚至惩罚他们。而要加倍地爱护、关心他们，耐心地倾听他们的诉说，细心观察他们的一言一行，找出问题的症结。此外，还要采取具体的办法帮助幼儿尽快熟悉新环境，如让幼儿尽快在新的环境里结识同伴，消除他们的孤独感和陌生感；事先做一些介绍和准备工作，让幼儿心理上有准备，不至于在突如其来的变化中慌了手脚。

二、 幼儿社会适应能力教育活动的设计与指导

(一)小班幼儿社会适应能力教育活动的设计与指导

入园是小班幼儿首先要面临的社会适应挑战，给幼儿的生活带来了翻天覆地的变化，这些变化往往会影响到幼儿心理的健康发展。

刚入园的小班幼儿日常生活尚不能完全自理，很多时候他们需要成人帮助穿脱鞋子、衣服等。幼儿的年龄太小，没有足够的自理能力，父母常常代替幼

儿去做，使得幼儿失去了练习的机会，这样逐渐就会使幼儿生活自理能力的发展受到限制，并开始产生依赖的心理。成人这样做不仅伤害了幼儿的自尊心和自信心，更严重地妨碍了他们自理能力和独立性的发展，从而使幼儿表现出生活自理能力差、胆小、独立性低、依赖性强等不适应社会发展的表现。

心理学家罗杰斯把积极关注看作是人类的普遍需要和自信的源泉。放手让幼儿做各种各样力所能及的事情，指出其行为中的不足，并且相信幼儿能够以自己理解的方式弥补这些不足。教师的信任、尊重和肯定，使幼儿愿意承担一些责任，不至于对自己产生怀疑，使幼儿获得自信，确信"我能做好"。3～4岁是培养幼儿生活自理能力和良好生活习惯的关键时期，因此，培养其独立能力必须要在这个阶段进行。通过恰当的社会教育活动使其学会自己穿脱衣服，有良好的进餐和卫生习惯，见了教师和长辈会主动问好，有礼貌，能高高兴兴地去上幼儿园，并喜欢与同伴交往，会与同伴一起游戏，学会等待和轮流等。

★ 案例4 ★

作客

🕊 设计意图

小班幼儿作客能力发展现状：小班幼儿对到别人家作客的基本礼节缺乏了解，如见人不知道主动问好，告别时忘记说再见；在客人家看到自己喜欢的物品就随便拿，玩完后不知道收拾整理等。

小班幼儿在交往与习惯方面的发展要求。

小班幼儿交往能力的培养和良好习惯的养成需在生活化、游戏化、情境化的环境中进行。

本次活动旨在让幼儿在游戏化的生活场景中进行相关体验，获得相关经验。

🕊 活动目标

1. 懂得作客的基本礼节：有礼貌，不随便拿别人家的玩具

2. 玩过玩具后知道放回原处，学习收拾玩具的方法

3. 体验将玩具收拾整齐后的成就感

🕊 活动准备

游戏场景：小兔的家。（游戏的区角：宝宝睡觉的地方——卧室、宝宝玩

的地方——游戏室、宝宝吃饭的地方——餐厅等)。

小兔头饰若干。一位教师扮演兔妈妈,另一位教师扮演兔姐姐。

🕊 **活动过程**

1. 导入:准备去兔姐姐家作客

(1)去兔姐姐家喽

兔妈妈:"我的宝宝们,今天妈妈带你们去兔姐姐家作客。走,坐上我的小汽车出发了。"小兔们跟着兔妈妈听着开汽车音乐,踏着轻快的脚步来到兔姐姐家门前。

(小班幼儿刚进园不久,最喜欢的游戏就是开火车)

(2)去兔姐姐家怎么做客

兔妈妈:"嘘!兔姐姐家到了。"

和兔姐姐互相问好!(兔妈妈先跟兔姐姐问好,无形中给兔宝宝起了示范作用)

"兔姐姐好!""兔妈妈好!小兔们好!欢迎你们来我们家玩。"

2. 在兔姐姐家做客

兔妈妈:"哇!兔姐姐家真漂亮啊!兔姐姐能不能介绍一下。"(兔姐姐家的漂亮在兔妈妈的惊叹声中吸引了小兔的眼球,让小兔宝宝们不由得驻足观看,为下面的介绍打下伏笔。)

(1)兔姐姐家真好——兔姐姐的介绍(游戏场所)

兔姐姐边带小兔们参观边介绍。

"瞧,这是我睡觉的地方,我的布娃娃都整齐地坐在这儿呢。"

"这儿是我的玩具,按照大小都整齐地排在玩具柜上。"

"这儿是我煮饭的地方。看,最上面放着什么?(煤气灶)这一层放着餐具,你们认识吗?(煮饭、炒菜的勺子、碗、盘子啊)。最下面是我喜欢吃的水果和点心。"

(在介绍过程中为了调动幼儿的积极性,让幼儿的感官积极参与,兔姐姐可用和幼儿一起说或提问的形式等进行,让幼儿在细心的观察中了解物体的摆放规律,便于后面整理活动的开展)

(2)我想在兔姐姐家玩——征询兔姐姐意见

兔妈妈:"兔姐姐家真好玩,你们想玩吗?想玩什么?"

兔宝宝:"想玩。""想玩玩具……"

"我们要问问兔姐姐可不可以玩啊。"

兔姐姐："可以啊!"

（3）我在兔姐姐家玩啦——小兔们自由玩耍

小兔们自由玩乐，兔妈妈和兔姐姐陪同小兔们玩。

（幼儿很兴奋，自然玩得很带劲，玩具玩得到处都是，各区域的玩具混杂在一起）

3. 整理兔姐姐的家

（1）我来整理（初步整理：没有特别要求下的自行整理——粗整理）

兔妈妈："宝宝们，不早了，快收拾收拾回家了。"

小兔们收拾整理玩具。

兔妈妈："快点哦，收好的宝宝赶快坐下歇歇。"（过渡：为了让收拾得快的宝宝有空看到收拾的结果，同时等待收拾得慢的幼儿）

（2）我会整理（再次整理：根据要求检查整理——细整理）

兔妈妈："看看有没有收拾好。"（将放错地方的玩具找出送到原来的房间）

兔妈妈："是不是跟刚才进来的时候一样?"

要求整齐摆放玩具：布娃娃是不是整齐地坐在那儿？玩具是不是放得整整齐齐。煮饭的地方也收拾好了吗?

发现问题及时请兔宝宝去整理。分区分批去整理。

（这三个区域最难整理的是厨房。幼儿虽然喜欢玩厨房的玩具，但对于厨房的用具毕竟接触得比较少，离他们的生活较远，所以在最后的整理环节作为重点让幼儿回忆餐具是如何摆放的，再收拾。经过好几个来回的收拾才基本符合要求）

（3）我整理得真好（兔姐姐的验收）

①兔姐姐检查。如有问题再请个别幼儿去整理。

"兔姐姐，你满意吗?"

②兔姐姐的夸奖。

兔姐姐："兔妈妈，你的宝宝们真能干，把我的家收拾得跟原来一样整齐、漂亮。"

（兔姐姐的评价，让小兔们的劳动有了成就感，也让他们知道只有玩完玩具，学会整齐收拾玩具的孩子才是受人欢迎的孩子）

4.兔妈妈带小兔们回家

(1)道别

兔妈妈:"不早了,我们该回家了,和兔姐姐再见。"

兔宝宝:"兔姐姐再见。"

兔姐姐:"小兔再见!欢迎你们下次再来玩。"

(2)回家

兔妈妈和宝宝听着开汽车的音乐,踏着轻快的脚步开着小汽车回家了。

教师评析

本次活动前后顺畅自然,将作客的礼节及整理玩具的要求通过幼儿喜闻乐见的形式:去兔姐姐家作客的情节层层展开、步步推进。幼儿在玩中学会了作客的礼节:有礼貌、不随便玩别人家的玩具,玩完玩具放回原处,并自己整理摆放。同时,他们在情感上也得到了愉快的体验:看到自己整理得整整齐齐的玩具,听到兔姐姐诚挚的表扬,兔妈妈的肯定等。本次活动目标基本达到。通过这样的游戏活动让幼儿自然地从心理上接受做客的一些基本礼节。

(执教:江苏省如皋师范附属小学幼儿园 姚秀美)

(二)中班幼儿社会适应能力教育活动的设计与指导

经历了一年小班生活的历练,进入中班的幼儿已经基本能适应幼儿园的常规生活与学习环境了。但中班幼儿在适应同伴交往上不能仅停留在可以共处的层次上,他们需要相互间的沟通、合理解决交往过程中的争执和冲突,以便能继续适应新的班级生活环境。教师和家长应在此阶段进一步培养中班幼儿的社会适应能力,如能主动把图书、玩具带到幼儿园和小朋友一起分享;当同伴之间发生争执时,能谦让、有爱;在班级里有自己的好朋友,并乐于与其他小朋友一起游戏、讲故事、互相交谈等。

★ 案例5 ★

元旦包饺子(中班)

设计意图

中班幼儿已有劳动的愿望,趁过元旦让幼儿包饺子,给幼儿创造一个动手的机会，一个相互交流的机会，一个分享的机会，提高幼儿适应社会的能力。

🐦 活动目标

1. 了解元旦的由来，感受元旦欢乐的气氛
2. 通过元旦庆祝活动，幼儿参与包饺子游戏，体验劳动的乐趣
3. 学会分享，体验合作的乐趣

🐦 活动准备

幼儿自带包饺子所需的面和馅及包饺子的工具：案板、擀面杖。

教师和幼儿提前布置好教室，使教室富有节日的气氛。

桌子放在一起围成一个大桌子，为包饺子做准备。

🐦 活动过程

谈话导入：小朋友们你们知道今天是什么节日吗？给幼儿讲解元旦的由来，让幼儿了解过节吃饺子的习俗。过节了，我们就要一起包饺子喽，小朋友带来了面和馅，老师看过了，都十分的丰富，很诱人啊！我们马上要包饺子喽！

小朋友坐在桌子四周，面前放上自己带来的饺子馅和面，还有案板、擀面杖。教师向小朋友介绍饺子馅是怎么和成的，面的制作，了解饺子的制作。

教师示范：将面搓成大长条，再弄成一个一个小球，用手按一下，用擀面杖擀成皮，再将馅放皮中间，动手沿边捏紧就可以了。

教师发动幼儿自己和小伙伴分工合作，有擀皮的，有包饺子的。幼儿可以包别的小伙伴的馅，也可以包自己的馅，活动中相互分享，尽量给幼儿交流的机会，让幼儿在活动中体验劳动的乐趣以及合作的快乐。

饺子包好后，教师帮忙用电锅烧水煮饺子，让幼儿从中体会那种煮饺子的浓厚气氛。

请小伙伴们分享自己带来的馅的味道和自己包的饺子味道美不美?

🐦 教师评析

幼儿在活动中积极参与到包饺子中，就在教师讲解一些元旦的由来和包饺子的步骤时幼儿都有点迫不及待了，可能在设计上对于元旦的气氛烘托得有点重了，也可能是幼儿肢体活动在平时未得到满足，尤其是在家中，家长不会让幼儿参与到包饺子中来。幼儿在包饺子的过程中和小伙伴一起交流着，很是快乐。在品尝饺子时，幼儿脸上洋溢着那种前所未有的快乐，让教师很欣慰。

（执教：河北省保定市高阳蓝波幼儿园　穆芳）

(三)大班幼儿社会适应能力教育活动的设计与指导

幼儿能否顺利适应环境的外部表现之一就是在这种环境中幼儿情感能否稳定。大班幼儿的情感虽然仍会因外界事物的影响而发生变化，但他们的情感的稳定性也在逐渐增强，大多数幼儿在班上有了比较稳定的好朋友。此时，幼儿在同伴交往和同伴适应上有了更高的需要。他们期望能够适应班级环境，能够被其他小朋友喜欢，并希望参与到同伴活动中去；他们还希望能够获得同伴的认可。这种需要的产生使得教师和家长必须在此时给予幼儿更多的鼓励和支持，并且给予幼儿恰当的方法指导，以促进他们更好地融入社会或者群体环境中去。因此，教师应注重引导幼儿发现问题，主动想办法解决或向教师请教；能自己整理书包和班上的文具橱；同时，通过值日生角色的参与与轮换，增强幼儿的自律性和自控性；引导幼儿形成关心集体、热爱劳动、尊重他人劳动成果，与班级其他小朋友应互相爱护的良好品行等。

★ 案例6 ★

"申花嘟嘟城"当铺(大班)

1. 游戏价值

游戏背景："申花嘟嘟城"是申花路幼儿园创设的大型公共主题角色游戏，其目的是为了促进大班幼儿社会性发展，提高同伴交往合作能力。在银行、当铺、工地、医院等13个主题角色区进行职业的选择与体验，在不同的社会游戏区模拟真实的社会情境。游戏完全以幼儿为主体，根据自己的意愿，自主选择工作岗位、游戏内容和合作伙伴，在角色扮演及角色互动中不断进行自我探索，得到自我提升。

发展价值：申花当铺是"申花嘟嘟城"其中的一个区域。通过创设真实的情境，幼儿的手工、玩具等在当铺"回收"，在"申花市场"二次出售(被其他幼儿买走)，使物品能被多次回收循环利用，培养幼儿环保的意识和行为。在整个游戏过程中，幼儿感受并体验交易活动的公平公正，以及通过辛勤付出获得劳动报酬的真实生活体验。

2. 游戏准备

(1)环境创设

嘟嘟城周边场景(部分区域)

图 7-1　申花公交车　　图 7-2　申花医院　　图 7-3　申花银行　　图 7-4　申花知味观

申花当铺环境

图 7-5　申花当铺外观　　　　　　　图 7-6　工作人员更衣室及休息处

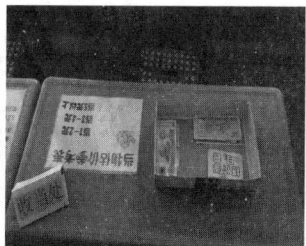

图 7-7　申花市场　　　图 7-8　工作台(收当处)　　图 7-9　工作台(存当处)

(2)材料准备:嘟嘟城钱币、桌椅、工作服、玩具、美工作品等

(3)经验准备

顾客:了解申花当铺的作用和游戏流程。

工作人员:熟悉当铺的游戏流程及工作人员的职责。

3. 游戏简介

(1)角色类型

工作人员(当铺掌柜1人,当铺伙计3人);顾客(人数不限)。

(2)游戏流程

```
交当  →  收当  →  存当  →  赎当
 ↑        ↑        ↑        ↑
```

| 顾客将当物
(玩具等)交给
当铺伙计 | 顾客和伙计共同
商定当金和当期 | 清洗当物
(玩具等)
发放当金、当票 | 典当期未满,
凭当票并交付
当金后赎 |

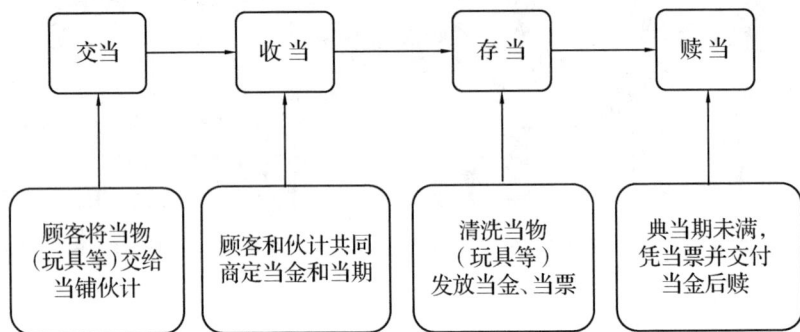

图 7-10　游戏流程图

(3)游戏说明

游戏中的当物为幼儿家中不常玩或不爱玩的玩具、手工作品、绘画等,当金为嘟嘟城钱币。如果双方对当物的当金有分歧,交由掌柜和顾客协商最后定价。

当铺的当物有一定的典当期,过了典当期后,当铺掌柜交由申花市场二次出售,以达到当物的流通及嘟嘟币的重复利用。

4. 可能出现的状况

(1)在游戏的初期可能会出现以下情况

★生活局限,缺乏经验

现实生活中当铺远离幼儿生活,导致幼儿对当铺缺乏生活经验,对游戏的参与程度较小。教师可通过实地参观、家长助教、教学活动等形式增加幼儿对当铺的相关经验。

(2)在游戏的中后期可能会出现以下情况

★随意收当,定价"人情"

在游戏中,如果掌柜对当物范围不明确或者不够公正,就会出现收当随意的情景。而嘟嘟城的游戏是所有平行班打通,有些工作人员和顾客是好朋友,加之当物五花八门,定价无法具体量化,幼儿容易出现"人情价",即熟悉的同伴当金高于陌生同伴的。

★顾客弱势，无处申诉

由于经验、前期培训等原因，顾客对当铺规则的熟悉度远低于工作人员。如果在活动中出现了收当随意、"人情价"等，随之会产生一些情况，如顾客不知道自己的"利益受损"或者知道了也无处申诉。

5.相关游戏情境及分析

情境一："坎坷经历"的竹蜻蜓

背景：妞妞和楠楠在当铺工作。妞妞是当铺伙计（负责当物整理），楠楠是当铺掌柜。一个男孩来当铺当玩具竹蜻蜓。

活动开始不久，一个小男孩拿着竹蜻蜓玩具进入当铺。妞妞（伙计）从男孩手中拿过竹蜻蜓，给楠楠（掌柜）说："楠楠，这个竹蜻蜓是来当的。"楠楠接过竹蜻蜓，把它拿在手上转了转，妞妞又问楠楠："这个能不能当啊？"楠楠看了看，还给男孩并说："这不能当的。"小男孩走了，楠楠迎接下一位顾客。

图7-11 第一次拒收竹蜻蜓　　图7-12 第二次把当金给了顾客

过了一会儿，小男孩又回到当铺。楠楠见他又来了，于是询问一旁教师能否收下。教师没有直接给出答案，说："你觉得这是不是玩具，是的话就收下，不是就退给他。"楠楠立刻说："是玩具。"她把男孩子带到自己的工作台前，收下了竹蜻蜓，把当金和当票给了男孩。

分析：同一个竹蜻蜓，截然不同的待遇。第一次来当，楠楠很明确地告诉男孩"不能当"，但从她的动作看（她在手中转动竹蜻蜓），说明其实她知道竹蜻蜓是玩具而且还会玩，但可能是因为竹蜻蜓相对其他当物比较简陋或者她不喜欢，所以拒收了。但当顾客第二次来当竹蜻蜓时，楠楠询问教师，教师让幼儿自己决定（小朋友很聪明，会"见风使舵"），楠楠非常肯定地收入了竹蜻蜓，同一样当物收与不收，完全是掌柜"拍板决定"的。

情境二："人情价"的汽车

背景：有两个男孩各自拿了一辆同样的玩具汽车来当铺，一前一后排在当铺工作台前。排前面的是嘟嘟，楠楠的同班同学，排后面的是隔壁班的男孩。

嘟嘟拿了一辆掉了两个轮子的破汽车来当铺，楠楠看着两个掉了的轮子，说："嘟嘟，你的汽车要修一修啦！"她见嘟嘟在妞妞那里交了汽车，就给了他两张 5 元的当金（共 10 元）。

图 7-13　当汽车

后面隔壁班的男孩拿了一辆完整的汽车，楠楠让他交了玩具后，给了他 1 元和 5 元（共 6 元）的当金各一张。

分析：楠楠对于当物的定价完全不是根据新旧、大小等因素来定的，而是根据和自己的熟悉程度。虽然教师在岗前培训中一再强调要以当物来定价，但在实际活动中，还是出现了"人情价"。对熟悉的同伴破玩具给高价 10 元，不熟悉的完整玩具只给 6 元，价格悬殊，后期需要对此进行调整和措施跟进。

6. 教师反思与指导

观察反思一：当物收取时要收物公正，有根有据。

在游戏中，我们发现扮演工作人员和顾客的幼儿"地位身份悬殊"，当物的收取全由掌柜决定，顾客没有发言权。因此，作为教师，一方面要培养幼儿公正公平的意识，无论是熟悉或陌生的顾客都要一视同仁，不能因为是好友的物品而随意收入当铺，更不能因为当物简陋或自己不喜欢而拒绝；另一方面收入当铺的物品要有统一的标准，顾客有理可寻，不能由掌柜个人喜好来决定。

指导措施：外立面"精装修"

为了让当物的收取更公正透明，不再由当铺掌柜说了算，教师对当铺的整体布局进行了调整：①挂上"当"字招牌；②利用空余的版面增加了"当物回收物品一览表"，增加文具、饰品等当物种类，并以海报的形式呈现，让顾客在典当争议时有理可循。

图 7-14 当铺新外观　　　　　图 7-15 工作人员讲解规则及范围

观察反思二：当物估价时要拒绝"人情"，出价公平。

在活动中，我们发现当物能当多少钱，基本由工作人员说了算。他们心仪的、好友的物品往往会出高价，但对不中意的物品，他们会使用手中的"权力"，给很少的当金，甚至拒绝收入。作为教师，需要帮助幼儿树立"只对物，不对人"的意识，根据物品的新旧、简易程度等情况定价，而非"人情"。

指导措施：管理"大整风"

第一，细分职责。

当铺掌柜"一手遮天"职能过大，物品能不能进入当铺，掌柜说了算（如"竹蜻蜓"）；物品能当多少金额，也是掌柜拍板。而对于当物和当金，顾客很少有"发言权"，所以，对于权力过大的工作人员需要有监督和约束。在当铺设立一个维权处，当顾客受到不公正待遇时，可以投诉工作人员。这样既保障了顾客的利益，又监督了工作人员。而受到顾客投诉较多的工作人员要"下岗"，以确保尽量公平公正地对待每位顾客。

当铺掌柜（1人）：

管理当铺——招聘人员；解决争议——发放当金、抵价券；宣传介绍。

当铺保安（1人）：

安保秩序，引导顾客排队、负责叫号、保管当物。

当铺伙计（共2人）：

负责当物（1人）——收当物、整理、清洗当物。

负责流通（1人）——回收抵价券、摆放当物到申花超市。

投诉维权（1人）：

顾客维权投诉，监督掌柜的工作。

第二，制订规章。

俗话说："没有规矩，不成方圆"。有了明确的规章和要求，能规范工作人员的工作，同时还能对其起到监督和约束的作用。通过《员工守则》，引导工作人员使用礼貌用语，规范操作流程。利用《当物估计参考表》，引导工作人员根据当物的大小、新旧、功能等进行等级评估，大致分为3个等级，获得的星星越多得到的当金越多，使发放当金时尽量公平公正、有理可循。

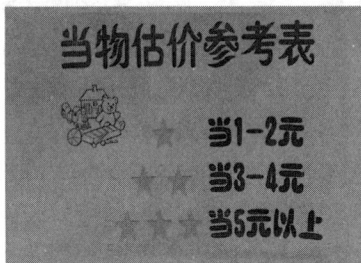

图 7-16　当物估价参考表　　　　图 7-17　员工守则

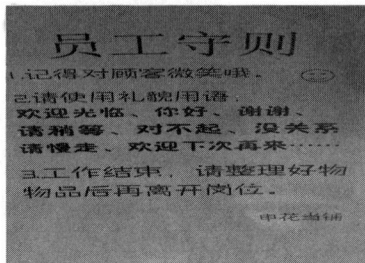

（案例来源：浙江省杭州市西湖区申花路幼儿园　朱奇一）

* * * * * * * * * *

探究学习

一、阐述幼儿社会适应能力对幼儿发展的作用。

二、作为幼儿教师，如何引导幼儿采用积极的应对方式来应对问题，从而形成幼儿良好的社会适应能力？

三、试比较不同年龄阶段幼儿社会适应能力发展目标的区别。

四、试分析如何贯彻和落实《指南》中对不同年龄阶段幼儿社会适应能力发展目标的教育建议。

实操训练

一、试分析案例《元旦包饺子》案例中，教师建立幼儿良好社会适应能力的方式与方法，并在案例基础上，设计一个延伸活动。

二、为自己所在的实习班级的幼儿，设计一个以培养幼儿良好社会适应能力为目标的社会教育活动方案。

第八章
幼儿社会行为规则教育活动设计与指导

第一节 规则意识与幼儿社会性发展

幼儿由自然人转变为社会人的有序发展，是以理解和遵守各种规则为基础的。幼儿规则意识以及执行规则的能力的形成，受到重要他人、人与生态环境互动等的影响。因此，教师应借鉴先进的幼儿教育法，如蒙氏教育法所倡导的"专注""秩序""精细""关爱""独立""自信"的教育理念，与幼儿共同制订规则与纪律，目的是处理好规则与自由的关系，保证幼儿在有秩序的环境中自由自主地工作。教师还应帮助幼儿通过榜样学习，使外在的规则要求逐渐内化为幼儿自身的行为标准。总之，教师应懂得规则教育要从娃娃抓起。

一、 幼儿规则意识的发展

幼儿的规则意识是指发自内心的、以规则为自己行动标准的意识。规则意识主要包括三个层次，分别为规则知识、愿望与习惯以及内在需要。

为了保证幼儿园集体生活正常而有序地开展，教师有必要制订一系列的集体生活规则，用来规范、约束和引导幼儿的行为。由于幼儿规则意识和执行规则的能力较差，内部自律机制尚未完善，因此，要想让他们养成尊重规

则并遵守规则的习惯，首先就要培养他们的规则意识，这也是幼儿社会化的重要内容。

（一）幼儿规则意识的发展阶段

1. 幼儿内化规则的过程是从"他律"到"自律"

皮亚杰根据幼儿对扑克游戏规则的态度变化，将幼儿的规则意识发展划分为三个阶段。

第一阶段是不具有义务的随意规则阶段，也称为前道德阶段。大约在2～3岁，幼儿前期的幼儿，很少表现出对规则的关注，他们参与游戏的目的就是从中得到乐趣。

第二阶段是绝对的强制性规则阶段，也称为道德他律阶段。大约在4～8岁，这个时期的儿童，能够意识到规则的存在，但是他们尚不能始终一贯地遵循规则，规则的认识与规则的实践之间存在矛盾。3～6岁的幼儿对规则的理解，具有以下几个特征。

一是规则是由权威人物，如父母、教师制订的，是必须遵守的。他们把规则看作绝对化的道德，符合规则就是符合道德的。可见，幼儿遵守规则具有盲目性。

二是他们倾向于根据客观结果而不是行为意图判断行为的恰当性。例如，教师规定，荡秋千时，不要争抢，要和小朋友商量着玩。幼儿认为，"规则就是这么定的，如果某幼儿发生了争抢行为，我们就告诉老师去，不允许他荡秋千。"因此，幼儿在维护规则时，具有自发性。

三是当幼儿出现违规行为时，他们倾向于赎罪性惩罚，而不考虑违规行为与惩罚本身的关系。例如，一个5岁的男孩打碎了一只碗，孩子们更主张打他的屁股，而不是让他赔偿损失。

四是他们相信固有的公平，认为只要违反规则就不可避免地要受到惩罚。同时，要注意幼儿遵守规则具有反复性的特点。

五是他们能够区别道德规范比一般规则具有更强的权威性。例如，幼儿知道，打架、偷盗等违犯道德规范的行为比没有礼貌的行为更应该受到惩罚。通过家园合作，教师和家长要保持教育的一致性，防止幼儿遵守规则时出现两面性。

随着年龄的逐渐增长，在正确的教育影响下，3～6岁的幼儿开始懂得什么能做，什么不能做。通过亲身的参与和体验规则，他们体验到规则的好处，激发了幼儿遵守规则的内在需求，逐渐形成了规则意识。

第三阶段是在彼此同意的基础上形成的合理规则阶段，也称为道德自律阶段。9 岁以后，儿童发现规则是为了保证活动的顺利开展，减少同伴之间的冲突，由大家通过协商制订的。他们开始知道，如果每个人都同意改变规则，那么规则是可以改变的。

2. 幼儿期是规则意识形成的敏感期

研究表明，幼儿期是秩序感发展的关键期，也是规则意识形成的敏感期。蒙台梭利认为，孩子天生具有一种生机勃勃的敏感性，如捉迷藏的游戏表现出孩子对秩序的敏感性。在这种敏感性的刺激下，孩子强烈地渴望接触外部世界，对外界事物充满敏感和探究的动力。在这一时期，他们尝试去学习和掌握某些东西，特别容易学会每件事情，也特别容易充满活力和激情，只有达到既定目标后，他们才会失去兴趣。

可见，在幼儿规则意识形成的敏感期，教师应给予高度关注，进行适当的引导，这将使幼儿很容易养成尊重规则并遵守规则的习惯，能够起到事半功倍的效果。反之，如果错过了敏感期的规则教育，幼儿一旦形成不良的行为习惯，可能"亡羊补牢，为时未晚"。但是，需要教师投入更多的精力，对教师的教育水平提出了更高的要求，并且也难以达到理想的效果。

因此，对幼儿进行科学的规则教育已是迫在眉睫。规则对于幼儿的价值在于，它不仅仅是维护秩序的管理手段，更是一项幼儿主体的内在品质。教师应将规则还原成幼儿主体的兴趣和需要，激发幼儿对规则的内在动机，使他们产生对规则强烈的渴望，并体验到需要满足时的快乐。

（二）幼儿社会行为规则的形成

《指南》提出："在共同的生活和活动中，以多种方式引导幼儿认识、体验并理解基本的社会行为规则，学习自律和尊重他人。"其核心内容就是让幼儿自己在理解体验中主动建构规则，在成长中生成并内化规则，即养成了规则意识和执行规则的能力。

在实践中可以遵循如下教育建议。

第一，成人要遵守社会行为规则，为幼儿树立良好的榜样。例如，答应幼儿的事一定要做到、尊老爱幼、爱护公共环境、节约水电等。

第二，结合社会生活实际，帮助幼儿了解基本行为规则或其他游戏规则，体会规则的重要性，学习自觉遵守规则。例如，经常和幼儿玩带有规则的游戏，遵守共同约定的游戏规则。利用实际生活情境和图书故事，向幼儿介绍一些必要的社会行为规则，以及为什么要遵守这些规则。在幼儿园的区域活动中，创设情境，让幼儿体会没有规则的不方便，鼓励他们讨论制定规则并自觉遵守。对幼儿表现出的遵守规则的行为要及时肯定，对违规行为给予纠正。如：幼儿主动为老人让座时要表扬；幼儿损害别人的物品或公共物品时要及时制止并主动赔偿。

第三，教育幼儿要诚实守信。对幼儿诚实守信的行为要及时肯定。允许幼儿犯错误，告诉他改了就好。不要打骂幼儿，以免他因害怕惩罚而说谎。年龄小的幼儿经常分不清想象和现实，成人不要误认为他是在说谎。发现幼儿说谎时，要反思是不是因自己对幼儿的要求过高过严造成的。如果是，要及时调整自己的行为，同时要严肃地告诉幼儿说谎是不对的。经常给幼儿分配一些力所能及的任务，要求他完成并及时给予表扬，培养他的责任感和认真负责的态度。

★ 案例 1 ★

孤单的滋味（中班）
——规则教育要以促进幼儿的自主发展为根本

下了好长时间的雨，今天天气好不容易放晴了，阳光像久违的朋友般抚摸着大家的脸庞。在操场上，孩子们有的在做垫上运动，有的在踩滑板车，有的在投篮……走廊里一位教师正朝着操场的方向走去。这时，耳畔突然传来嘤嘤的哭泣声，循声找去，在中班钢琴背后，这位教师发现了哭泣的凡凡，耸动的弱小肩膀让人不由得心生爱怜之情。

她走过去拉起凡凡的手："嗨，你好，能告诉我你为什么哭吗?"小家伙泪眼蒙眬地看着她："我太孤单了，我想高老师了。"

"高老师在外面和小朋友活动，你可以去找她啊。"看着窗外高老师和小朋友一起活动的身影，她觉得有些奇怪。"可是，我不能去，因为我犯错误了。"哦，原来是这么回事，教师让他在反省自己呢。

在日常生活中，高老师会根据自己班级的实际情况，和幼儿一起共同讨论制订一些班级规则。尽管这些规则都是教师和小朋友共同制订的，但在实际操作中，总有一些幼儿在不经意间就超越了界线。

高老师在一般情况下都以提醒为主，当遇到一些明知故犯、屡犯不改的幼儿，如凡凡的情况，高老师就会采用冷处理的办法，减少凡凡参与他喜爱的活动的机会，让他在离教师不远的地方观察其他幼儿的活动情况，反省自己的行为。

幼儿好动和喜欢热闹的天性，会使他们急切地请求教师和同伴的原谅。面对那一双双祈求的眼睛，善良的教师会酌情处理。

可是，凡凡这个孩子独坐在这里哭泣，高老师为什么不理他呢？

原来，凡凡在晨间桌面游戏的时候破坏了规则，在活动室内到处骚扰别的幼儿，在提醒无效的情况下，高老师采取了这种冷处理方式。可偏巧这个孩子特别倔强，对于教师的处理不加理会，满脸不屑与高傲的样子，于是，教师就采取了这种小小的"心理战术"。

一开始，小家伙还满脸高傲地"享受"着满屋子属于自己的广阔空间。可随着时间的推移，看着窗外伙伴们愉快玩耍的身影，寂寞与孤单一点点在心理逐渐扩散开来。故作坚强的他一开始还强忍着不让自己的眼泪掉下来，但是，当他看到那位教师出现的一瞬间，忍不住泪水夺眶而出。

相信此时的他面对规则与自由时，定会衡量出其中的利弊了。小家伙满怀祈求地请求高老师的原谅，承认了自己的错误，保证今后不再犯同样的错误，教育取得了明显的效果。

🕊 教师评析

良好的规则是一切活动的保障。规则与幼儿的生活密切相关，幼儿园的规则教育要以促进幼儿的自主发展为基本原则。

《纲要》明确指出：幼儿园的常规要求应有利于引发、支持幼儿的游戏和各种探索活动，有利于引发、支持幼儿与周围环境相互作用。因此，教师应采取有效的方法和手段，使规则教育真正促进幼儿的自主发展。

幼儿规则意识的形成和他们的心理发展水平有关。由于幼儿自我控制能力较差，常常不能很好地控制自己的行为，所以，适当的反思和调整是必要的，要让幼儿懂得，遵守规则就是尊重他人，如果不尊重他人就是一个不受欢迎的人。

当外界刺激引起幼儿对自己的行为进行反思的时候，必然会给幼儿留下

深刻的印象，促使幼儿形成良好的行为习惯。当然，这种刺激必须是适度的、适合幼儿心理承受能力的，所取得的教育效果能让幼儿终身受益。

所以，为了促进幼儿自主发展，形成规则意识，不妨让违犯规则的幼儿，适当"享受"一下孤单的滋味吧！孤单过后，他会懂得遵守规则的重要。

（案例来源：长春师范高等专科学校　徐慧）

二、 规则意识与幼儿社会性发展

（一）主要研究方法

国内外有关规则意识与幼儿社会性发展的相关研究最早可以追溯到 20 世纪 30 年代，研究者运用观察法、行动研究法、案例研究法等方法，对规则意识进行了深入细致的研究。

为了更好地发挥观察法的效用，研究者要事先准备好观察提纲并及时做好记录。为使用方便还可以制成观察表或卡片。研究者按观察提纲实行现场观察，作好详细记录，最后整理、分析、概括观察结果，做出结论。

★ 资料链接 ★

《幼儿园班级规则教育》观察表的设计

观察表的设计

活动类型	入园、早操活动、进餐活动、午睡、活动转换、游戏活动、离园
规则的内容	公共规则、生活规则、交往规则、基本道德规则
规则的生成	先在性规则与后起性规则、兼益性规则与独益性规则、专制性规则与授权性规则、提倡性规则与命令性规则
教师行为	表扬、漠视、提醒、训斥
教师要求程度	必须遵守、选择性遵守
幼儿遵守情况	全部遵守、大部分遵守、一半人遵守、大部分违规、全部违规

根据规则的受益情况，将规则分为兼益性规则和独益性规则。兼益性规

228

则是指规则的制订者和该规则的执行者都受益的规则；独益性规则的基本功能是保障和维护规则提倡者或制订者的根本利益。

根据规则和规则所调控的行为在时间上的先后关系，将规则分为先在性规则和后起性规则。先在性规则是指规则先于相应的行为、活动、组织而存在的规则，该规则对相应的行为、活动、组织起调控作用；后起性规则是指某些行为发生之后，为了控制这些行为而确立的规则。

根据规则对行为的态度，将规则分为专制性规则和授权性规则。授权性规则把是否采取某种行为的权利授予当事人，由当事人决定是做还是不做，并以许可的形式表达。在本研究中，专制性规则是指由教师自己制定的规则，由教师决定幼儿该做什么不该做什么，以及怎么做；而授权性规则则是指教师授予幼儿权利做或者不做某事，怎么做某事等。

根据教师对规则要求的强弱，将活动规则分为提倡性规则和命令性规则。提倡性规则是以一种提倡的语气，表示希望、期待、要求幼儿采取或不采取某种行为，但不强求幼儿一定做或不做；命令性规则规定着幼儿的底线，要求幼儿一定做到或不做。

（作者：张晓翠）

行动研究法的具体做法是研究者根据幼儿遵守规则的现状，分析每个幼儿的行为特点，设计有效提高幼儿规则意识的方法。主张在行动中研究，在研究中行动，逐步提高幼儿的规则意识和执行规则的能力。

"案例研究法"也称作"个案研究法"，它强调必须在广泛、深入、细致地搜集大量数据的基础上，对典型的案例进行分析，从中寻找意义解释或理论的依据。案例研究法是在质的研究中展开、分析、提炼、描述而完成的，这种解释教育实践事件或教育现象中的本质的研究方法就是质的研究方法。

（二）规则意识和幼儿社会性发展

幼儿规则意识的培养是社会性发展的重要内容。幼儿社会行为规则的形成，是幼儿期的一项重要任务。如果某些幼儿缺乏规则意识，将会严重地干扰其他幼儿的活动，幼儿之间表现出不友好的行为，造成幼儿园集体生活缺乏秩序，幼儿的基本权利得不到保证，如个人的物品被抢走或损坏；或遭受恶意的言语与身体攻击；专心致志的活动被随意打扰……集体的混乱无序会带给幼儿不安全感和愤怒的情绪体验。相反，当幼儿体验到尊重规则就是尊

重他人，遵守规则就是营造集体生活的秩序时，将会带给幼儿被集体接纳与关爱的愉快感受。

那么，幼儿社会行为规则主要包括哪些内容呢？

幼儿社会行为规则可以区分为三个范畴：道德规则、习俗规则和谨慎规则。

1. 道德规则

道德规则是基于道德事件对他人的权利等造成的直接影响，个体对是与非、对与错的判断。道德规则必须是强制性的，不可改变的，并适用于各种不同的社会文化环境，如权利、信任、公平等问题。

幼儿的交往规则应属于道德规则。交往规则主要是通过师幼互动、幼幼互动过程中形成的规则，如不骂人打架、讲礼貌、与同伴团结协作谦让、尊敬老师、有问题及时向教师报告、听家长和教师的话、帮助有困难的小朋友。

2. 习俗规则

习俗规则是社会系统内部约定俗成的统一的行为规范。它对于人们的社会互动起着结构性的作用，与道德规则相反，习俗规则具有环境的相对性和可改变性，如言谈举止、性别角色、表达方式等问题。

幼儿的交通规则应属于习俗规则。在成人的陪伴下，幼儿行路时要遵守交通规则。要按交通信号行动，过马路走人行横道、过街天桥或地下通道，不独自过马路，走在路上要走便道，不在路上玩耍打闹等。

3. 谨慎规则

谨慎规则是指个体为了避免对自己有消极后果的行为，用来调节与安全、舒适、健康相联系的行为规则，如健康等问题。

幼儿园生活规则也称为"一日生活常规"，应属于谨慎规则。它是指为了保证幼儿在饮食起居方面养成良好的习惯而制定的规则，如讲究个人卫生、吃饭时不讲话、不挑食偏食、饭前便后洗手、休息时保持安静、按顺序穿脱衣裤、按时吃教师发的水果、自己整理餐具和玩具。

第二节　幼儿社会行为规则教育活动设计与指导

幼儿期是养成规则意识和形成执行规则能力的重要时期。规则作为育人手段，可以起到规范引导行为，促进幼儿自我规训和社会性发展的作用。可见，幼儿社会行为规则教育活动设计应当以促进幼儿的自主发展为基本原则。

《幼儿园教育指导纲要（试行）》明确指出：幼儿园的常规要求应有利于引发、支持幼儿的游戏和各种探索活动，有利于引发、支持幼儿与周围环境相互作用。因此，教师应采取有效的方法和手段，使规则教育真正促进幼儿的自主发展。下面，将从活动设计的要求、活动设计的基本类型这两个方面进行介绍。

一、幼儿社会行为规则教育活动的设计要求

（一）应以促进幼儿的自我规训、道德自律为长期目标

幼儿社会行为规则教育活动的设计是教师为了实现一定的教育活动目标，即以促进幼儿的自我规训、道德自律为长期目标，培养幼儿独立自觉的规则意识与遵守规则的行为习惯，对"教师怎么教"和"幼儿怎么学"进行设计的过程。

对幼儿违规行为的研究表明，教师缺乏对"教师怎么教"和"幼儿怎么学"的教法和学法的合理设计。他们往往倾向于采取简单粗暴的方式来处理违规行为，直接点名提醒、批评。对幼儿进行规则训练时，教师的脸还要拉下来，常常用"不准""不能""不行"等命令性的言语引导，甚至是威胁性的言语，对幼儿实施高控制的管理手段，目的是让幼儿保持安静与服从。

这种幼儿社会行为规则教育活动的设计是不成功的，教师应当反思自己的教育理念和行为，反思自己不合理的期望，应当思考如何满足幼儿受关注和接纳的需要、满足幼儿拥有自由权利的需要。教师要懂得规则教育并不是为了更好地管理幼儿，而是为了让幼儿更好地体会自由，规则与自由是相互联系、密不可分的。

（二）灵活采用多种规则教育的方法和策略

在设计活动目标时，教师应从规则认知、情感体验（后果体验）、行为塑造三个方面进行设计。在设计活动过程时，首先，从认知角度引导幼儿理解规则。教师要让幼儿了解任何集体活动都是有规则的，参加活动的人都必须遵守规则，活动才能顺利进行；让幼儿学会共同商量活动规则，并按规则开展活动，促进幼儿规则意识的形成。如训练幼儿进区活动的规则，可以采用

图标信号法、游戏规则法、故事两难法等。其次，教师要注重幼儿在遵守规则或违规时的情感体验，在轻松愉快的氛围中接纳规则，在后果体验中理解规则，引导其感受体验集体生活中有规则、有秩序的好处。让幼儿学会反思，学会为自己负责，从而变得更加自律。例如，移情教育引导幼儿加深情感体验，并能够设身处地为他人着想，从而产生情感的共鸣。最后，教师应通过榜样示范法、实践训练法、环境学习法等塑造幼儿良好的行为习惯。如礼貌教育加强礼貌用语的训练，师幼之间、幼幼之间友好相处，以礼待人，教师要及时纠正幼儿的不礼貌行为。

★ 案例 2 ★

来到学校

活动 1：参观教室

🐦 **活动步骤**

开学第一天，告诉幼儿，教师将向他们介绍一下新教室。跟他们说明，每个人即将搭上一辆火车，到教室不同区域里进行参观。

让幼儿站起来，向他们展示如何形成一列人体火车。由教师带队。

开始缓慢地在教室里行走，在沿途每个区域都停一停(记得介绍厕所和饮水台)。

简单介绍一下每个区域和相关规则(或在第一天，只开放几个区域，然后逐渐增加开放的区域；幼儿可以在教师告知每个区域的相关规定后，在该区进行玩耍)。

返回到围圈区域，问小朋友他们喜欢先在哪个区域玩耍。提醒幼儿，他们会有时间在其他区域玩耍。

活动 2：学校的一天

🐦 **所需材料**

杂志、剪刀、卡纸、胶带或胶水、马克笔。

🐦 **活动步骤**

从杂志或课程表上剪下每天的活动安排图片。把图片贴在卡纸上，并标明活动安排，比如到校时间、游戏时间、零食点心。

在团体活动里，向幼儿展示图片，并说一说在每一天的那个时间段内，会发生什么事情。

讨论一下日程表，让幼儿把活动图片按照日程表的时间安排顺序放在相应的位置。

（选自：［美］凯西•香奈儿．美国幼儿教育活动大百科（社会）．北京：中国青年出版社，2015.）

二、 幼儿社会行为规则教育活动的基本类型

幼儿社会行为规则教育活动的组织需根据教育目标合理安排，通常采用日常行为训练、环境育人、家园共育等常见的几种基本类型。

（一）日常行为训练

日常行为训练应遵循以下指导要点。

第一，从规则认知方面，教师可采用故事两难法、游戏规则法，引导幼儿认识规则的重要性，提高幼儿判断是非的能力。教师要站在幼儿的角度看问题，用简单、易懂、生动、礼貌的语言，以尊重的口吻告诉幼儿应该做什么，不应该做什么，体现教师对幼儿的真爱与期待，幼儿才愿意接受教师的"约法三章"。例如，某位教师在公开课《瓶子与盖子》的活动中，为了避免孩子们过分的吵闹，在找瓶盖这一环节上，运用了让教师当猫，小朋友当老鼠，悄悄地找瓶盖这一游戏。在去户外活动时，为了让幼儿自觉遵守集体行走时的规则，教师和幼儿边走边做自创的"老狼老狼几点钟"的游戏。小朋友或教师在前面走，当"老狼"经常回头瞧瞧身后的"小动物"时，每次看到的小动物都是乖乖地站住。幼儿和教师在自创的游戏中，乐此不疲地玩耍，同时让幼儿自觉遵守了日常活动中的必要规则。这样的游戏活动，不仅让幼儿身心和谐发展，而且也让他们很好地遵守了规则，强化了幼儿的规则意识。

第二，从情感体验方面，教师可采用角色扮演法、影视剧性表演案例，移情训练等方法，加深幼儿的情感体验。例如，通过观看案例故事"是谁扔掉的蝴蝶卷"的光盘，使幼儿逐渐克服挑食、偏食的坏毛病，养成良好的进餐习惯。

★ 案例3 ★

是谁扔掉的蝴蝶卷(大班)

今天午餐的主食是蝴蝶卷，孩子们用完餐，陆陆续续走到外面做游戏。教师正在照看几个吃得慢的孩子，突然，小慧跑了进来："老师，外面走廊有一个蝴蝶卷。"听到她的报告，教师马上跑出去，果然有个蝴蝶卷躺在走廊尽头一个不显眼的地方。她拣起地上的小花卷问道："小慧，你知道是谁扔掉的吗？"小慧看着教师摇了摇头。

教师转身对孩子们晃了晃手中的小花卷，平静地问道："哪个小朋友忘了这个蝴蝶卷，把它扔在走廊啦？"孩子们纷纷摇头表示不知道，有的孩子则大声喊着："我把蝴蝶卷吃了，不是我扔的。""可能是兵兵的吧。""是胖胖的。"本来安静的活动室顿时变得闹哄哄的。

教师示意大家坐好，活动室顿时静了下来。孩子们坐在座位上，教师挨个儿检查他们的小嘴巴，"现在蝴蝶卷要好好检查一下，到底是哪个狠心的小主人把它扔掉了。"

吃过小花卷的孩子，嘴上都沾有碎屑，唯独明明的小嘴巴是干净的，"竟然是聪明懂事的明明干的！"教师气不打一处来，没等开口，明明先开口说话了："老师，我已经擦过嘴巴了。"真是不打自招，瞧他的眼睛里没有一丝慌乱，而他的态度却是从容镇静。教师定了定神，深吸了一口气，说："你已经擦过嘴巴了，是吗？""是的。"明明坚持着，依然是那副表情。"真的？"教师疑惑地问道。"真的，我吃完蝴蝶卷了。"平时，明明吃饭很慢，每次都要等教师和阿姨来喂，今天真是太反常了。教师问道："今天的蝴蝶卷和芙蓉鸡片你这么快就吃完了？"他非常肯定地点点头："是的。"

教师一边不动声色地请蝴蝶卷先"休息"，一边暗中观察明明的反应。这孩子真不简单，神情自若，一点也没有心慌的样子，教师甚至怀疑是不是自己判断错了。

午睡前，教师悄悄地把明明叫到一边，"明明，我知道你就是那个蝴蝶卷的小主人，因为我打电话问过警察叔叔了，警察叔叔说嘴巴里没有碎屑的孩子，就是蝴蝶卷的主人。"

明明仍然睁大眼睛看着教师，可是没有否认。教师接着说："不过，蝴蝶卷说它很高兴找到小主人，你是因为不喜欢吃蝴蝶卷才那样做的，不是故意不承认的，对吗?"他点了点头。"可是每种食物都有它的营养，它能帮助小朋友们长高长壮。知道吗? 粮食是农民伯伯辛辛苦苦种出来的，如果不吃的话，农民伯伯会伤心的。不能浪费掉，懂吗?"

教师摸摸他的头，"这是我们之间的秘密，我不会跟别人说的。"明明脸上的表情轻松多了，笑着在教师的耳边悄悄地说："好!"那甜甜的微笑深深地印在了教师的心底。

🕊 教师评析

没有调查就没有发言权，经过调查，教师了解了扔蝴蝶卷事件的始末，原来是明明扔掉的蝴蝶卷。平时，明明吃饭很慢，每次都要等教师和阿姨来喂，可是今天，明明的表现真是太反常了。究竟是谁扔掉的蝴蝶卷? 教师分析了当时各种可能性。通过仔细检查，教师发现吃过蝴蝶卷的孩子，嘴上都沾有碎屑，唯独明明的小嘴巴是干净的，所以，教师断定一定是明明扔掉了蝴蝶卷。

幼儿养成良好的进餐习惯，是幼儿成长发育的重要基础。教师应做一个有心人，在平时幼儿进餐时，要注意观察了解每个幼儿的饮食习惯，对每个幼儿的进餐情况进行有针对性的指导。

可是明明却为自己辩解说："老师，我已经擦过嘴巴了。""真的，我吃完蝴蝶卷了。"午睡时间到了，教师悄悄地把明明叫到旁边，为了增进明明的食欲，产生对蝴蝶卷想吃的愿望，教师进行了耐心细致的说服教育。

教师在调查了解的基础上，采取单独处理的方法是行之有效的。她没有马上指出明明撒谎的事实，而是考虑到幼儿的自尊心，在尊重幼儿的基础上，进行的批评教育，收到了良好的教育效果。

（案例来源：长春师范高等专科学校　徐慧）

第三，从行为塑造方面，教师采用榜样示范法、实践训练法、环境学习法等多种教育方法，塑造幼儿良好的行为习惯。可以通过编制《幼儿生活守则画册》，让幼儿通过绘本阅读形式，直观地理解和接受日常生活规则、交往规则、学习规则、游戏规则等，主动规范自己的行为，实现守则要求的内化，提高幼儿自我教育的能力。

（二）环境育人

环境育人应遵循以下指导要点。

第一，采用环境学习法，教师要为幼儿创设一个自由、平等、和谐、关爱、接纳、激励的集体生活氛围和愉悦的学习、交往环境。

★ 案例4 ★

良良的故事（小班）

良良是个4岁的小男孩。刚来到幼儿园时，只要妈妈把他送进幼儿园，他就会紧紧地拉着妈妈的手，不让妈妈离开他，哭着喊着要妈妈。他一哭就会引起其他小朋友的哭声，教师常常会拉着他的小手，把他抱在怀里，安慰他。

有一天，教师把良良带到后花园的小动物园，对良良说：良良，你看这群黄色的小鸡，玩得多开心呀！它们就像是班里的小朋友们，对不对呀？良良瞪大眼睛看了看小鸡，又看了看教师点了点头。教师又从旁边的栅栏里，拿出了一只小白鸡，放在了小黄鸡的群里，对良良说："你再看看小白鸡来到了小黄鸡这里玩，看看它们多开心呀！小白鸡都不哭，多乖呀！良良，你能向小白鸡学习吗？"良良露出一排小白牙，对教师说："老师，我要学习小白鸡，我以后不会再哭了。"

自从那次以后，良良活泼了许多，经常和小朋友们一起做游戏，妈妈送他来幼儿园，他再也没有哭过。

🐦 教师评析

《纲要》指出：要建立良好的师生、同伴关系，让幼儿在集体生活中感到温暖，心情愉快，形成安全感、信赖感。幼儿教师的责任是要让幼儿高高兴兴地来园，愉快地在幼儿园度过每一天。通过良良的故事我们可以看到，这位教师对幼儿充满了爱心，她不是进行简单的说教，而是拉着良良的小手，把他抱在怀里，安慰他。

为了避免一个哭，其他小朋友也跟着哭的情况发生，这位教师采取了单独处理的方法。她巧妙地利用了后花园的小动物园，对良良说："你看小白鸡来到了小黄鸡这里玩，看看它们多开心呀！小白鸡都不哭，多乖呀！良良，你能像小白鸡学习吗？"良良表示以后不会再哭了。

心理学研究表明，幼儿的思维具有形象性和拟人性的特点，所以，在教师正确的引导下，良良借助于形象生动的教育环境，懂得了"要和小朋友们一起开开心心地玩"这样一个浅显的道理，很快适应了幼儿园的新环境。

（案例来源：长春师范高等专科学校 徐慧）

第二，采用图标信号法，把规则营造成一幅美丽的信号图。让幼儿感受浓浓的尊重规则的氛围，让幼儿懂得生活在集体这个大家庭里，就要受到纪律的约束，不能随心所欲。例如，在洗手池边贴上洗手步骤的图案，让幼儿了解洗手的过程；在科学屋的外面贴上小脚丫的标志，提醒幼儿把鞋子摆整齐；在小椅子上贴上小笑脸的标记，让幼儿识别自己的椅子，避免争抢事件的发生。

第三，采用音乐节奏信号法，让幼儿懂得要遵守集体生活规则这个浅显的道理。例如，课前的律动活动，提醒幼儿尽快进入某个教育活动环节中来；午睡前后播放不同的乐曲，让幼儿都能了解规则，知道什么时候该安静地睡觉，什么时候该快速起床。

第四，采用手势语信号法，教师可以自创手势语信号，向幼儿直观地传递所要表达的纪律要求。例如，教师把食指竖在嘴边，表示请安静。

（三）家园共育

家园共育应遵循以下指导要点。

第一，尊重孩子是在家、在园进行规则教育的首要原则。教师可通过来园和离园环节、家长联系手册、宣传栏、家长会等多种渠道与家长沟通，家园合作取得教育的一致性。

第二，运用榜样学习法等，对幼儿进行正面教育。家长与教师共同制定幼儿在园、在家应遵守的生活规则、学习规则、交往规则和游戏规则。家园合力，帮助幼儿形成规则意识及执行规则的能力，内化为幼儿自主的、自觉的、习惯性的良好行为，体现规则教育的主体性、整体性原则。

第三，编制《家园共育同盟》，对家长提出明确的要求，形成家园共育合力。提醒家长：要理智地爱孩子；要注意自己的一言一行对孩子潜移默化的影响；要坚持正面教育的原则；要给孩子积极的心理暗示，不打骂孩子，重视孩子的心理感受与体验。促进家长自身素质、教育能力的提高。

探究学习

一、幼儿规则意识的发展分为哪几个阶段？为什么说对幼儿进行科学的规则教育已迫在眉睫？

二、试析《孤单的滋味》中的小朋友孟凡是如何掌握社会行为规则的，请说明幼儿社会行为规则主要包括哪些内容。

三、从本章的四篇活动案例中任选一篇，请写出该篇幼儿社会行为规则教育活动设计的指导要点。

实操训练

一、请观摩幼儿园小班、中班、大班幼儿社会行为规则教育活动，分别写一篇听课记录。并根据设计要求，说明在不同年龄阶段的规则教育活动中应注意哪些问题？

二、请在实习指导教师的帮助下，为小班幼儿设计一篇家园共育教育活动方案。

三、请在实习指导教师的帮助下，为中班幼儿设计一篇环境育人教育活动方案。

四、请在实习指导教师的帮助下，为大班幼儿设计一篇日常行为训练教育活动方案。

参考文献

[1]王微丽. 幼儿园区域活动[M]. 北京:中国轻工业出版社,2014.

[2]李季湄,冯晓霞.《3—6岁儿童学习与发展指南》解读[M]. 北京:人民教育出版社,2013.

[3]伍香平. 幼儿园优秀社会活动设计65例. 北京:中国轻工业出版社,2013.

[4]徐慧. 幼儿园综合艺术活动指导[M]. 北京:北京师范大学出版社,2013.

[5]教育部教育管理信息中心组. 全国优秀幼儿社会教育活动课例评析[M]. 重庆:西南师范大学出版社,2011.

[6]唐元毅,钟永强,朱莉玲,张敏. 幼儿园的社会与科学教育活动[M]. 成都:四川大学出版社,2011.

[7]周世华,耿志涛. 学前儿童社会教育[M]. 北京:高等教育出版社,2011.

[8]庄虹,陈瑶. 新编幼儿园教育活动设计与指导[M]. 北京:北京师范大学出版社,2011.

[9]蔡伟忠. 跳出传统思维的幼儿园教师实用手册. 北京:农村读物出版社,2010.

[10]陈远铭,郑三元. 多元智能活动开放课程[M]. 北京:农村读物出版社,2009.

[11]胡惠闵,郭良菁．幼儿园教育评价[M]．上海:华东师范大学出版社,2009.

[12]但菲．幼儿社会性发展与教育活动设计[M]．北京:高等教育出版社,2008.

[13]徐慧．幼儿教育心理实践活动案例[M]．北京:高等教育出版社,2008.

[14]袁爱玲,何秀英．幼儿园教育活动指导策略[M]．北京:北京师范大学出版社,2007.

[15]李叶兰．幼儿社会教育活动设计与指导[M]．北京:中国劳动社会保障出版社,2006.

[16]方富熹,方格．儿童发展心理学[M]．北京:人民教育出版社,2006.

[17]杨君荔．幼儿木偶教育活动实例[M]．福州:福建人民出版社,2005.

[18]王晓燕．学美术[M]．太原:书海出版社,2003.

[19]曹中平．幼儿社会性发展与教育[M]．长沙:湖南师范大学出版社,2001.

[20][美]凯西·香奈儿．美国幼儿教育活动大百科(社会)．北京:中国青年出版社,2015.

[21][意]玛利亚·蒙台梭利．麻烦的3岁,关键的6岁前[M]．北京:朝华出版社,2012.